俞大維

國防部長

目錄

自序

陳漢廷

上一世紀六〇年代，我還是個中學生，得讀胡璉將軍著之《金門憶舊》一書，說及國防部長俞大維博士每兩週便來金門視察，大力支援金門防務，並說：金門要甚麼給甚麼。八二三砲戰爆發當晚，俞大維自金門回台灣前，對胡璉的表現表示肯定，胡璉在書中即引以為榮，自得之意溢於言表，令我對「俞大維」其名留下印象。稍長在大學唸歷史，讀陳寅恪先生著作，大好之，方知俞陳為姻親，然對俞大維其人其事仍無認識，中歲以後讀《陳寅恪與傅斯年》等書，始知俞大維學習之經歷，既嘆其學識之廣博，復感其人格之崇高，乃蒐集其行事，積之成文，以誌景仰之情。

按俞公一生為國服務，抗戰時期任兵工署長，籌措彈械之生產及輸入以維持國軍戰力於不墜；戰後出任交通部長，竭力通郵通航為復員時期之民眾服務；國府遷臺風雨飄搖之中任駐美大使顧維鈞之特別助理，爭取美國軍援而不失民族之尊嚴；最後出任防長十年，維持台海多年之安定，其對國家民族貢獻大矣。俞公為官清廉，不樹黨派，信任賢才，愛護部屬，關注民生；個人品格高尚，不近人情之事不作，在家為孝子，出外作忠臣；一生好學勤讀，究心學術文化。論學問，淹博而能施諸事業，不異於葉適、陳亮；論政事，總綰兵事而力挽狂瀾於既倒，何讓乎江左王導；論修養，淡薄名利而寧靜致遠，直逼諸葛武侯。中學為體，西學為用，寖寖乎聖賢境界。余兩訪俞公紀念館，觀其遺物，想見其人，為之低徊不已。

從探究俞公之成長出身，使我明瞭中國文化之偉大及傳統社會了不起處。簡言之，中國文化乃一要求每個人立地作聖賢之文化，吾國傳統社會為一能孕育許多聖人賢能士的社會。國家政治情況雖非理想，然在俞公領導下，一羣能人賢士緊密團結一起默默為國家民族服務；這些能人賢士都是當時社會之精英，唯有俞大維才能使他們盡力發揮所長，報效國家。是書之作，除談俞公事蹟外，實欲指陳此一中國傳統文化及此種文化下之社會特質，述往事蓋思來者云。

筆者為一山居野夫，學養不足，藏書不富，有關俞公之資料（如各種公私檔案）多付闕如，原無寫作是書之條件，如孔子所謂文獻不足也。此外，余生也晚，無緣得見俞公，未能作近距離之觀察，故論斷上亦乏斷然之自信。要言之，是書雖以歷史性著述自我期許，然遊走於「記注」與「撰述」兩者之間，「方智圓神」之境界更談不上矣，忝為作者，實感汗顏。幸得俞公生前侍從參謀羅順德先生的慨然相助，允以其文稿充實是書。羅先生為俞公生前侍從參謀，陪伴俞公有年，熟知俞公為人及種種人事祕辛，故其文字實為對俞公描寫之最一手資料及有價值之觀察；至於羅先生所提供之俞公照片，則更屬珍貴。與羅先生合著此書，實為在下之光榮。

又自《國防部長俞大維》刊於《傳記文學》已來，得俞公親友所垂注，除羅先生外，在下更得與俞公關係密切之人士如莊威先生、林光美女士、王秋桂教授、俞啟木女士（俞大綱先生千金）等晤面交流，親聞許多先生事蹟，使我有活在歷史當下之感，實為天下間一大樂事！我更得他們以出版單行本事相勉，乃有是書之面世。

此書之撰寫及出版得蒙一些前輩學人之鼓勵指導，良朋門生之贊襄協助，玉成其事，至為感銘，在此一併致謝。又此書尚多不足處，如內容未得全面，分析不夠深入等等，我實知之，當於日後再作充實，以為俞公作正傳、大傳而自我期許也。是為序。

第一章　家世及在大陸時期事蹟

家世和學習經歷

俞大維生於民國前十五年，即一八九七年。浙江紹興人。山陰（紹興舊稱）俞家為紹興之名門望族，清末迄今，人物輩出。有人這樣形容俞家：「歷經百年而不衰，英豪俊杰輩出不窮，政界、軍界、學界、商界全盤打通，家族成員橫跨國民黨、共產黨、臺灣、美國、中國大陸，這樣的家族惟有紹興俞家。」

俞公祖父文保公，生子俞明震、明頤；女明詩。俞公伯父俞明震，字恪士，號孤庵，前清翰林出身，以詩著名，著有《孤庵詩存》。俞明震曾追隨臺灣巡撫唐景崧到臺灣任職，在甲午戰爭中參與臺灣保衛戰並且負傷。戰後回大陸，清廷以其具作戰經驗，派往日本考察軍事教育，返國後任南京水師學堂學校總辦。著名作家周樹人（魯迅）即為其學生。明震先生娶曾國藩長子曾紀澤之女，育有兒子大純，留學日、德。民國時在交通部任官至隴海鐵路局長。俞大純生子啟威，俞啟威後改名黃敬，一九四九年中共政府建立後是第一任天津市長，後當第一機械工業部部長、國家技術委員會主任。俞啟威的另一個身分是毛澤東的妻子江青的前夫。俞啟威長子俞強聲，曾任職於中共國家安全部；三子俞正聲，是現任中共中央政治局常委。

俞明詩則嫁與湖南巡撫陳寶箴的公子著名詩人陳三立，其子之一為國學大師陳寅恪，為俞大維之表兄。

俞明頤字壽臣、壽丞，生於同治十一年（一八七三），進士出身。據說精通數學、天文及外文。年輕時隨俞明震往日本考察，歸來後任湖南陸軍小學（原武備學堂）總辦，任清軍協統，亦熱心維新運動。民國初年，湖南軍界領袖如唐生智、程潛等均為其門生。可見俞大維家族背景與軍政界亦甚有淵源，其家族可謂書香世代，富有國家民族色彩及思想開明。

俞明頤娶曾國藩子曾紀鴻之女曾廣珊為妻，生大維、大綸、大紱、大綱四子，以及大縝、大絪、大綵三女。俞大紱是植物病理學和微生物學家，曾任北京農業大學校長。俞大綱是著名中國戲曲專家，對臺灣地區及海外現代戲曲之發展貢獻甚大。俞大綵是知名學者、國立台灣大學前校長傅斯年的妻子。俞大絪亦曾為北京大學西語系教授，著名化學家、教育家曾昭掄的妻子。

一九〇〇年，先生四歲時，隨父母到湖南居住。翌年，接受啟蒙教育，隨塾師學習中國的經典及文史著作。先生談及他的小學教育時這樣說：

我的母親是曾文正公的孫女，自幼浸潤於書香經澤之中，養成了她淹貫文史，博聞強記的才學。在我的記憶

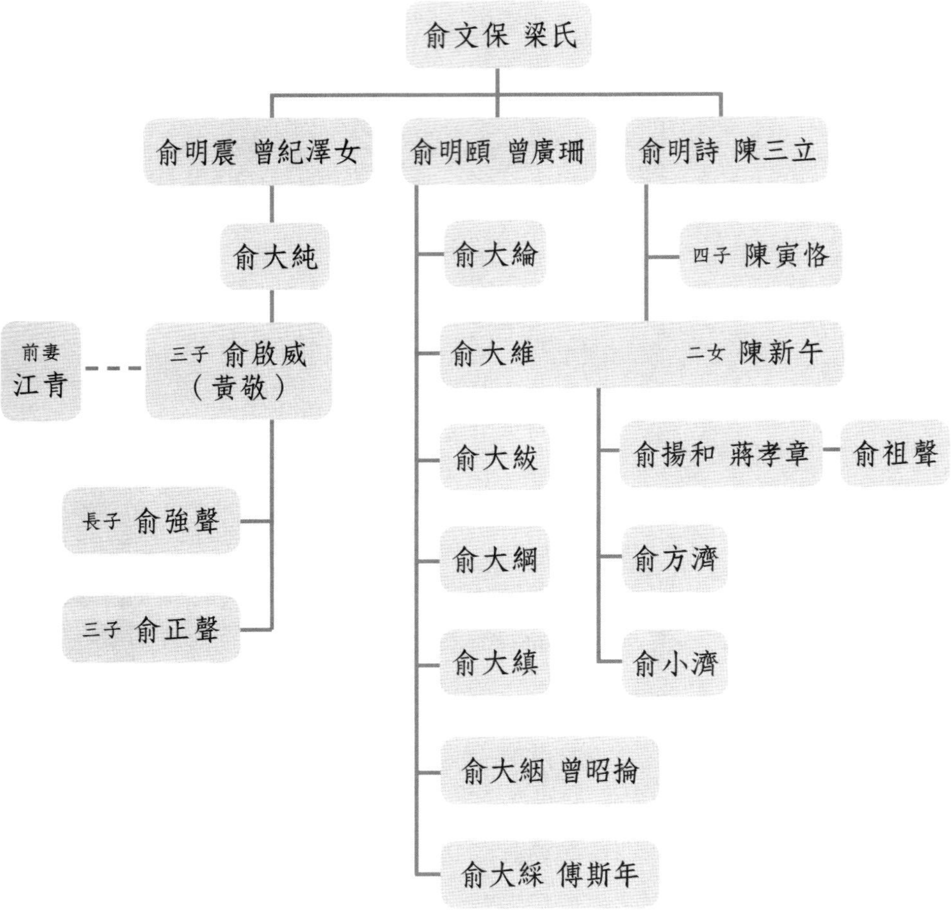
俞文保 梁氏
俞明震 曾紀澤女
俞明頤 曾廣珊
俞明詩 陳三立
俞大純
前妻 江青
三子 俞啟威 （黃敬）
長子 俞強聲
三子 俞正聲
俞大綸
俞大維
俞大綋
俞大綱
俞大縝
俞大絪 曾昭掄
俞大綵 傅斯年
四子 陳寅恪
二女 陳新午
俞揚和 蔣孝章
俞祖聲
俞方濟
俞小濟

裏，她幾乎是手不釋卷的，無論是經、史、子、集那一類書，均能深髓而得其味。尤其，母親更有驚人的記憶力，對於歷史、詩、詞及古今中外的小說，亦能精確地誦出它們的來龍去脈。

我們兄弟姊妹在她慈祥而好學的薰陶中成長，很多詩詞在我們幼年時便由母親親授，有如母乳一般的滋補，其影響也最為深厚彌遠。

另外，私塾的教育也有綱舉目張之功。在經學方面，我是從公羊傳開始唸起的，至今雖能隨口背誦，但對於經義還是完全不懂。接著是穀梁傳、左傳、四書、禮記……等。可能是由於從經學入始，所以影響我長大之後離文學的路子愈遠。①

次年，一九〇二年，先生在經學之餘，也始接觸地理、歷史、英文等科，並新民叢報之論說，頗富革命思想。據俞氏表姐曾寶蓀說，俞公自小「慨然有澄清天下之志」。②俞公自言他的養成教育很受曾文正公一家的影響：

我的小學教育可以說是沿習曾文正公所傳下的這一脈庭訓家學，逐漸完成的，另外，五舅父曾廣銓先生為伯祖父曾公紀澤之侄兒，他從德國出使回來之後，住在長沙我的家裏，替我請了兩位英文教師，教我英文，我在向至聖孔子行拜師禮時，這兩位先生便站在旁邊。我也分別向他們二位叩頭拜師，開始研習英文。③

一九一一年，俞公十五歲，進入上海復旦中學，後來生病在家休養。上海家附近住的都是英國人，平日俞公常跟英國小孩玩耍，對他的英語進益很有幫助。所以他後來在復旦中學跳兩班畢業。那時，他在英文科拿了第一名，幾何學拿第二名。十七歲那年，俞公入讀復旦公學預科，除跟著名外交家王寵惠先生學名學，又隨薛先祖先生學經濟學及德文。學習德文一事對俞公後來的發展影響甚大。十八歲時俞公以第一名考上南洋公學（交通大學的前身）電機科。半年後因肺病在家休養，除了繼續跟著薛先生唸德文外，亦跟從剛自麻省理工學院畢業返國的表哥曾昭權先生唸數學、微積分。俞公自言這時他的學習主要是科學方面的知識，與文學的關係趨於淡薄，但後來進入聖約翰大學時這情況便改變了。

一九一五年九月，俞公進入了聖約翰大學——插班入讀三年級。聖約翰大學的課程是美式的，三年級的學生必須修讀邏輯學、社會學、歷史、心理學、英國文學等人文課程，四年級必須唸國際法、政治學。俞公更修了一門東亞歷史，並跟隨校長Dr. Pott唸哲學史，這對俞公的影響很大，是俞公從電機科學轉向人文學科的關鍵。

一九一七年，俞公自聖約翰大學畢業，這年他二十一歲。次年，俞公負笈美國入讀哈佛大學，攻讀哲學。據汪榮祖《史家陳寅恪傳》說，俞公表兄陳寅恪也在一九一九年一月底二月初來到哈佛，主修梵文及其他外語，展開了俞公和表兄「七年同窗」（俞大維語）的佳話。俞公說他在哈佛三年，十二門課統統拿A，在一九二一年六月底便一口氣修畢了碩士及博士學位，並且取得「謝爾頓旅行獎學金」（Sheldon Travel Grant）。據說，當時中國人就讀哈佛大學本就很少，而獲此項殊榮者，則是少之又少了。

這年十月，俞公去了德國柏林大學研究，專攻數理邏輯（陳寅恪亦同去柏林大學研究梵文及東方古文字學）。據說，俞大維是第一個研究數理邏輯的中國人。留德期間，俞公興趣逐漸轉向彈道研究。研究彈道，必先研究槍砲，由槍砲漸涉獵軍事戰略。在求學期間，俞公曾延請德國參謀本部之廳處長及參謀等至其寓所傳授軍事課程及參謀作業，嗣後乃為彈道學專家，對兵學也由此奠定深厚基礎。然而先生同時仍從事哲學和數學，追隨Dr. Riehl 讀康德《純粹理性批判》，並聽愛因斯坦講相對論。此時他又與表哥陳寅恪同窗共處，說詩談詞兼論經史。先生說陳氏國學底子甚厚，時有精闢之論，自認得其潤澤甚多云云。

一九二三年，毛子水、傅斯年兩位後來成為大師的國學研究者，先後來到柏林學習。傅斯年告訴毛子水說：在柏林有兩位中國留學生是我國最有希望的讀書種子：一是陳寅恪，另一是俞大維。④

說及俞公的學問，人皆只以為他是個彈道學專家，其實不然。他的一個老學生兼部下雷穎這樣說：

許多人說維公是彈道專家，我是學造兵工程的，讀過彈道學，教我「膛外彈道學」的是前彈道研究所所長汪源博士，教「內彈道學」的是曾任瀋陽兵工廠火藥廠廠長，留日東京帝國大學的火藥專家王道周教授，他們對維公的彈道學修養都推崇備至。但是彈道學不是維公最重要專長，他可以稱為幾十種「專家」，文學、理學、兵學以及天文地理等等都能稱之為專家，彈道學是其中之一，而排名不高。⑤

一九二五年，俞公的一篇論文，刊載在德國最著名的數學雜誌Mathematische Annalen上，該雜誌是海伯特（David Hilbert）與愛因斯坦（Albert Einstein）兩位合編的。俞公是第一位在該雜誌發表文章的中國人。這時，俞公謙說：「我非專學數學，不能算是一位數學專家。」據說，這篇文章題目是"Binary Arithmetic"（二進位數學），即是說俞公六十年前已研究透徹當今電腦盛行於世所持的最基本的數學理論。

這年末，陳寅恪啟程自德國回國，次年到達。卞僧慧《陳寅恪先生年譜》一九二六年條有這樣的記載：

是年，先生自歐洲經海道歸國，攜表姪俞揚和同行。時間未詳。

流求（陳先生女兒）云：先生歸國時間不詳，聽先父及康晦姑談及，先父由歐洲歸國時，天氣炎熱。因大維表叔尚未結束學業，由先父攜俞揚和（俞啟德）表兄回國。時表兄三歲，船經地中海、紅海，氣溫甚高，三歲男童活動量大，只得將其頭髮剃光。待抵家後，祖父見表兄甚喜，由新午姑照顧。⑥

投身兵工與抗日成就

一九二九年，國民革命軍北伐成功，政府著手軍經建設，一面延請德國人員為顧問；一面採購德國軍需設備供兵工建設，於是設立「駐德使館商務調查部」，負責聯絡採購軍事裝備事宜。先生由於諳軍事、通德語，乃被委該部主任之職，成為俞公擔任政府公職及受知於蔣中正之始。是年六月，俞公回國，任職軍政部參事，時年三十三歲。此事之緣起與陳儀有關，在前一年，國民革命軍總司令蔣中正派了一個以陳儀為首的代表團赴德國考察政治、軍事，並延攬人才回國服務，陳儀遇到了俞大維，嘆為奇才，於是大力推薦他出任是職。

次年六月，俞公又回到柏林，並任駐德使館商務專員，負責採購軍備，同時繼續學習德國參謀教育。在此期間，發生了膾炙人口的俞大維拒收回佣的佳話。據雷穎的憶述：

民國十九年政府要購買歐洲最有名的博福斯兵工廠（Bofors）所製的山砲，俞大維親自到瑞典博福斯兵工廠洽辦，商談結果，用既有的經費購妥七五山砲十二門。博福斯當局以對其他東方顧客的慣例，提出相當禮遇，數額不少的回扣，俞大維不動聲色，嚴肅的說：「這筆錢剛剛夠再加三門砲的價格，希望你們趕工，使十五門砲一起交貨。」這一句輕描淡寫的話，嚇壞了博福斯兵工廠的高階人士，許多年來從未遇到過這種態度和操守的軍火採購人員。俞大維以其美、德兩座名校的博士學識，典雅的英語、德語，睿智的談吐和風度，徹底折服了這些瑞典人，他們對俞大維確實佩服得五體投地，但又無從完全表達，除了以最誠懇的態度與他交朋友外，實想不出有什麼能使他接受的餽贈，最後有人想到建議政府當局頒贈一座勳章以表示敬佩之忱。這一段鮮為人知的軼事，他自己未曾對外人提起過。⑦

俞公個人的高風亮節固然可敬，更重要的他為兵工團隊創立了「清白家風」，建立了軍事採購人員的榮譽感，在軍事上直接對國家作出了貢獻。當然，此舉亦得罪了不少的權貴及皇親國戚，日後對俞公的工作也帶來一些困擾。一九三二年，俞大維卸任駐德大使館商務專員一職，六月返國。蔣中正召見他，詢問歐洲情勢，及第一次大戰後有關戰略戰術與兵器等問題，晤談兩小時。蔣派任參謀本部少將主任秘書，先生婉辭，而自願至中央訓練團任兵器總教官，次年一月，調軍政部兵工署長，並晉升中將。⑧

先生是有軍階的，雖沒進軍校但卻受過這方面的教育，故對軍事是熟識的，所以日後他出任國防部長，說他是文人部長，可以說是對，也可說不對。然而有趣的是先生這個軍階一直維持到他卸任國防部長為止，都沒有晉升過。

先生擔任兵器總教官之職（俞公開玩笑的說自己是八十萬禁軍總教頭）為時甚短，在次年一月中已轉任兵工署長。此職一任十三年，直到一九四五年的十二月底止共十二年十一個半月。無論是兵器總教官，還是兵工署長，俞大維都要常常親上射擊場，操作和射擊槍砲，或是示範，或是驗收武器。俞公曾將自己平生經歷概括成下面數句：「十二年的射擊場，十年戰場；前半生打鐵，後半生打仗。」打鐵和射擊場主要是說他做兵器總教頭及任兵工署長主管武器生產的事。然而俞公在這領域的服務時間，實際上有十三年，不是他所說的十二年。

在射擊場上，俞大維威風八面，素有神槍書生的美譽。這方面李元平的《俞大維傳》說得很多，姑且節錄其中一節，供讀者參考：

他在射擊場上的神技，有目共睹，並且一次比一次轟動。「神射手」的俞大維，名氣比「兵工署長」的俞大維還響亮。

他最早展露身手，是二十五年秋天，丹麥軍火商人來華推銷「統一式麥德生機關槍砲」；廠商在南京近郊青龍靶場，以射擊空飄汽球來展示產品性能；不知何故，竟屢射不中；俞大維把機關槍砲拿過來，讓汽球再度逐一空飄；他瞄準，扣動扳機，所有汽球應聲而破；丹麥商人當場瞠目結舌，不知如何是好。「是你的技術不行，但產品的性能的確不錯！」俞大維很中肯的告訴對方。這筆生意，結果還是成交了。⑨

俞大維善射，但此點未及他在兵工生產方面的貢獻來得重要，因為抗日期間的兵工生產，關乎整個國家和民族的命運——彈械不足實無法抵抗日本軍持續大規模的攻擊。

一九三三年元月十七日先生接任兵工署長一職時，日本侵略中國的行動早已展開。其時東北已淪陷，中日戰爭即將蔓延全國，我政府正準備退向西南山地長期抗戰。呂則仁說當時各兵工廠機具陳舊，亟待補充整理，製造技術需要大幅提升，工廠管理更需要徹底改進，方能大量生產彈械，供應國軍，任務至艱鉅。俞大維深知欲完善兵工生產設備，支援長期作戰，在技術上必須引進大量生產方法，在管理上必須推行企業管理，乃改組兵工署，成立技術、製造與軍械三司，積極羅致並培養人才。兵工署技術司成立後，負責推動技術方面的提升，最初由俞大維自兼司長。首要的事是選定國軍制式武器，以利大量生產。呂則仁說：

我國制式之中正步槍，係由德國毛瑟槍改造而成。性能優越，堅固耐用，且適合我國步兵體型。輕機槍則選定捷克式輕機槍為制式，其構造簡單堅牢，拆裝使用方便，故障甚少，以後英國及加拿大均仿造之。重機槍則選定德馬克沁式機槍為制式，其性能優良，水冷耐用，故障甚少，部隊樂用之。

以上三種步機槍，其口徑均為七・九公厘，彈藥通用，簡化生產與補給，當時日軍步兵採用六・五公厘口徑之步機槍，其性能均不如我軍的制式步器。

火砲方面為求短期內能大量生產，供應國軍需要，且適應我國當時的經濟能力，選擇迫擊砲為生產目標。我國制式之八二迫擊砲係仿造法國布郎德八一公厘迫擊砲，以其重量較輕，能人力背負運輸，曲射彈道，適宜山地作戰。以後該步生產六〇公厘及一五〇公厘迫擊砲，大量支援國軍作戰。

維公審測當時情勢，預測將來需要，認為侵華日軍的兵器裝備，整體上雖優於我國，若國軍退至三陽線（洛陽、襄陽、衡陽），進入山區，日軍之重兵器將失去作用，國軍山地作戰所用兵器如步機槍、迫擊砲等，其性能均優於日軍所用者，將易於掌握勝算，能立不敗之地。⑩

俞大維的企圖心很旺盛，進行了多種火砲的設計和改進工作，例如七五山砲和十公分榴彈砲，克式野砲砲彈的改良。⑪總括來說「二十三年（一九三四）度，為兵工技術進行最猛烈之一年。各項圖樣樣板，既有準備，將來國家財政寬裕，隨時隨地均可建設新兵器廠從事製造也。」⑫然而，當前的急務為增加彈藥及武器的生產以應付戰事需要，俞大維在這方面的努力是有目共睹的。一九三五年九月，先生獲選為民國二十三年度辦事成績最優人員，並獲頒陸海空軍甲種一等獎章乙面。俞大維在兵工署長任內的貢獻是多方面的：

一、**管理革新：**由兵工署製造司主管全國各兵工廠之製造業務，接收各省之兵器製造工廠，加以合併整理，並羅致留學德國、美國、日本的機械、化學及兵工專家接任各兵工廠廠長，授以工廠管理、人事、財務的全權，負責各廠生產任務。

二、進行企業化管理：建立兵工會計制度，分析詳核各廠之製造成本，核定各種產品之單價，根據各廠每月產量撥發製造經費，交廠全權運用。若節省工料能有盈餘，各廠得用以擴充及修護裝備，或改善員工福利。簡單的說，兵工署與各兵工廠形成買主與賣主的關係。各廠以企業化經營結果，不斷降低成本（例如每發槍彈成本自二角降為一角二分），並以盈餘投入發展，故以後各兵工廠不斷擴大、翻新。

三、羅致及教育人才：先改進科技人員之官制與待遇，稱為兵工技術人員，並制定服裝，整肅人員儀容，提高其自尊心。於是國內外學人及專家踴躍投效，迅速形成兵工技術人員之堅強陣容。俞公重視兵工教育，充實兵工學校之教學設備，增聘學者專家，提升教材內容，俞公更親自講授「戰術與技術」，又利用向歐洲各國採購械彈之機會，派人員前赴各製造廠驗收，收集製造藍圖、生產程序、加工方法、品管程序及設計、計算方法等，藉機訓練技術人員，以為自力生產之準備。

四、研究發展：俞公重視研究發展，在抗戰前即成立彈道研究所、精密研究所、材料研究所、冶金研究所及光學研究所等，都要求有最高水準。例如兵工署在一九三六年設立的百水橋精密研究所，由兵工署技術司長江杓（曾留學德國）兼任所長，其裝備及研究水準在二十世紀三〇年代屬尖端之列。⑬並計劃籌建砲廠，以製造十公分大砲。但抗戰開始後，經費困難，不能如計畫發展。

五、提倡「以廠為家」：俞公辦好各廠福利設施，設立眷村及子弟小學，將廠形成福利社會，照顧員工生活，使員工充滿希望，愛廠如家。在抗戰初期，各兵工廠奉令西遷，當時運輸極為困難，各種機具設備及材料若散失，兵工廠則難以復工。各廠員工均持有廠就有家之信念，盡力保護，慎重運輸，最終安全到達目的地。各兵工廠在抗戰期中順利西遷，迅速復工，供應國軍械彈，與其企業化管理及以廠為家的觀念有重大關係。

俞大維雖然盡力提高兵工署轄下各兵工廠武器、彈藥的生產能量，但產量仍有一定限制。七七事變後，隨著戰事的大規模展開，各個戰區都面臨武器彈藥及軍需物資嚴重不足的困境。一九三七年八月一日俞大維報告說：「國內彈藥庫存等尚敷六個月作戰之用，而各兵工廠產量有限（如步槍彈藥為所需八分之一）。」因此他向當局提出必須爭取軍械、彈藥、汽油、汽車等軍事戰略物資的外援，「以海外輸入為主」，「保存利用最後國際交通線」。⑭

當然日本人也看到這一點，因此他們也著手封鎖中國沿海，以阻止戰略物資及軍火輸入中國。因此，如何開闢對外通道，打破日軍的封鎖便成當務之急及抗戰的長久之計。俞大維不僅向當局進言，自己更劍及履及。抗戰開始後，上海港海運中斷，俞大維已命兵工署人員莊漢開、方兆鎬往香港成立兵工署駐香港辦事處（這個辦事處就是後來成立的西南運輸總處的香港辦事處的前身），由方兆鎬任處長，以便在港轉運自外國購得的軍火往內地。這時，軍事委員會也行動起來，立即成立了「軍事委員會西南進出口物資運輸總經理處」（簡稱「西南運輸總署」，對外稱「西南運輸公司」），由交通部次長曾養甫任主任。同年年底又指派兵工署兵工研究專門委員陳修和，前赴越南河內成立「西南進出口物資運輸總經處河內辦事處」，確保兵工署所需製造兵器的材料及軍火都可以順利進口。⑮抗戰前期，西南運輸總署為中國運進了逾一百萬噸戰略物資，包括戰車火砲、槍械彈藥、汽油柴油、醫療器械及藥品，有力地支援前線浴血作戰，並大大鼓舞軍心和民心。在這方面，俞大維卓有功勞，因為他就是西南運輸總處的「幕後推手」、「幕後英雄」，直接的說他是「總導演」。西南運輸總處所承擔的武器彈藥、汽油軍需、軍工裝備等核心業務與八五％以上的運量來自兵工署，接運和交貨時間地點也由兵工署指定。沒有俞大維，西南運輸總處的功能發揮，乃至存在的意義都必定會大打折扣。⑯

俞大維不但推動了西南運輸總處的成立，更為重要的，他應用了「系統工程」（System Engineering）來推動該署在後勤保障物流服務方面的順暢，保障國家對日抗戰的順利進行。當時在西南運輸處服務的莊漢開，便有幸見識並參與了俞大維的國際軍運系統工程的策劃、制訂、實施和反饋。莊崚（父親莊漢定，伯父莊漢開當時俱在西南運輸處服務）的記述：

俞大維手中拿著幾張紙，一張上寫對戰事發展的預判，以及防守或進攻戰役所需要的武器汽油醫藥等保障需求；一張紙上寫著國內現有數十家兵工廠（正在遷移中的或即將遷移者除外）能在設定期限內自行製造出的軍火裝備數量；再一張寫上國內本期財力可購買兵器數量加上國際可援助物資數量，以及可望到達卸貨海港（後來還有空港）的時間；然後是西南運輸總處國際軍運通道在該期限內承運的能力。

俞大維帶領伯父（莊漢開）等對上述各子系統在各項常數固定的前提下設定各個量變一定的上下限，進行模擬運算；然後再測算最佳運行參數，以求得整個系統的效益最優化與極大化。在虛擬模擬之基礎上，再擬寫對於目標時期內國內火砲、機槍、步槍、榴彈等各項軍品的生產指令、國際援助或採購談判、國際軍運調度等項建議，報請核准後下達。當然，實施過程中由於存在太多不可預見因素，往往不能預定目標。

這一系統計算的複雜性，在於某一個看上去很微觀的因子一旦變動，就會影響整個系統的變動。但這對於精通數學的俞大維好像不在話下，而且還樂在其中。

俞大維有好幾次用粉筆將「System Engineeringze」寫在黑板上，給伯父們留下較深刻的印象。⑰

雖然俞大維當時用的系統工程分析方法存在著局限性，但在當時中國的條件而言，已經是相當先進和科學化。誠如兵工署後起之秀呂則仁對俞公功勞的總結說，俞大維任兵工署署長共十二年（自民國二十二年至三十四年），前四年為準備工作，後八年指揮全國兵工廠大量生產彈械，支援抗戰，使國軍能彈械無缺，自力抵抗日軍，以迄勝利。他說追隨俞前部長多年，深知其處事著眼深遠，方法切合實際，以科學頭腦，具軍事眼光，運用精深之兵工技術及管理學識，來革新兵工生產體系，達成支援抗戰之任務，實屬難能可貴，所以為兵工後輩所景仰。⑱總而言之，俞大維在兵工署的改革，以及推動西南運輸總署成立、運作，其生產及輸入的彈械及戰爭物資有力的支援了國軍抗日的需要，功勞至大。宏觀地說，俞大維在任職兵工署期間所培養的人才，對中華民族的科技發展有著深刻而長遠的影響：

世紀之交慶祝中華人民共和國成立五十週年之時，中共中央、國務院、中央軍委隆重舉辦表彰「兩彈一星」作出突出貢獻的科技專家大會。受獎的首席科學家錢學森在講話中說：「今天我們能交出這樣一張成績單，要特別感恩和懷念三位先賢前輩，第一位就是俞大維先生。例如在場受獎人仕新民、屠守諤、姚相斌、孫家棟、黃緯祿、徐蘭如、沈正功及謝光選等均係俞大維的兵工廠及研究機構工作或資送出國留學培養出來的人才。」在場的黨和國家領導人江澤民、胡錦濤等報以熱烈的掌聲。⑲

一九四五年八月六日，美國在日本廣島投下第一枚原子彈，其後日本投降。十月八日，國防最高委員會議通過「頒給勝利勳章條例」。《俞大維先生年譜資料初編》（後簡稱《年譜初編》）十月十日條記載先生獲頒勝利勳章及忠勤勳章，⑳次年，一九四六年的一月十日條卻有這樣的記載：

一月十日

先生因民國三十四年國慶日未獲得頒授忠勤勳章，為獎勵其八年抗戰期間忠於國家，勤於職守，仍補授忠勤

勳章，藉示懋賞。㉑

說實在的，忠勤勳章原已不足反映先生在抗戰中為國家民族所作的重大貢獻，然竟給漏掉，此事真是匪夷所思。幸好公道自在人心，先生的功績終得到政府的肯定：

五月九日

今日國民政府准頒青天白日勳章予先生，以獎勵其抗戰期間襄理軍務之功。㉒

按當時規定，國家最高功勳的勳章是國光勳章，青天白日勳章次之。八年抗戰中戰功彪炳的將領很多，但獲頒青天白日勳章並不算多。先生以兵工署長任內之貢獻得之，可見其功勳之卓著。時先生已出任軍政部常務次長五月餘矣。

出任交通部長

一九四六年五月十六日，俞大維被委任為交通部長，擔任是職直到一九四九年二月中辭職。俞大維擔任交通部長雖然不到三年，但他任內的貢獻卻為人所津津樂道。那時正是抗戰勝利不久，百廢待舉，全國交通範圍廣，分業專（路、電、郵、航），但先生把這四門當作一個整體，他施政的要領是洞悉全局，掌握重點。一九四六年五月二十三日，他來到交通部第一件事，即依照抗戰末期與魏德邁（Albert Wedemeyer）將軍中美聯合參謀作業所用的方法來運用資訊，以掌握隨時變化的情勢。方法是佈置大型地圖，全國路電郵航建置形勢均在該地圖上繪出，以電路貫串其間，圖表室配屬全國通訊網路，包括直達各地的長途電話、電傳打字等設備，與各處聯絡，再加譯電、分析、審閱人員，日夜值勤，變化的實情即時明確標誌於地圖上，全國情況一目了然。他每日在圖表室舉行會議，聽取各主管意見後隨即綜合研判，作出決定，不需要簽擬辦法再行批示。各主管奉到指示，即分別電傳辦理，毋須公文來往，因此辦事效率提高。當時軍事形勢急迫，先生此舉之效益甚大，為總統蔣中正所聞，乃於一九四七年十二月十五日親臨交通部，在圖表室聽取例行會報，對此方式甚為欣賞，隨即指示當時的軍政機關來交通部觀摩仿行。

當時的陸路交通因戰事而迭遭破壞，尤以鐵路為然，先生乃致力發展民航。最初中國及中央兩間航空公司，共有飛機數十架，俞公努力籌備經費，增加投資，到一九四七年底，已共有九十八飛機，規模算是亞洲第一，[23]然而未能滿足當時對航空交通的要求。先生認為當時久經戰禍，人民流離，親人離散，一紙平安尤為重要，但當時郵運遲緩，先生於是決定郵運有高於客貨運的優先權，規定凡全程或中間距離可利用航空郵遞者，

▲交通部簡報室。

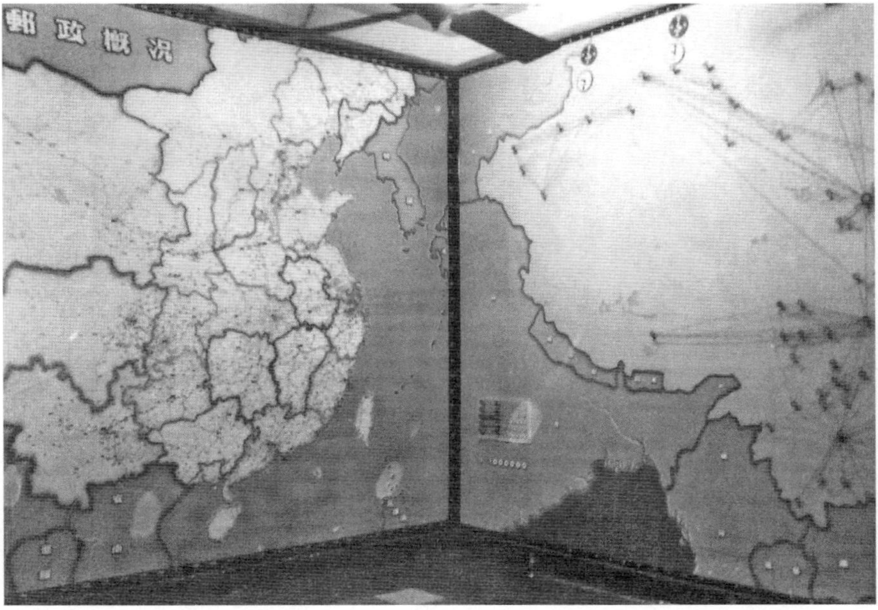

▲交通部籍報室。

所有郵件無論已赴航空郵資與否，均一律交付空運，並將全國劃分為八個航空郵遞中心，除直達者外，再以水陸聯運轉寄。因之，以往需經年累月始能到達之郵件，瞬息或數日間即可送到，此舉令全國民眾都受惠不少！誠如俞大維的老部下陳樹曦說，此一決策非有擔當有魄力有智慧如俞先生者不能為之。除了空郵一項外，俞大維亦計劃改進鄉村的郵務，他主張先從大都市的郊區開始，因為較易收成效。郵政總局奉令後很認真的擬定了一套全國各郵區的改進鄉村郵務計畫，先指定無錫及寧波二處為鄉村郵遞改進示範區，要相關郵局把轄區內鄉村郵班加快，有公路通汽車的要盡量用汽車帶運郵件；訓練代辦所經理人封發、接送及投遞郵件，發給準貼。兩個鄉村郵遞改進示範區運作良好，俞大維視察過後很滿意，就要郵政總局下令全國仿照推行，到一九四八年十二月底，全國已有四百七十五個地區改進鄉村郵務，可惜後來大陸戰局逆轉，無法繼續進行。除了鄉村郵政改革外，交通部也致力加強大城市的郵政設施。總之，俞大維的企圖心很旺盛，對當時的交通郵政做了很多改善的功夫，只是當時內戰趨於激烈，一切改革成效都為戰火掩蓋矣。

在戰火中，交通事業難言發展。一九四八年三月五日，臺灣鐵路成立「臺灣鐵路管理局」，隸屬於臺灣省政府，也許這是交通部因應時局發展的舉措。這年末，俞大維最膾炙人口的，是奉蔣中正命令前往淮海戰場空投一事。

徐蚌會戰期間，黃伯韜、黃維、杜聿明諸兵團先後被共軍包圍於碾莊、雙堆集、青龍集附近地區，因陸上交通斷絕，以致大軍補給不得不仰賴空投。計自一九四八年十一月中旬起至一九四九年元月中旬止，以南京大校場及明故宮機場為主要基地，有時臨時使用上海機場及蚌埠等機場為補給基地。先後空投軍品約達一萬噸，出動空軍運輸飛機及民航飛機達二千七百五十二架次，實為國軍空投補給史上之重大事蹟。㉔

當時負責空投的是聯勤總司令郭懺，俞大維以交通部長的身分協助他。原本也不算是甚麼大事，但是出人意表的是俞大維竟然隨同去前線空投的運輸機出發！據李元平《俞大維傳》說，他搭乘運輸機低飛至戰場上空投物資給被圍的黃維部隊，隔日蔣中正打電話問俞大維物資投到了沒有，俞大維說糧已投到，蔣氏問他怎知，俞大維回報說他自己帶飛機去投的，離地面只有八百公尺，情形看得很清楚，一直沿黃維兵團右側回到蚌埠。更有意思的是俞大維向總統的建言：

「請總統也搭機親自到前線巡視；如果再稍延數日，恐怕就來不及了。」俞大維認為：「來自前線的報告，不能盡信，必須自己去看；前線總講：共軍挖掘了深壕，將我們部隊圍困了起來，進出不得……可是，我去投糧時，並沒有看到甚麼戰壕。」總統於是說：「好好，你親自來告訴我情況。」㉕

然而，俞大維的建言當然對大局起不了什麼作用，隨著三大戰役的失敗，國民政府退出大陸的命運已決定了。當時大局傾頹，南京方面也著手做撤守的準備，撤退一事千頭萬緒，俞大維當然忙於應付，而他本人的健康此時也出了問題。在這時候俞大維竟然還過生日！㉖

一九四八年十二月三十一日

今日為先生五秩晉二華誕，晚於上海安和寺路宴客二桌。

當然，俞大維壽宴並非我們關注的事，要說的是俞大維這個交通部長任內最後的貢獻。俞大維的壽宴座中有一位鼎鼎大名的陳寅恪教授，半個月前他仍身在北平，那時平津戰役已至尾聲，北平為解放軍重重包圍，傅作義的部隊即將停止抵抗。那時當局展開了所謂搶救學人行動，陳寅恪一家就是在十二月十五日乘飛機離開北平飛抵南京的。當然，這個拯救學人的行動背後的支持力量就是來自交通部，沒有交通部提供飛機，身陷北平的教授如胡適、傅斯年、陳寅恪等，真是插翅難飛，交通部支援這次行動對於俞大維來說真是公私兼顧了。

一九四九年，是天翻地覆的一年。元月十日，他入住上海國防醫學院治病，交通部的事他已不能親自處理，而交通部長的生涯也在此落幕了。

第二章　來臺及赴美爭取軍援

辭任交通部長

一九四九年元月十日，俞大維入住上海國防醫學院醫院，據當時住在上海的陳流求（陳寅恪的女兒）憶述說是「腸道疾患」。①十三日開刀，十六日交通部的一些部屬來探望他，包括交通部政務次長譚伯羽、招商局總經理徐學禹、交通部材料司長莊漢開。俞大維囑咐他們去臺灣考察，協助陳誠建設臺灣省的交通設施。時局逆轉得很快，這時行政院遷至廣州辦公，二十一日蔣中正引退，俞大維的好友譚伯羽也在幾天後辭去交通部政務次長的職位。二十七日俞大維出院，就在這兩天，中共宣佈了第二批戰犯名單，俞大維名列其中。

二月七日他飛去臺北，並辭了部長職。他此行去臺北，相信目的之一是會見陳誠，當時陳誠就任臺灣省長及臺灣省警備司令還沒多久，他們談了些甚麼，我們不得而知，但此後在野之身的俞大維之行止卻令人玩味。俞大維在臺灣停留了一個月左右，三月二十八日飛上海，第二天由上海去溪口，為的是蔣中正要召見他。②有分析說張其昀和俞大維等，曾與蔣商談過黨務興革問題，可見蔣的未來黨政軍佈局，俞大維是佔了一席之位。

俞大維回到臺北後，四月中又去了一次上海，後到廣州，六月中回臺北。這時他的表兄陳寅恪已住在廣州中山大學，俞大維夫婦在廣州時曾多次前去探望並商談時局。陳流求等著〈我們的父親陳寅恪〉一文說：

在廣州，父親與姑父母（即俞大維與夫人陳新午）經常見面、深談。這是他們兄妹、表兄弟一生最後的聚會。姑父決定離開大陸，而父親留在廣州的心意已定，兩人在穗也曾多次分析局勢，詳談各人行止、今後考慮。那年春季姑父母到香港，與我們家偶爾還有聯繫。

蔣中正七月一日在臺灣草山成立中國國民黨總裁辦公室，這個辦公室是中國國民黨總裁的幕僚機構，下設一個設計委員會和九個小組。

設計委員會協助總裁決策，掌理項目有五。一、關於主義研究事項，二、黨務、政治、外交、財經、金融及文教等政策與執行方法之設計事項，三、關於總裁交議之事項，四、關於各委員、各主任、各組長提議之事項，五、關於各方面建議之事項。該會每個禮拜舉行會議一次，必要時舉行臨時會議，由總裁主席，或指定委員一人代表主席，設計委員有王世杰、俞大維、張道藩、俞鴻鈞、吳國楨、胡健中、余井塘、雷震、端木愷、任卓宣、葉公超、徐柏園、羅時實等，並就其專長分組。該會自成立至民國三十九年三月十八日結束為止，共開會九十七次，討論的主題包括了制定適合現階段迫切需要之各項具體方案、鞏固台灣方案、政府遷台後中央政制問題及簡化中央政府機構辦法、建議緊縮預算案及組織軍用物資調查小組案、李代總統在港與總裁復位問題、留港物資外匯問題、留港工商界人士及本黨中委之動態與處理問題。③

俞大維不是國民黨員，但被指定為設計委員會成員之一，反映了他在最高當局心目中的地位。七月一日那天俞大維自臺北飛香港，他的母親在港病危，並於七月十六日逝世，俞大維留港顯然是料理老夫人的後事（後來俞老太卜葬於香港薄扶林華人基督教永遠墳場）。喪事後的幾個月中，俞大維來往於港臺之間，相信是要在港處理家事和出席總裁辦公室設計委員會的會議。曹聖芬說：「俞大維先生那時病很重，但每次都抱病出席。」這個設計委員會在當時的情況下，有相當的重要性和作用，「這些聰明才智之士，把他們寶貴的頭腦貢獻給總裁，解決了許多理論和實際的問題。」④

在陳誠這方面當然也不會「放過」俞大維，十一月二日發表他為東南長官公署政委會副主任，雖然他早知道俞大維的健康不好。這時俞大維身體抱恙（《年譜初編》頁三一五民國三十八年說是大腸炎；頁一九三三民國八十一年俞大維憶述說是耳疾復發；頁一九七三同），在十月時已得到蔣中正的批准，前赴美國就醫。陳誠《石叟手稿》記載，一九四九年十月二十日陳誠發電到重慶給外交部長葉公超，簽發護照給俞大維和譚伯羽，說蔣中正准許兩人出國治病，並允許攜眷同行。⑤

赴美治病及觀察美國對中國政局的態度

十二月十三日，俞大維自臺北飛香港，後即轉赴美國。俞大維在美國治病的情況我們不得而知，但是他此行不僅是治病，似乎還有任務和目的。一九五〇年一月底，在華盛頓的中華民國大使館武官皮宗敢向駐美大使顧維鈞報告，說前交通部長俞大維已經到達美國西岸，《顧維鈞回憶錄》說：

俞打算來看我，然後再進醫院動手術。我請他轉告俞最好先去治病，主要原因是因為馬歇爾將軍在近兩個星期內不一定有空接見他。（俞是哈佛大學哲學博士，也是馬歇爾的好朋友，此次來美很可能是受命設法找馬歇爾研究問題。我知道馬歇爾大概沒有時間接見他。）⑥

一月五日美國已發報拒絕向臺灣提供任何形式的軍事援助，也許俞的到來與爭取援助有關。三月一日，蔣中正復行視事，再擔任中華民國總統。三月十五日陳誠就任行政院長，任俞大維為國防部長。身在美國的俞大維自然無法履任，也似乎無意接受，結果國防部長的工作由次長袁守謙代行。整個一九五〇年，俞大維在美國的行止官方沒有留下什麼紀錄。六月十五日陳誠簽呈總統，密陳外交形勢並請以俞大維使美：

俞大維自發表國防部長後，迄今未允就，虛懸日久，亦非所宜，擬請准予調任駐美大使……該員對美國朝野最近對我（政府）之心情，瞭解最深，必能周旋折衝，不負鈞座與國人之期望。⑦

（按：李元平《俞大維傳》說六月十六日俞大維赴美前夕，向蔣總統辭行，請他把陳儀關而不殺；又說六月十八日俞大維抱病抵達舊金山。今檢陳誠《石叟手稿》，陳誠在是年五月廿一日致函在美國的俞大維，多謝寄物，並請他注意美國趨勢，可見其時俞大維早在美國。柯遠芬的回憶錄說交通部長俞大維在陳儀槍決前探視過他，但未記日期。從他對俞大維官職的記述，可見俞大維探視陳儀應在一九四九年十二月十三日他離臺赴港前，李說有誤。）

陳誠並建議國防部長遺缺可由薛岳、郭寄嶠、林蔚三人中擇一，結果總統選擇了郭寄嶠。於是郭寄嶠由參謀部副參謀總長調任國防部長，他在回憶錄中，談及就任和卸任國防部長一職時完全沒有提及俞大維，但是他談到了當時國防部長的職權問題，可以映照出日後俞大維在國防部長這崗位上的表現：⑧

在我國憲法規定，總統為全國軍事上最高統帥，因此國防部內聯合參謀的參謀部，形成直隸最高統帥名之曰「統帥系統」，凡屬軍令事宜，概由參謀總長直接秉承最高統帥令，可以逕自須行各軍種總部。國防部長或難事先與聞關於軍政業務，因為國防部本部，組織人員少，故部長能管能做的事亦微。

郭寄嶠所說其中一點是：一、相比起參謀部總長，國防部長做不了多少事，確是事實。但是日後俞大維擔任國防部長時，情形便很不同了。

一九五一年二月二十日蔣介石下令：一、行政院政務委員、國防部長俞大維呈請辭職，准予辭職；二、特任郭寄嶠為國防部長兼行政院政務委員（同年三月出任）。俞大維在美國「休息」了一年多，一九五一年二月下旬，俞大維到華盛頓，顧氏剛好不在那處。其實在此以前，顧維鈞已透過俞氏的好友、國際貨幣基金會組織中國執行董事譚伯羽，知道俞大維要來華盛頓，但俞多次推遲日期。後來顧離開了華盛頓，俞才到來，顧氏知道他此行是想來晤見美國官員，他談了一些個人對俞大維的認識：

俞大維將軍是前交通部長。他曾留學德國和美國，德語和英語都講得十分流利。日本侵華戰爭期間，他在柏林協助採購軍需品，並和德國參謀部保持聯繫，德國總參謀部則又和在華的德國軍事顧問保持聯繫。同時，他也認識很多美國將軍以及美軍的其他高級官員，而且很受他們器重。顯然，他前來美國是為了觀察這裡的形勢以及美國政府和美國輿論對委員長和國民黨中國的態度和政策。他是一位頭腦清楚的思想家，有點沉默寡言，除非他覺得確實有事值得一談，否則就緘口不言。總之，他不僅頭腦冷靜，才智出眾，而且能如實審察客觀事物。他不沉湎於幻想，也沒有野心，一貫表現對政治無興趣。我盼望和他一談。

作為一個資深外交家，顧維鈞對俞大維才能和品格的看法，無疑是正確而深刻的，尤其是他觀察到俞大維和德國軍事參謀的聯繫這一點相當了不起，因為俞大維在軍事領域的素養主要是參謀學，而在日後臺海衝突中，他實際上擔當了老蔣總統的聯合參謀長，從戰略部署、後勤補給、人員訓練、武器籌獲，以至士氣維持都一一顧及，甚至多次乘坐偵察機到大陸偵察！他發揮了一個國家最高層級的參謀——聯合參謀部的功能，這正是中華民國國防體系不足的地方。

更重要的，參謀是上承最高統帥的戰略意圖作業，他不會去改變最高統帥——蔣總統的戰略布局。例如他個人同意從軍事角度看守臺澎，不一定要守金馬的說法，但蔣從政略層面以維繫民心士氣為目的決定固守金門時，俞大維便全力遵行，這便是參謀的本色。德國軍事家的格言：參謀是無名的。日後在臺海的戰爭中建立殊勳的俞大維，如分的做一個無名英雄，不忮不求。

三月十一日顧維鈞回到華盛頓，十五日俞大維來訪，「兩維」終於見面。據顧氏說他們進行了一次全面的交談，並就美國對臺灣的政策和態度互通情報，顧氏說俞大維急於想知道他對美國意向的看法，正如自己「想知道他從和他的美國朋友交談中所得到的看法一樣」，⑨似乎俞氏的價值之一是他有很多「美國朋友」。

顧氏說美國提供了一些軍事及經濟用以保衛臺灣，而不助我政府用於收復大陸，內裡是對蔣委員長和中華民國政府仍有誤解，他說美國不會下決心對蘇俄或中共執行強硬的對外政策，也不認為第三次世界大戰會發生。顧氏問俞大維對中華民國前途的看法，據顧氏說，俞泛泛的回答了三點：

一、我們自己在臺灣的所作所為；二、東西方之間世界局勢的發展；三、我們在華盛頓的外交努力。他把華盛頓看作是我們最重要的中心，並認為我國未來在很多方面是掌握在美國政府手中的。

俞大維謙卑的向顧氏表達自己只是一個晚輩，又頌揚顧氏的看法反映了「一位對國際事務富於經驗和有洞察力的人的判斷。」⑩固然，俞大維所說的是對的，相信當時顧氏聽入耳時不免會有點飄飄然；俞大維總是能令和他接觸、相交的人欣然愉快。

俞大維還向顧氏提出三位大有前途的美國軍人，要求顧氏和他們建立友誼。他們是美國陸軍副參謀長博爾特將軍、陸軍參謀長勞頓・柯林斯（Lawton Collins）將軍，以及在國務院和五角大廈與奧姆斯特德（George Olmsted）少將一起掌管對外軍事援助的拜羅德（Henry Byroade）將軍。顧氏說，俞一再表示他在美國陸軍中的朋友可能有助於顧氏，如果需要他協助時，務必找他。俞大維在抗戰時認識很多美國軍界的領導人物，此時此刻對孤立無援的中華民國政府在外交上發揮了一點作用。

俞大維又說，在四月他會回臺灣，但不知會擔任些什麼工作，基於健康理由，他希望擔任輕鬆一點的工作，可見當時俞大維的病還沒有完全治好。三月十九日，俞大維再來見顧維鈞，跟他話別，並說返臺前會先往舊金山訪問。顧氏在此日如此描述俞大維：

我覺得他是一位敏銳的觀察家，但又是一位沉默寡言的人，這也許因為他是學數學和哲學的原故。⑪

俞大維回到舊金山。他的夫人陳新午及其他一些親屬都在那兒。董浩雲說他在一九五一年四月三十日在舊金山不期遇見俞大維，並於次天拜訪了他，知其日內將返國，並說他是應召赴臺，個人無意出任官職。⑫但回臺先後見過總統和陳誠後，他便再到美國出任新職，可見總統有用得著他的地方，他就鞠躬盡瘁，必定效勞，他就是守著「士為知己者死」之傳統的人。

一九五一年五月二十一日晨，俞大維抵達臺北，當晚見過陳誠，第二天一早謁見蔣總統和他進早餐——顯然臺北的最高當局急於要見他，聽取他的彙報。其後的兩個多月，俞大維拜訪了一些軍政界的前輩，以及會見了兵工署和交通部的舊同仁。七月三十一日他離臺北飛美國。

出任駐美大使特別助理爭取軍援

俞大維這次飛美國，身分和目的和上一次不同，上一次他是「前交通部長」，以在野之身去美國治病；但這次的身分則是美援使用委員會副主席及「中國大使館特別助理」。他此行有兩個任務，一是爭取美援和加速美援的赴運，二是協助顧維鈞處理毛邦初事件。

當時，美援的武器和彈藥來得很緩慢，顧維鈞也向美方負責官員如蔡斯等投訴，他也察覺到這種拖延舉動，尤其是航空汽油，目的是「為了防止臺北把汽油隨意另作他用。」⑬在美援問題以外，毛邦初的問題也逐漸浮現出來。毛邦初時任駐美空軍代表，負責空軍軍援事項，因涉軍購弊案而滯美不歸。在三月初，蔣總統已下令徹查事件，並電召毛邦初及其下屬向惟萱二人回臺，但是他們沒有回來。俞大維此次往美國就是為了處理美援問題和毛邦初事件。

俞大維到了美國，在西岸小憩後，於八月二十三日抵達華盛頓。在此之前，外交部長和行政院長陳誠早已分別通知顧維鈞，俞大維來美的目的。此事有一段小插曲，顧維鈞說行政院下達的命令和外交部的譯文並不符合，背後更有俞大維個人為了顧全大體而表現出的謙遜：

> 行政院命令的措詞為由俞大維在美國掌握經濟和軍事援助事宜，而外交部把它譯作由俞大維協助中國駐美大使處理這些事項。
>
> 葉公超解釋說，原先外文部和俞大維一同擬定的推薦書是俞大維「協助大使處理」經濟和軍事援助問題以及軍需品採購事宜，可是陳誠院長把措詞改成「對此負責」，後來委員長又改為「主管此事」。最初俞大維原想晉見委員長，請他刪去這句話，後因朋友們的勸告才作罷。但他仍堅持措詞不應該譯作「主管」，此外，他願

意稱他先生，不願意稱他將軍。⑭

顧氏說俞大維「深明形勢、非常謹慎」，理由是：

俞本人充分理解，雖然受命在華盛頓主管這些重要事項，但如不通過大使館和通過大使，他就不能正式工作。例如，要提出什麼正式公報，都必須通過大使簽名。在外交組織系統中，除大使的顧問和助理外，沒有另外的獨立代表。像俞大維擔任的這種工作，實際上與海軍武官或商務專員的工作無大區別，任何具有約束力的行動都必須由大使辦理。⑮

顧氏所說的當然正確，但我們更有理由相信俞大維的自我謙抑，主要原因乃是顧及顧氏的感受，不想令他感到不快。由此我們看到俞大維的親和力：他一心只想把事情做好，同時也懂得尊重別人，使共事的人和他合作愉快。

這次俞大維去美國，一直到一九五三年四月中他離美返回臺北述職為止，一共逗留了將近一年又八個月。俞大維在到達華盛頓那一天，便對顧維鈞表示他是受命來協助他解決毛邦初的問題，顧對俞前來相助相當歡迎，他說俞的地位和聲望都高，又「與蔣委員長關係也頗密切」，「因此在軍需品採購事務和解決毛邦初問題兩方面，都將給予他巨大幫助的。」⑯

顧氏說俞深得委員長信賴無疑是真確的（這就是向來俞大維鞠躬盡瘁的原因），但說他與蔣委員長關係密切這一點則需要稍作說明。俞大維是陳儀在德國發掘羅致回來的人才，在他進入國民政府工作前蔣委員長無由認識他，俞氏亦不認識蔣經國以及孔、宋家族的成員，若說他和委員長關係密切，毋寧說是俞大維在擔任兵工署和交通部長時傑出的表現、清廉的操守、高深的學養以及個人的高風亮節，而得到蔣氏的絕對信任，若硬要說「關係」，也許只有廬山「片葉廬」的一點點淵源吧：

「抗戰」前，擔任兵工署署長的俞大維幾乎每年夏天都要上「夏都」廬山辦公，家人和親戚們都一齊上山避暑，算是「公私兼顧」了，「片葉廬」別墅和陳家的「松門別墅」總是熱鬧異常。蔣介石幾次來到「片葉廬」，他有時是與俞大維的母親曾廣珊閒聊，蔣介石一向極為敬仰曾國藩，他自己不但熟讀曾國藩的《曾文正公文集》，連他的侍從室成員也每人必備一套《曾文正公文集》，熟記於心，以便能隨時應對蔣的提問，蔣介石當然很願意和曾國藩嫡親的孫女聊聊曾家舊事。⑰

關於此故事作者還未找到其他的旁證可以證實，唯有姑妄聽之。事實上此點亦無關宏旨，國民政府中和蔣委員長關係密切的大有人在，說關係密切怎麼也扯不到俞大維頭上。

然而，傑出的人物很多時候跟他們的出身背景是有密切關係的。我相信俞大維的血液除了山陰俞家的國士基因外，必定也有著曾國藩踐履篤實的理學家精神：這些中國傳統文化孕育出來的優秀士人，他們要在治國平天下的事業上有所作為時，遇到的橫逆和挫折之多且大，不是我們局外人所能想像得到，若不是有「打掉牙齒和血吞」的聖賢修養，如何辦到？俞大維學貫中西，又有傳統士人的精神底蘊，可以說是一個現代版的國士，一個中學為體、西學為用的文武全才。

然而，毛邦初案處理起來相當棘手。俞大維頗積極，想用溫和的方式解決問題，在八月三十日和毛邦初見面，要他交出手上的公款，但不得要領，俞大維托俞國華將情況告訴了顧維鈞。

> 俞國華應邀到我處吃飯，他說俞大維請他向我轉告，毛斷然拒絕交出他手中的公款。俞大維提醒他這樣做不對時，毛甚至聲稱他自己已決心進行「革命」，就是說，他要造反；並且俞大維當然明白，既要造反自然也就要用錢了。這時，俞就指出毛的言談越軌，他無法再談下去，並立即離去，逕赴機場，登機往舊金山去了。⑱

此後毛邦初案的發展愈趨複雜，在處理上愈加困難，俞大維給予顧維鈞不少意見，雖然後者對俞的意見未必完全同意，但兩人說得上合作無間，互動良好。對俞大維在毛邦初案的貢獻，限於篇幅，此處不多說了，讀者可以參考《顧維鈞回憶錄》第八冊第三章。

俞大維來美的另一任務，據顧維鈞說是幫助他在美國軍、經援和採購等各種事務方面。在八月二十八日，俞大維向顧氏說他已見過在大陸時就熟識的利文斯頓・麥錢特（Livingston Merchant），他當時任職國務院，他告訴俞，國會將會削減杜魯門（Harry Truman）的援外要求——這意味著俞大維爭取更多美援的工作是困難的。

俞大維又說那天已見過馬歇爾（George Marshall, Jr.），發現他對華的態度還是比較好。俞對馬歇爾說運往臺灣的軍援物資實在太慢，最近幾個月只收到用於港口的探照燈，馬歇爾答應調查。此外，俞又見了五角大廈主管對外軍援的奧姆斯特德將軍，奧姆斯特德將軍問他什麼是臺灣最需要的軍用物資——他本人和俞大維是很熟悉的。⑲這時俞大維到華盛頓才五天。

除了軍援，俞大維亦要跑經援。那年十月九日，他去見了遠東經濟合作署遠東處處長艾倫・格里芬，他友善的向俞大維建議中國政府應在近期制定一項長遠計劃，提出幾年之內的需要，以供美國考慮。從後來的美國經援數字看，是絕不少於軍援的。十月二十日俞大維向顧維鈞報告他打聽到來年的援助是二億八千萬美元，其中大部分是軍援和經濟影響援款，後者用來應付軍援本身帶來對經濟的影響。

以上的例子都說明俞大維是利用他和華府官員的人脈，來爭取更多軍、經援助。俞大維除了爭取增加軍援的數額和項目，更麻煩的是要敦促華府主管官員加快將援華軍用物資付運。他就此事向馬歇爾抱怨，於是馬歇爾找人拿文件查看，發現在確定的九千萬美元總額中，只運出了一千二百萬美元。經俞大維的爭取，終於收到了五角大廈關於加速運送的保證：

一九五一年底前交運的軍事裝備可以供應二十個陸軍師，其中包括第一批運送的迫擊砲、步槍和機關槍，以及後續交運的七五毫米、一〇五毫米大砲和砲彈。後兩種武器足以裝備二十個師，還能抽出一些供應軍團和軍的獨立砲兵部隊。⑳

俞大維對顧說這些數字是保密的，這個消息臺北尚未知道，他沒說這些數字的來源，顧氏也沒有問，顯示了他們彼此間存著默契。十天後，俞又獲知進一步消息：又有兩批高射砲和其他大砲將運往臺灣。他向顧說，他必須不時盯住五角大廈的人，才能讓他們加快運輸。㉑「使美國採取一項援助我們的政策是一回事，使其把該項政策付諸實施則完全是另一回事。」㉒很明顯俞大維這兩件事都要做，而且都不易做。俞大維又表示，在臺北的蔡斯軍事代表團不願意大使館插手軍事援助，對於軍援他只能通過五角大廈的朋友們得到消息，所以要求顧氏保密。㉓事實上俞大維早已察覺到這個情況，一九五一年十月顧氏的記述：

來通報情況的俞大維告訴我說，美國的策略好像是把確切的金額對我們保密，打算根據我們接受其使用意見

和我們執行改革的程度，陸續把援款分配給我們。他說，他們寧願與臺灣的我國政府直接聯繫，而對此間大使館隱瞞這種消息。㉔

此一情況說明了俞大維他是不可以公開、直接的在美國爭取軍援，他只得私下透過美國友人打聽美援的數字及付運進度。這些資料臺灣方面不知，駐美大使館也不知。

俞大維始終謹守著顧維鈞大使「助理」的名義來處理軍、經援事務（雖然暗地裡他才是主管），以故他處處尊重顧維鈞，不時向他報告軍、經援的情況。顧氏的回憶錄記錄了俞大維自一九五一年八月開始，每隔兩至三個月便向他彙報軍、經援物資付運的最新情況，以便顧氏得以在適當時介入，這種做法一直維持到一九五四年中他回臺出任國防部長為止。

俞氏在美國的作用相當大，因為美援對中華民國來說相當重要，而俞大維的工作不是其他人可以隨便取代的，偏偏總統卻想調離他。一九五一年的十二月二十日，俞氏在大使館的會議後，私下對顧氏說政府再三敦促他接受聯合國軍事參謀團中國代表的任命。俞大維說他推薦了何世禮，但是委員長仍堅持要他擔任，最終還是由何世禮將軍出任聯合國軍事代表團中國代表一職，俞大維仍留在華盛頓。

一九五一年終於過去了。一九五二年一月，俞大維打聽到好消息。一月十九日他向顧大使說經援商品運送已有巨大進展，一九五一財政年度的項目，將於一九五二年四月左右全部運往臺灣，對於軍費接近歲出九成的臺灣幫助無疑很大。[25]

二月十八日顧維鈞設午宴招待蔡斯（William Chase）將軍和奧姆斯特德將軍，俞大維亦在座。蔡斯是駐臺美國軍援顧問團團長，他說這次返美是為和當局磋商，並敦促加速運交臺灣的軍援。當然，作為一個清醒的讀者，我們不會認真看待蔡斯的說話，但是他另外的話，說供應臺灣的裝備，「雖不是新型的，但是比沒有要強」，卻道出了中華民國現實處境的無奈。[26]

儘管有美方高層說會加快軍援付運進度，但實質上，起碼在中華民國方面來說仍嫌太慢。六月十一日，顧氏和俞大維共進午餐，顧說：

經濟援助計劃已經完成或即將完成百分之八十；軍事援助計劃則拖延了大約一年。由於他的努力，海軍援助物資的百分之八十已經裝運；陸軍援助物資的百分之五十也已裝運，然而尚有重要物資如車輛、一〇五毫米大砲和一些其他物資有待運。在空軍計劃中，飛機尚未發送。[27]

六月十八日俞大維送來一張圖表，說明執行對臺軍事和經濟援助的進度和計劃。六月二十四日顧氏便去拜訪了負責遠東事務的助理國務卿艾利森（John Allison），議題之一就是加速裝運供應臺灣的軍需品：

我提出了根據軍事援助計劃供應臺灣的軍需品的裝運問題。我說，裝運已遠遠落後於預定時間，我的特別助理俞大維最近已向五角大廈提出交涉，結果他獲得保證稱，某些物資，尤其是那些供中國陸軍使用的物資，如卡車和其他車輛等，將在接近六月底時加速裝運，各類槍砲和彈藥則將於七月份開始裝運，但有關供應中國空軍的軍需品的發運則隻字未提。我說，據我瞭解，截止目前已發往臺灣的只有分配額的百分之十……中國空軍的裝備現已過時，中國當局急於按照軍事援助計劃得到新的補給。㉘

如果爭取軍援及加速付運是一場戰爭的話，俞大維無疑在五角大廈這一戰線上親自作戰，但在另一戰線「國務院」卻做了顧維鈞的參謀，由顧氏披甲上陣。當然，由俞大維做參謀，上陣的顧大使的感覺會是良好的。但是這樣的夢幻組合有時也免不了有「脫節」的時候，尤其是主帥忘記了和參謀溝通時。

十月三日，顧維鈞招待兩位美國海軍上校拜爾利和卡羅爾午宴，他們分別是駐華軍事援助團的卸任和新任海軍顧問，午宴的其他客人有梅樂斯（Milton Miles）海軍少將及俞大維等，梅樂斯在二戰時曾來華服務，是俞大維的朋友。顧維鈞說他安排這次小型宴會是為卡羅爾送行，並想弄清楚我們海軍當局要求二百多艘艦艇和其他各種物資的情況，儘管臺北美國大使館已回覆外交部稱，蔡斯將軍不同意，並建議代以六艘掃雷艇和十套掃雷裝置。拜爾利表示不會對供應艦艇一事有所行動，原因是「沒有聽到蔡斯的意見」。梅樂斯說有關供應臺灣的軍援物資，不由五角大廈提出，必須由蔡斯領導的軍事援助顧問團首先提出，五角大廈只是傳達蔡斯提出的建議，此外，五角大廈一般的行動是對建議的數字予以削減而從不予增加。

當日傍晚，俞大維在辦公室見了顧的助理譚紹華，說不瞭解顧在午宴上對美國客人所談的掃雷艇問題，他說如果有大使館收到的文件，他希望看看，並且提醒譚紹華，蔡斯曾告訴他：所有軍事援助事項都應在臺北商討，不要在華盛頓商討。因此，俞大維說他自己在聯繫五角大廈時「除非常謹慎地催辦外，一直是小心翼翼的。」㉙

看來俞大維對顧的作法感到不快，顧氏後來向俞澄清這誤會，只是事前因俞抱恙，所以沒有時間將文件給他看，顧氏並向俞提供了外交部有關從美國獲得海軍艦艇的急件。顯然臺北急於要艦船，一時間忘掉（或是根本不理會）遊戲規則，而俞本人是恪守遊戲規則的。

俞又向顧提供了軍援最新消息：在十月至十二月期間美國應移交的F-47戰機應是七十二架，並且向顧氏再一次強調不宜在這裡向美國當局催辦軍需品，蔡斯曾對他明確表達這一點，而「他本人也只是以非正式的私人途徑催促他的朋友加速裝運。」㉚

由此可知當時當局如何急切要爭取軍援，也反映了俞大維的處境困難——尤其是他犯了錯誤的時候。事緣俞大維以為美國一九四八年度援華有餘款一百八十萬元，他從美國陸軍和空軍方面瞭解到該款可申請使用，於是通知了臺北。誰知國務院說該筆款項乃用於中國地帶，而非中國專用款，況且其中一部分已給五角大廈挪用，不可能撥給臺灣了，但臺灣方面仍然不斷的爭取。俞為此感到很不自在，他當然不知道急於用錢的臺北方面會怎樣想，這給了俞大維很大的困擾。

一九五二年年末，對顧氏和俞大維來說是忙碌的日子。十月中蔣宋美齡來了紐約。十一月四日美國大選，共和黨勝出，大使館要為此新形勢作出應對。十一月中旬外交部長葉公超來到華盛頓。

在百忙中，俞大維仍然要做好他分內的工作。十二月俞向顧報告軍援和整訓軍隊方面的成果：

原來的每一個軍的三個師已改為兩個師，所以十個軍只有二十個師而不是三十個師，外加金門島上還有一個獨立師。至於軍援物資，其中大砲已大部運到臺灣，但裝甲車、吉普和卡車的交貨情況則較遲緩，因為本年度計劃中要求的大都是彈藥。海軍的計劃已經完成了百分之八十七。飛機也開始運到。應於一九五三年內全部運到。簡言之，軍援計劃比原定時間表大約拖後了一年，而經援計劃則執行得比較好。雖然復興工業用的物資的交貨情況仍然落後於原計劃，但各種商品如化肥、棉花、小麥、大豆等等都已發運。[31]

這些資料對於作為大使的顧維鈞十分重要。幾個月後，蔣宋美齡來到雙橡園作客，與顧大使談及軍援問題，顧的回應內容明顯就是基於此次資料。[32]

然而，對於顧維鈞真正的忙碌是在一九五三年。一月九日，俞大維來大使館，請他設宴招待美國副參謀長泰勒（Maxwell Taylor）將軍和奧姆斯特德將軍，他們計劃去臺灣訪問。俞大維說泰勒將軍是後起將領中最聰明、最機警中的一個，將來肯定會成為陸軍參謀長（這個預測後來果然應驗）。俞大維還說泰勒是兩棲作戰的權威，在二戰中籌劃大反攻有功。俞大維對美國將領的能耐真是瞭如指掌，無怪乎美軍將領都樂於和他打交道。當然，這樣的午宴，顧氏當然是樂於請客了。

這月的十六日，俞大維在華盛頓度過他的五十七歲農曆生日，一些舊部如譚伯羽、莊漢開及大使館的職員和武官等都給先生拜壽。

二月初，美國總統艾森豪（Dwight Eisenhower）下令第七艦隊不再阻止國軍攻擊大陸。為了應付新聞界的提問，顧氏在二月四日及十一日召集大使館職員和俞大維開會，為答覆各界人士提問做準備工作。

二月十二日，由海軍總司令馬紀壯率領的海軍代表團（海軍陸戰隊司令周雨寰同來）到使館拜會，然後在顧陪同下拜訪了美國海軍部長。稍後海軍向美方提交一份所需物資的備忘錄，要求美國提供兩艘驅逐艦、一艘船塢登陸艦、幾艘坦克登陸艦。這都是應付臺灣外島戰爭所需的艦隻，十分重要。顧氏紀錄了馬紀壯在遞交備忘錄時向美方進行了遊說，但沒有提及俞大維（也許他不在，也許他沒說話），事實上顧的回憶錄在海軍這次訪美的紀錄中，並沒有提及俞大維的名字，這種場合沒有俞大維參與是有點奇怪的。

二月十九日海軍代表團走了。幾天後（二十五日）陸軍的代表團又來了，成員包括了徐培根、劉雲瀚、蔣緯國以及其他一些將軍。晚上，顧大使宴請了代表團，這次顧氏紀錄了俞大維被邀作陪。

美陸軍方面沒在招待他們時「表現出熱情」，㉝沒有宴會，沒有官方的雞尾酒會——唯一的禮遇是來自多恩（Frank Dorn）准將的私人雞尾酒會。此行代表團只是聽取了美國陸軍體制的簡介。顧氏的按語是：「美國陸軍方面這種由於馬歇爾將軍的經歷與感受所產生的不同情或者說是惡感。」㉞顧氏的觀察應是正確的，美國人這種情結對俞大維工作造成的影響是無從評估的，幸好馬歇爾個人對俞大維很好——只是此時此刻，馬歇爾已退役了。

三月八日，蔣宋美齡在孔令傑陪同下來到雙橡園小住。她來到大使館首先問的就是美國對臺灣的政策及軍事援助的情況，而這些正是臺北急於知道的。顧維鈞向她作了簡短的彙報，有關軍援部分的資料內容都是俞大維先前所提供。

連續幾天，顧維鈞陪同夫人活動，包括到白宮跟艾森豪總統喝茶。她著意會見美國軍方人士，包括國防部長威爾遜（Charles Wilson）、陸軍參謀長柯林斯將軍等。她的目的是向他們表達委員長想成立中美聯合參謀部的意願（她先後分別向艾森豪和威爾遜都提出這個要求）。㉟中國人在外交的操作上總是以為在最高層面上溝通是最有效的途徑，這點易於明白；不明白的是像這樣的關乎軍事的場合，何以沒有俞大維的份兒——事實上蔣夫人在華盛頓那幾天中，顧維鈞的紀錄完全沒有提及俞大維；也許他不在華盛頓，也許是在迎迓蔣夫人一事上他的位置不重要。三月十二日六時，蔣夫人離開大使館，顧維鈞在回憶錄說一陣忙亂後，雙橡園恢復寧靜。

但爭取軍援的工作還是要做的。三月十七日，顧氏接待俞大維，談了在緬甸邊境的李彌部隊的撤退問題，然後俞氏向他敘述美國軍援物資的交運情況：一般來說，最近兩個月交運是加快了。至於委員長希望成立的聯合參謀長會議，他知道奧姆斯特德將軍已經知會了美國政府。這是俞氏向顧氏報告的奧姆斯特德將軍向艾森豪總統所作四點建議之一。其他三點是：一、澎湖和金門的駐軍列入由美國裝備和訓練；二、在中國收到噴氣式飛機之前，在臺灣駐紮一些噴氣式飛機部隊；三、自沖繩第十三航空隊增派人員訓練國軍飛行員駕駛噴氣式飛機。㊱這都是俞大維向奧姆斯特德提出的。顯然，俞大維在爭取軍援的工作上並沒有放鬆步伐。

然而這寧靜維持了沒多久，一場關於中華民國前途的風雨要來了。三月底，中共宣布接受聯合國交換朝鮮傷病戰俘的建議；大家都認為和平在望，但這對臺灣目前的處境是相當不利的。三月三十一日，俞大維來訪顧氏，告知顧氏他已奉召回臺述職。俞把行政院長陳誠的來電給顧氏看，顧氏問俞召他回去的原因，俞表示不知道，但推測是臺北想得到美國來年預算案中經、軍援的最新消息，顧氏則推測是要他擔任擬議中的參謀長聯席會議中的中國代表。

俞大維在四月八日來訪顧氏，報告他近來和美國官員會談的情況。他問過助理國務卿拜羅德有關朝鮮停戰談判對臺灣和南朝鮮的影響，拜羅德認為對臺灣和南朝鮮都是不利的，俞大維顯得憂心忡忡。稍後顧維鈞出席了宋子文就此事召開的會議，宋子文就問對於美國有關朝鮮停戰和解決遠東問題的外交政策，俞大維是否深感不安。顧氏說是的，並告訴他，俞大維為了準備回臺述職，在上兩個星期走訪了許多官員，他們都向他承認對臺灣不利，但他們無能為力。㊲

稍後俞大維向顧報告他就《紐約時報》關於美國想將臺灣交由聯合國託管的報導打探得來的消息，說美國並無決定，那只是美國一些官員潛伏的想法而已。

孔令傑介入爭取軍援事務

從俞大維的四處奔走，從他盡量發揮個人魅力去影響美國的官員（例如奧姆斯特德將軍等），我們不明白背後何以有人說他在爭取美國軍援一事上不夠努力。這時，大使館又發生了一段小插曲。顧氏接到消息，由於委員長的勸說，孔令傑（孔祥熙、宋靄齡的次子）有參加大使館工作的想法。三月末，他陪同蔣夫人回臺，只留了幾天便趕回美國，見了顧維鈞，作了一次詳談。㊳

四月九日，孔令傑來訪，對顧氏說，委員長收到報告說他經常不在華盛頓，而大使館有人（那是一位武官）一直向臺北彙報他的情況——而這些報告不完全對他有利。孔令傑說他因使館的人對長官不忠而惋惜（這個使館武官到底是誰真令人尋味），孔令傑說委員長想他在臺擔任軍職，但他拒絕了。委員長說他既然在華盛頓工作，那麼應當在大使館有個官銜，孔令傑說公職對他沒有吸引力，但又問委員長能給他提供什麼，委員長的回答很精簡：「為國效勞的機會。」

四月十日，顧收到外交部長葉公超託人從臺北帶來的信，說孔令傑會在大使館無酬任職，顧氏說這是葉公超和陳誠安排的折衷辦法。最初蔣夫人提出任命孔令傑為大使館公使，並獲得委員長的贊成，而且後來也得到陳誠的贊成。孔令傑介入了使館的工作，日後對俞大維和顧維鈞都造成了一些影響。

四月十四日，俞大維返臺的前一天，顧維鈞邀請了他共進午餐。顧氏對他說想要引退，並講了三個希望引退的理由，並且說去年十一月已經向葉公超透露過。俞大維說委員長不會讓他引退的，不過最終還答應了代他向委員長、陳誠和葉公超各呈一封信。然而，俞大維也向顧氏說，由於體弱，他也不會接受政府委派的任何外交及行政職位，只想在幾週內返回這裡。[39] 四月十五日清晨，俞大維返臺，顧氏到機場送行。《年譜初編》記載，四月二十日俞大維早晨抵臺北，晚上即往謁見總統（頁三二五），可想見當時總統急於要知道軍援和美國動向的一手資料。

在臺灣，俞大維見過陳誠及美軍顧問團團長蔡斯將軍，也接受了一些兵工署和交通部舊屬的宴請。五月十九日，俞大維飛回美國，在臺逗留時間約是一個月，可以說是來去匆匆。俞大維帶回了委員長、陳誠及葉公超給顧氏的覆信，似乎俞還不知道孔令傑要來大使館任職的事，更不知道很多人在臺北談論他，而且談論他的話更是在蔣總統的面前說。

俞此次述職回來，似乎沒有什麼特別的地方。總統也沒有委任他出任新職，他還是回來幹爭取軍援的差事，一切似乎很正常。六月十一日，俞大維向顧報告軍援情況，他說他見過一些官員，要求他們幫助推動批准增加一九五三到五四年度援助的申請，但俞說他們僅表示同情，認為修改計劃已為時過晚。就是這一點，令下半年俞大維的工作舉步維艱，備受非議。

六月二十二日，孔令傑剛從臺北回來便去見顧氏，說他準備出任大使館參事。第二天晚上他便宴請參議員德克森，傳達委員長希望把金門島也列入軍援計劃的意思，德克森說他已向總統彙報了這個情況，並說後者看來是同情的。孔令傑在極力爭取表現。

七月中美國國會參眾兩院討論、表決一九五四年對外軍事援助法案。兩院的法案有矛盾，又要舉行聯席會議化解分歧。當時臺北極力爭取要得到最多的份額，但因為種種的原因，俞大維感到為難。他在七月十二日向顧報告，他最近自五角大廈及共同安全署的朋友得悉，要增加對臺援助是沒有希望的。不但如此，俞大維亦暗示爭取將浙江沿海大陳島列入軍援計畫一事也難以說服美國人，原因是美方建議先自大陳撤軍以充實臺灣軍力，然後再派出部隊守外島，「這個建議的邏輯性是難以拒絕的」，俞大維說。㊵ 這兩項目標俞大維深感難以達成，他只能盡力而為。

七月三十一日，美國參眾兩院通過一九五四年軍援撥款法案。在此日前（據悉應是七月廿九日），孔令傑向顧氏報告「他為說服我們在美國國會中的朋友增加對我國政府所做的努力」，他估計一九五四年我國所得援助總額約四億美元，比去年增多了五千多萬元。由於先前黃仁泉（前使館職員，蔣夫人外甥）曾建議顧拍專電向委員長報告，作為對孔令傑在援助計劃方面努力的讚許。為此，顧氏在送委員長的信中，附上一封簽呈。不久後孔令傑又去臺北，他此行目的是什麼不得而知，但是知道他見過了總統。

孔令傑把軍援款額增加說是自己的功勞，事實上軍援的實際問題遠比孔令傑想像的複雜，因為法案中臺灣的軍援數額是保密的；不知道實際數字，根本無從跟美國人商討增加援助。其次，條文中賦予執行法案的美國官員很大的解釋權，他們對法案的詮釋可以跟臺北的想法有很大落差。例如法案中的中國是指中國地帶，美國人可以將錢轉移給印度支那地區。還有，軍援項目會引起臺灣的財政支出增加（例如來了裝備就要花錢去訓練使用人員及保養），所以又要跟美國人申請一筆對應撥款來消除這方面的影響，一切都要耐心向美國政府打聽、爭取。

在這年，臺灣的財政問題急需解決，迫切程度不下於軍事方面，於是財政部長嚴家淦在九月中來到華盛頓，會同顧維鈞跟美國官員會談，要求增加軍、經援助。具體情況是複雜的，此處不作詳說。總之，將當時我國的要求概括起來，簡單說來有以下幾點：一、要求將參議院撥款委員會多撥的百分之二十軍援轉為通用項目

（即貨幣或物資）；二、計劃中的三千萬美元通用項目撥款不夠，要求增加；三、將給中國地區的特別撥款一千一百八十萬美元都給臺灣。

九月二十一日，嚴家淦、俞大維及其他中華民國相關的代表在國務院跟美國官員會談。在會議的紀錄中可看到中國代表都集中表達中方要求的合理性和迫切性，㊶唯獨俞大維提出一些積極建議給美方參考，如美方提供小麥、黃豆、玉米、煙草等剩餘農產品來增大通用項目的金額，以及將美國在遠東地區的剩餘物資轉交中國政府。俞大維還說服了蔡斯將軍準備一份過剩物資的清單，並已呈交美國政府。

後來事態的發展是：除俞大維的提議得到考慮和回應，其餘要求不得要領。美方態度是百分之二十增額基本全用於軍事（即不能轉為金錢或物資），通用項目三千萬美元總額不增加，一千一百八十萬元補充撥款中，中國只佔六百八十萬。至於贈送剩餘物資可以辦到，很快便有大約九百萬美元的軍毯、鞋、軍裝交給我方。

其實，俞大維已盡了力為國家爭取最大的利益，雖然他是沒有過分堅持同美國人爭論，因為國會給予政府執行法案上有很大的解釋權，不是從法理上可力爭的。但是，他的態度和想法，不為一般人所理解，更不為臺北所諒解。顧維鈞說：「被派到華盛頓來專門處理援助問題的俞大維，現在成了臺北發洩失望情緒的對象。」㊷顧維鈞這些話當然是有感而發的。十月十三日孔令傑來見顧維鈞，他剛從臺北回來，給顧帶來一封總統給他的信。當時孔令傑要顧答應不和任何人談及此信，甚至是俞大維，因為此信可能導致俞大維不快並辭職，並且聲明本人並無取代俞大維職務之心。㊸顧即使不看也會猜到蔣來信中的內容，當然他還是看了：

我仔細看了來信，此信註明由我親收，但讓我把信給俞大維看。委員長在信中指出，最好把處理美國經濟援助的任務交給孔令傑，孔可任俞的協理，俞應信任孔的幫助，以避免或防止可能出現的差錯。委員長表示，希望我將此意向俞轉達，並說，一切由我去辦理。因為他已讓孔親自向我彙報詳情，所以信中不再多寫；信是委員長的親筆，可以交給俞看，但讀後應由傳信人帶回。㊹

顧維鈞吃了一驚，但令他吃驚的除此信的內容外，更有孔令傑的說話：

此事有些既令人吃驚，又使人為難，尤其當孔令傑告訴我，委員長曾讓他接替俞將軍的職務，但他本人並不願意時，我更有這種感覺。孔說，他最願意不受約束地作一些自己的工作，而政治則總是一種吃力不討好的工作。㊺

此信內容與孔氏的話當然令顧氏吃驚，但更令他感到為難的是：蔣要顧向俞提出此事，並把信交給他看！（按：此信估計應是蔣中正籌筆之〇〇二〇一〇四〇〇〇〇二一〇五〇，內容描述：蔣中正函顧維鈞派孔令傑助理接洽本年度增加軍援經援事，一九五三年十月十一日，原件作者未能看到。）

總統只是命孔令傑出任俞大維的助理，並不如孔說的要他取代俞的職位。顧維鈞感到為難，因為他認為俞大維正竭盡全力爭取援助，並且取得成效，要以他人代之，就必須找出一個令人信服的理由。

顧維鈞怎麼辦好呢？第二天，俞大維就來了，他把一份一九五四年度美國對臺財政援助實際形勢的報告交給了顧。但顧沒有把信交給他看。幸好不夠十天，這煩惱自動消失了。孔令傑來訪說他剛和臺北通過電話，說他從臺北帶來的信可以不給俞大維看了，並說這免除了他和俞大維之間必然產生的誤會，他又表示已接到臺北的通知盡快和陳之邁等返臺，相信是為副總統尼克森（Richard Nixon）訪臺做準備。

據顧氏的紀錄，孔令傑和陳之邁等在十月二十一日飛臺。然而他出發得早了一點。十月二十四日舊金山領事館的人給顧維鈞送來總統的一封親筆信和四份備忘錄。信是在十八日簽署，來信要求顧和俞把備忘錄研究一下，並把備忘錄的抄件各送一份給孔令傑。這四份備忘錄中，有兩份是經濟援助的補充援款計劃，兩份是軍事援助撥款計劃，都不外乎上月中嚴家淦及顧氏與美國官員會談時所提出的。總統的吩咐顧氏當然要辦，於是他後來和俞大維見面研究此事，但給孔令傑備忘錄抄本一事便辦不到了，因為此刻他人已到臺灣，並且面見了總統。後者很奇怪，對孔令傑說：「怎麼你回來了？」

十月二十六日，俞大維來見顧維鈞，向他報告截至一九五二年八月底軍援運送的情況。一九五二年的計劃幾乎已經完成，一九五三年的計劃大部分也已完成，特別是關於七十五毫米和一〇五毫米大砲，至於一五五毫米大砲和無座力火砲則沒能依期完成。他說，在雷福德（Arthur Radford）海軍上將努力下，F-84噴氣機的交付工作也接近完成。顯然，在俞大維的努力下，已大大加快武器付運的速度，試想沒有俞大維的努力，又怎會有雷福德上將的努力？更深入一些想想，堂堂一個美國上將，會因為什麼而賣一個中華民國中將的帳？答案其實很簡單，就是心悅誠服！

然而備忘錄的事情有了變化。十一月二日，顧維鈞又會見俞大維，俞向顧說他不打算將備忘錄送交美國當局了，因為他認為：既然為了有利於我們計劃的完成，宜由孔令傑或其他人推動此事，我們大可不必急於把我們對國會援外法的理解向美國當局陳說，從而同他們牴觸。他說，他情願把此事留給孔令傑處理。㊻

看來俞大維因孔令傑的介入而感到不快，然則顧氏本人何嘗不然？但是事情的發展又再有變化。兩天後，俞收到嚴家淦覆電，說他見過委員長，委員長指示，俞將軍仍可通過正常渠道繼續設法爭取援助，即是說現階段俞大維的工作仍未有人能取代。說真的，俞大維可以退隱的話，他是寧可選擇歸隱。美國有這麼多大學和學術研究單位，俞大維要尋一個教學、研究職位，根本不難。但此時此刻他仍在官場打滾，那是他在回應時代對他的呼喚，國家民族對他的呼喚。

十一月十一日，之前陪孔令傑、李駿堯返臺北的陳之邁來見顧維鈞，他向顧彙報的內容很廣泛，其中有關俞大維的部分，值得仔細咀嚼：㊼

陳之邁認為，臺灣不大瞭解這裡的形勢。我對他講，陳誠行政院長在發給外部要我知照的一份指示中，命令俞大維將軍全權處理採購團的人事、財務事宜。對此我並不，也沒有理由嫉妒。我自己的願望就是能看到所做的一切工作對我們國家有利，至於誰有權處理，那無關緊要。但陳在彙報第六點時說，委員長告訴他，我應該有權過問並監督與經濟、軍事援助有關的各項事務，而且委員長對俞大維處理援助工作的方法表示不滿。陳之邁得到的印象是，委員長要孔令傑處理軍事援助事務，霍寶樹處理經濟援助事務，他們要在我的監督和指導下工作，而俞將軍不久將被召回臺灣。（這是不幸的，因為我認為俞大維是在竭盡全力進行工作。但他的職位很令人眼紅，他資金充足，同各部、特別是同各部部長有直接往來。我認為，他的職位對那些追求名利的人太有吸引力了。）

陳接著報告……蔣夫人請他（陳）勸說孔令傑在我的指導下繼續為爭取美國援助而工作，並從俞將軍手中把此事全盤接過來，然而，據陳講，他知道孔寧肯以個人名義做買賣，為自己賺點錢，而不想繼續為政府效力。

從顧維鈞的按語可以看到，作為一個資深外交家，他對政壇上種種人事作為無疑有極強的洞察力！

十七日，另一個陪孔令傑返臺的人員李駿堯來向顧彙報返臺情況。李提到一些關於俞大維的事：

李說，委員長對俞大維在這裡處理軍事援助的方式感到不快，看來是傾向於讓孔令傑在我的指導下處理此事。李向行政院長陳誠彙報俞大維在處理美援事務中不讓我瞭解情況時，陳誠對此感到吃驚，並表示我應對軍援事務負起更多的責任。⑱

俞大維不讓顧氏瞭解軍援情況的說法是否成立，我們毋須深究，因為，當李仍在顧氏之處時，俞大維打電話來，向顧說美國國防部在軍援作出的最新決定回應了臺北方面的一些要求，如臺北想要的一些通用項目物資可由美國的「過剩物資」提供；想要而「過剩物資」沒有的項目，可由美國軍方研究將其存品宣佈為過剩物資而提供；如果上述二者皆未能滿足需要，再從軍事裝備計劃中抽出款項轉為通用項目辦理。

這無疑是俞大維爭取得來的成果，當然能否滿足臺北的要求又是別論。然而，最值得研究的是臺北對俞大維的態度——總統是否不再信任俞大維？總統要找人取代俞大維的可能性是存在的，但是他的工作有人卻不肯接手。

同一天晚上，孔令傑來見顧維鈞。顧交給他兩份文件，是臺北國防部關於那筆一千一百八十萬元及百分之二十通用項目的修改建議。這時孔令傑的反應是：

他說，他強烈地感到此事應留給俞大維處理，理由有二：首先，如果不是原則問題或政策問題，他不想冒犯任何人，尤其不想得罪俞將軍。其次，可以預見，出於絕對必須而且由於共和黨決心減少了預算，節約開支，

明年的對華援助和對其他國家的援助肯定都要削減，而臺北卻仍指望增加援助。㊾

孔令傑的說話很令人尋味。簡單的說，他知道爭取軍援的事是吃力不討好。約一週後，俞來見顧，讓他看一份陳誠的來電，電文說，總統指示要他返臺，有事磋商。俞說不曉得是何緣故，顧猜想大約同軍援事宜有關。俞大維此時仍未知道臺灣方面對他處理軍援有所不滿。

據《年譜初編》，俞大維於十二月五日晨飛抵臺北，七日中午，總統賜宴。他們談了什麼我們不得而知。此後十天，俞見過陳誠、嚴家淦、藍欽（Karl Rankin）大使、蔡斯團長、桂永清、何應欽等人，這沒有甚麼特別，最特別的是在十多天留臺的日子中，他三次巡視了聯勤屬下的兵工廠。假若推測不錯，總統似乎有意思要他去接聯勤總司令或副總司令的位置，因為其時聯勤總司令黃鎮球將軍因健康關係即將卸任，（其時聯勤的副總司令為黃仁霖將軍，是總統和夫人的摯友）。

十二月十八日，俞大維離臺飛美，㊿葉公超、蔣經國到機場送機。俞大維回到美國，立即往見顧維鈞，向他大吐苦水。顧維鈞回憶錄的記述：

俞大維十二月二十一日從臺灣回到美國，二十二日即來訪晤談。俞偷偷告訴我，委員長有這樣一種印象：認為他和我在處理援助問題上，不像所想像的那樣積極有力。俞還說，別人（孔令傑）靠堅持不懈的努力，可能得到委員長想要得到的東西。（這同孔令傑以前所講的情況不一樣，孔說，委員長是對俞而不是對我不滿。）俞還說，他不想談論反對他的人怎樣背地裡在委員長面前進讒言。很明顯，此人就是孔令傑。但他對這種背後中傷採取不予理睬的策略。他說，在重慶政府供職時，孔祥熙博士待他甚厚，所以他唯一的願望就是以德報德。既然他不可能以任何方法報答孔博士的恩情，他只能用好好對待孔的兒子孔令傑來做回報（這是一種中國傳統的感情）。俞還說，他發現雖然臺灣的經濟形勢比他年初回臺時大有好轉，部隊也較前強大，但士氣則不如那時高。[51]

這段記述中，我最感興趣的倒不是俞大維的反應，而是顧維鈞的感受——他在記述此事時的語氣平和，不帶一絲感情，彷彿完全於己無關。想起先前總統給顧維鈞要他看後交給俞大維的信，想起孔令傑不想取代俞大維職務的說話，這一切未免太不尋常，顧維鈞沒有說什麼，但我相信他本人對此事一定有深刻的領悟。

一九五三年過去了。

一九五四年顧維鈞仍是忙。這年的上半年，發生吳國楨事件，令大使館上下忙於應付。俞大維也要參加會議，助顧維鈞謀劃。當然，也要繼續為爭取軍援的事奔走。一月下旬，他的美國友人如國外業務署的莫耶、國防部斯圖爾特將軍先後告訴他：一些他極力爭取的援助項目（如一千一百八十萬美元的補充撥款中的五百萬、擴大通用項目資金等）都沒希望，這下子俞大維不知如何交代了。

然而，世事又往往出人意表。二月中旬，俞大維來和顧氏談話：

俞覺得奇怪，為甚麼委員長要他負責軍援事宜，並指示孔令傑不要插手干預此事。這是個新發展。俞問我，蔣委員長這樣做是何道理，但是十分明顯，他對委員長的這一指示感到高興。[52]

俞大維原本可以舒一口氣，可是爭取軍援的工作仍然舉步維艱。三月二十二日，俞大維向顧維鈞報告軍援情況，情況並不理想。由於臺北就一九五五年軍援向美國提出的備忘錄送交過晚，美國已無法考慮。另外，把二十一個師改組為二十四個師的要求，雖然駐臺北的美國軍援團贊同，但美國國防部還沒有加以研究。

病重之際受命出任國防部長

三月下旬，臺北國民大會召開了，蔣中正和陳誠分別被選為正副總統。按慣例行政院院長及各部委要總辭，新的內閣即將誕生，此事對俞大維和顧維鈞都有影響。四月底，俞大維再向顧報告經、軍援情況，據他知道來年數字估計是二億五千萬美元上下。早前他已說過援助備忘錄送得太遲，要求增加撥款是無望了，而將二十一個師改組為二十四個師，則得不到美國國防部的同意。

俞的處境頗令人擔心：他會否又成為臺北的埋怨對象？可是，俞大維教人擔心的倒不是軍援的事，而是健康問題。五月中，他病了，而且病得相當重。五月十日，美國國防部長威爾遜出訪遠東（包括臺灣），顧氏去送行，俞大維沒有去。五月十二日晚，顧維鈞宴請大主教于斌、胡適、何世禮、查良鑑、譚伯羽等，俞大維沒有出席。此情況只有一個合理的解釋——他病了。

他的病據悉是長於耳後的腮腺癌，是頗為凶險的病，非做手術不可。就在這時候總統再度任命俞大維為國防部長。五月十八日，蔣中正和陳誠宣誓就任中華民國總統和副總統的前兩天，原行政院長陳誠及其內閣總辭。稍後，俞鴻鈞被任命為行政院長組閣。

一九五四年五月廿五日臺北來電：「蔣中正電示俞大維速返國商定國防部組織與編制，譚伯羽、江杓可襄助。」⑬五月二十七日，總統明令俞大維任國防部長，當然之前俞大維已接到通知。俞後來憶述說：

正當我在美國輾轉病塌，與死神掙扎，慶幸稍有起色，就在此時，奉接蔣公來電，囑我束裝返國出任國防部長。蔣公於風雨險惡之際授我如此重任，我能不鞠躬盡瘁？⑭

俞大維當然推辭，何況他有病。似乎總統不知道俞大維的病況，以為他是「謙辭」。次天，臺北再來電：「蔣中正電示俞大維勿謙辭國防部長，免影響組閣，須六月一日就職。」⑮終於總統知道他確是有病在身，但仍然要他出任國防部長。五月三十日，總統令行政院長俞鴻鈞暫兼管國防部。

俞大維的病況如何？顧維鈞在六月十七日這樣記述：「俞將軍有病，心情也不太好，因為三個星期以來，他的病情有所加重。」一九五五年六月十四日：「蔣中正電示俞大維速確定國防部副部長人選，及江杓回臺再發表職務。」[56]據悉，俞大維要入院接受手術，短期內是無法赴臺履新。他雖然極力推辭，但是總統虛位以待的做法令他最後還是無法拒絕。三十七年後，俞大維憶述說：

> 我擔任國防部長，老總統發布三次命令，才回國就職的。當時陳誠任行政院長（按：當時陳為副總統，俞的記憶有誤），曾請示總統是否先徵求我同意後再發表人事命令。老總統指示，如先徵詢我的同意，則我不會答應。先發布命令，然後電催報到來就任即可。我不是陳誠推薦的，但是我與陳氏交情非常好，外面以為我是陳誠的人，其實不然。[57]

但是他還要留在美國多一段日子，一面養病，一面處理爭取軍援事務，因為臺北仍未發表由誰來接替他在美國的工作。這時，顧維鈞已接到臺北的指示，在七月中旬到臺灣述職和訪問。回臺前夕，七月十六日晚上，顧維鈞拜訪了在養病的俞大維，顧氏說他的病情有所好轉，在八月十日還要再次檢查，病體復原後就將離開美國回臺北，以便在八月末就任國防部長。[58]

第二天，顧氏自華盛頓登機飛臺北。顧氏在臺北逗留了一個多月，八月二十三日自臺北飛美。他剛回到美國，俞大維便立刻前來看他。顧氏說：

八月二十六日傍晚，我接待了俞大維將軍。他堅持要來看我而不讓我去他家見他，他看來比七月份我赴臺前見到他時要健康些。我把委員長給他的口信告訴了他，並告訴他，臺北的許多問題有待決定，在桂永清將軍突然逝世後，臺北正急切等他去任國防部長。俞將軍對我說，八月三十一日他先要在紐約再作一次體格檢查，然後動身去臺北履新。他說，他已接受任命，所以必須回去。雖然他想盡辦法當一名不在辦公桌上和辦公室裡工作的顧問。59

臺北非要俞大維當國防部長不可的原因是什麼呢？當然值得思考。那個晚上，俞大維跟顧維鈞大談遠東局勢和金門的防守問題。他認為中共對臺灣一定有所行動，而最可能攻擊的目標是金門，因為軍事上他們三面包圍著該島。俞大維說在政治上，因為心理原因，必須保衛該島，但是他不贊成為了防衛金門、大陳及其他島嶼耗費過多人力，因為這會削弱臺灣本島的防禦力。他說第一次大戰凡爾登戰役中德國實行「絞肉機」戰術，迫使協約國大量犧牲人力——金門此一島嶼正是迫使我們犧牲人力的地點。

俞大維這一想法是純從軍事角度出發，即軍事戰略應立足於實際的武裝力量，而不能服從政治上的考慮，顯然這一看法和最高當局要求守住金門的想法不一樣。當然，作為國防部長，他又毫無疑問會執行最高當局的決策。

九月三日，中共砲擊金門，這就是「九三砲戰」。那天中午，砲戰的消息在傳到華盛頓前，俞大維前來向顧氏辭行。他們討論了俞大維走後在華府的工作如何料理。雖然他即將動身，但照料軍援事宜由誰承擔仍未確定下來。顧向俞問及此事，俞說要到臺北後再作商量，然後通知顧。對於顧問人選，俞屬意孫立人或何世禮。那天，顧氏設宴為俞餞行。九月七日下午一時許，顧氏到機場為俞大維送行，當時送行的只有中國人，並沒有美國的官員在場。

俞大維飛走了，但俞大維在美國的活動仍然餘波盪漾。大使館武官柳鶴圖向顧維鈞報告他曾陪俞往見美海軍作戰部長卡尼（Robert Carney）上將，俞向他解釋了保衛金門的重要性，並問他臺灣能指望得到什麼援助。卡尼說從軍事角度看，金門並不太重要，但同意從心理及國際觀點看，金門有其重要意義，因為失去金門會對亞洲國家、大陸人民、臺灣士氣、及美國威信都有深遠的影響。他勸當局在保衛該島時不要吝惜裝備和物資，並且主張為防禦而消耗的東西，美國應予補充，說此事正待美總統決定。顧維鈞認為這個情報很重要，於是給臺北發了電報。幾天後，柳鶴圖說國防部二廳來電索取俞將軍和卡尼談話的報告，他已將報告寄出。此事可以看到俞大維和美國將領之間的互動良好，無疑對穩定臺海局勢作出了很大的貢獻，他之所以被任命為國防部長相信這是原因之一。

第三章 回臺任防長及主導大陳撤退

親赴前線籌劃戰守

俞大維由美返國就任國防部長。當時臺海的形勢是：國府除了握守福建沿岸馬祖、烏坵、金門一線外，也控制了浙海的上、下大陳島及附近一些小島。上、下大陳島位於台州列島中部，對臺灣的防衛固然有一定作用，對反攻大陸尤其有重要性。加上蔣介石是浙江人，基於鄉土之情，極力主張守著大陳。一九五三年派了胡宗南前去，在大陳成立「浙江反攻救國軍總指揮部」，又設立了浙江省政府，省政府主席由胡氏兼任，直到一九五三年七月，由劉廉一接任為止。

當時在大陳防衛部任職參謀長（後轉為大陳主力部隊四十六師師長）的胡炘說：

那個時候，海峽兩岸在浙江海域的戰力消長已起了變化，特別是空軍。自一九五〇年開始，中共不斷擴建浙江沿海的空軍基地，由上海向南延伸，松江、嘉興、杭州、衢州等基地次第完成，並進駐作戰部隊，有效地控制浙江沿海上空。米格機（MIG-15）不僅速度要較我方的F-47螺旋槳戰鬥機要快得多，而且大陳距臺灣有兩百二十英里，F-47抵達大陳上空後，僅能滯空二十分鐘就必須返航，不僅難以掩護海面及大陳諸島，中共也因而在空戰中佔了上風，數度擊落我機。①

一九五四年四月，中共中央軍委向華東軍區發出指令，要求攻打易於攻佔的島嶼，以顯示解放軍的強大力量，警告美帝國主義者不得胡作妄為。於是大陳地區便首當其衝，戰雲密佈，攻防戰一觸即發。

九月十二日，俞大維飛抵臺北。陳誠、俞鴻鈞、黃鎮球（國防部副部長）到機場迎接（見中央社該日之報導）。俞大維說：

> 返抵國門，我首先趨訪陳辭修部長（按：當時應為副總統），向他訴苦：「你看我身體這樣不好，為什麼還拉我回來？」陳院長說：「不是我拉你回來，而是總統的指示。我還請示總統，在電召你回國之前，是不是先徵求你對新職的意見，總統說，不必了，他（指你）從來不要求一官半職，相反的，每次派他新職，他總是推辭。」②（李元平《俞大維傳》說是陳誠到機場接俞氏，在座車上俞向陳說的。）

俞大維剛回臺灣就馬不停蹄，第二天便跟隨副總統陳誠到金門視察，同行的還有陸軍總司令黃杰、海軍總司令梁序昭、空軍總司令王叔銘。③一九八五年，俞大維憶述說：

我接任國防部長。上任第一天，我只向本部官兵講了五分鐘的話，然後就由王叔銘等陸、海、空等三軍高級將領陪同，搭乘洛陽艦，先到金門巡視一周，又到馬祖，回台，再搭機到大陳。④

此處俞大維指的「上任」，是指九月十三日，而他到金門視察肯定是在九月十四日。那時，九三砲戰正在進行中。九月二十日，俞大維正式上任視事，他發表談話，表示以「前線第一，勝利第一」為努力目標。⑤接著兩天，行政院長率各部會首長在立法院接受質詢，俞大維應在其中，所以他應是沒空去金門視察（十月二日俞大維才在總統府補辦宣誓就職儀式）。

俞大維上任後金門守軍反砲戰的力度加強了，當初金門守軍被敵人砲火壓制到幾乎抬不起頭，俞大維來訪後，形勢有所改變。九月十五日，駐金門砲兵營始改裝一五五榴砲，之後又獲得三個砲兵營增援，乃採取主動，前後反擊五十餘次，耗彈五千餘發。九月二十三日，得到海、空軍密切配合支援，集中砲兵火力向大嶝、蓮河、廈門等地區共軍砲陣地射擊，給予共軍重創。⑥增強金門砲擊力量來回敬敵人，未必全是俞大維的貢獻，但是在戰場上以眼還眼，絕不示弱，的的確確就是俞大維的風格。

金門砲戰進行得如火如荼，但俞大維深知攻取大陳才是中共真正的意圖。九月二十四日約見了美軍顧問團團長蔡斯少將，談了外島防衛問題。⑦《俞大維傳》又說，九月二十五日，俞晉見總統，並首次出席總統主持的軍事會議，向總統報告：「大陳不能守。」理由是：

因為我們臺灣的桃園空軍基地距大陳遠達二二〇浬，而共匪的路橋機場距大陳僅五十五浬。我們用的飛機是次音速的F-47，只能在大陳上空停留十五到廿分鐘，就必須返航，否則油量不夠，而匪用的是超音速米格十五，一起飛就到達大陳，我們空軍當然無法有效支援大陳。如我方一旦喪失空優，敵必開始炸我海軍，使我海軍迅速陷於癱瘓狀態，果爾，則大陳列島將為之窒息矣！⑧

《年譜初編》第三冊頁二〇八二載俞所憶述有關之大陳轉進看法內容，與《俞大維傳》所說的大致相同，惟沒有著明時日（頁二一七三之憶述亦然）。《年譜初編》記述俞大維更「建議將國軍撤離大陳」。可以肯定的是總統當時沒有接納俞大維的意見，他當然另有考慮。總統既然不肯撤軍，那麼俞大維只得堅守大陳列島——雖然他心底知道，大陳是守不住的，目前只得盡力而為。

據俞大維說他在就任前曾向總統提出一個要求：「接國防部長以後，敬請鈞座准許我免為經費及人事問題操心，以便全心全力策劃作戰和建軍。」⑨（此事《年譜初編》中不記年月，《俞大維傳》繫之於九月二十五日。）這要求實在是一個「很俞大維」的要求。此事十分重要，關乎日後俞氏十年多國防部長事業成敗。箇中道理，相信讀者都會清楚明白。

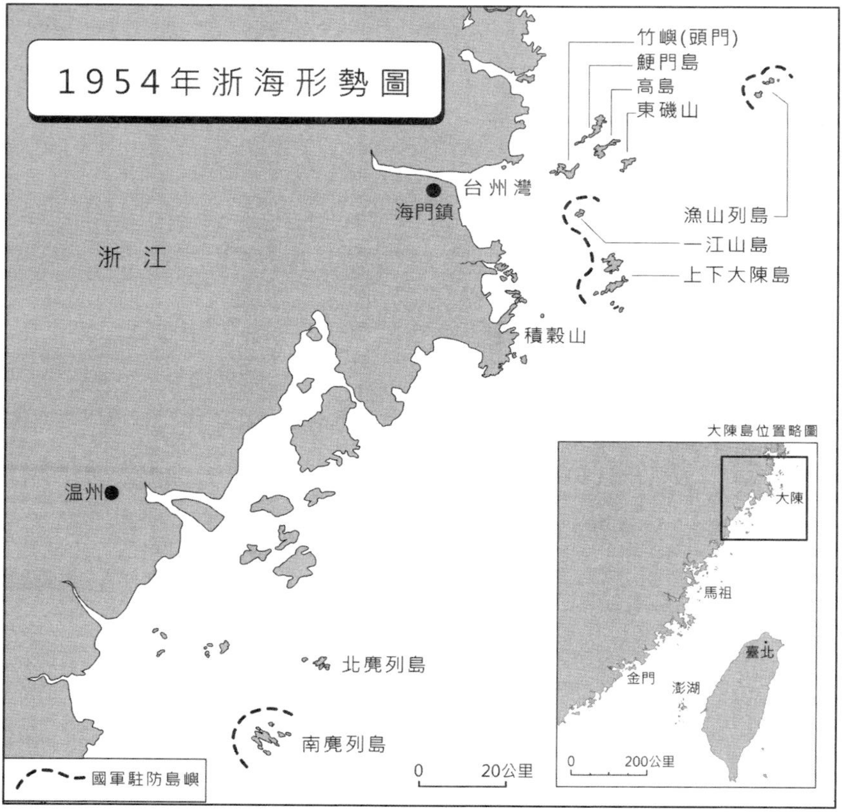
1954年浙海形勢圖
竹嶼(頭門)
鯁門島
高島
東磯山
台州灣
海門鎮
漁山列島
一江山島
上下大陳島
浙 江
積穀山
溫州
北麂列島
南麂列島
國軍駐防島嶼
0 20公里
大陳島位置略圖
大陳
馬祖
臺北
金門
澎湖
0 200公里

俞大維這個新上任的國防部長，首要是做些什麼？十月十日是雙十節，閱兵大典是免不了的，國防部當然負責，俞大維也當然要參與。雙十節過後，俞大維正式展開了工作。據《年譜初編》，直到十一月底，俞大維的工作重點是：⑩

到目前為止，余之工作重點在瞭解情況，訪問前線，並視察部隊（含海、空軍）。余認為當務之急乃在解決若干基本問題，此包括：一、三軍之編組及人員補充；二、建立一現代化的參謀體系；三、後勤；四、訓練。

俞大維對部隊的視察由海軍開始，十月十八日分別視察海軍陸戰隊第一旅及第二旅的演習。十月十九日上午七時半俞大維乘驅逐艦漢陽艦出海，視察漢陽艦和洛陽艦的艦砲射擊演習，參加演習尚有一艘美國驅逐艦；下午二時三十分，俞大維登岸視察洛陽艦射擊彈著。顯然他十分關切這兩艘海軍主力艦隻的砲擊力量。俞大維是彈道學專家，他重視這兩艦的射擊水平並非是他個人專業本位所致，而是關注這兩艘本年頭才移交給國府海軍的驅逐艦，在即將爆發的臺海戰爭中所起的作用，彷彿他預先知道有一天會借助這艘驅逐艦的砲擊力量似的。

那時的國府海軍，作為主力的兩艘原日本驅逐艦，都建造於二戰中，經歷戰火而殘存下來，戰後作為賠償艦移交給中國，一艘是一等驅逐艦丹陽艦（原日本雪風艦）；另一艘是二等驅逐艦信陽艦（原日本初梅艦）。

兩艦的輪機狀況均不好，艦速達不到設計航速，移交時兩艦又沒有火砲及戰鬥系統，國府海軍分別給它們裝上擄獲的日式火砲，勉強修復使用，戰鬥力大打折扣。即是如此，兩艦都勉力的擔負捍衛臺灣安全的重責。

本年二月二十六日，美國在南卡羅萊納州查爾斯頓海軍基地，移交了兩艘本生（Benson）級驅逐艦給中華民國海軍，分別命名為洛陽艦及漢陽艦。這兩艘驅逐艦不但性能遠勝丹陽、信陽二艦，而且各有四門五吋（127mm）砲，射速快（每門砲持續射擊每分鐘超過十五發），彈頭摧毀力強，最重要的還是二艦有先進的砲瞄儀，射擊精度高。二艦於這年的八月八日到達臺灣，成為當時海軍打擊的主力。事實上，這兩艘驅逐艦也是俞大維在美國擔任顧維鈞特別助理時，向美國爭取軍援的成果之一。兩艦移交時俞大維人也在美國，只是他沒有隨顧維鈞前去出席接收儀式。

十月十九日的清晨五點三十分至六點的半小時中，丹陽艦在大陳海域砲轟了高島、頭門兩島的中共砲兵陣地。[11]丹陽對高島的砲擊跟洛陽、漢陽二艦的砲擊演習，似乎存在某些聯繫。俞大維對這兩艦的砲擊能力十分重視，看來他是預知有一天要借助此兩艦的砲擊能力來達成他的目的。

十月二十日上午，俞大維自崗山飛到桃園，聽取了偵察中隊的簡報，然而出人意表的事發生了：

下午一時五十分，乘T-33噴射機，由第五（？）大隊作戰科長剛葆璞少校駕駛，偵察廈門、漳州、泉州一帶地形，飛行時間約一小時十分鐘，於四時返抵桃園，隨即與剛少校及參謀研判空照圖，然後驅車返臺北，於五時到家。⑫

據剛葆璞的回憶，他當時是第六大隊作戰科長（後來升副大隊長及大隊長等職），他說當時第六空中照相大隊，是最有效、最迅速、最精確的情報蒐集部隊，所以俞部長不時蒞臨桃園空軍偵照部隊巡視。在此次飛行之前，實際上俞大維已跟剛葆璞飛行了一次，目的是熟習噴射機性能感覺飛行，那次飛行剛葆璞暗地裡還玩了一些花樣：

在我飛行前，有很多空軍飛行袍澤囑託我多用些G，來作各種動作，讓部長了解我空軍飛行員在空中飛行時，體能、精力的消耗與負荷，俾能爭取調整當時過低的空勤伙食與空勤加給。我是以T-33最大性能作了所能作的特技動作，著地以後，我們才知道俞部長因有內耳炎的毛病，他是絕對不暈船和飛機的，不過部長善解部屬意願，經他指示後很快的便把飛行待遇作了適度的調整。⑬

據剛葆璞說，第六空照隊總共為俞大維派出了T-33十三架次，除了一次是噴射機性能感覺飛行之外，兩次是飛往烏坵、金門及澎湖巡視，其餘十次是前往大陸偵察。這十三次飛行中，他飛了十次，另外三次的飛行員是戚榮春（二次）及陳懷生（一次）。（剛、戚、陳三人都是國府空軍中的著名飛行員，陳懷生後來轉飛U-2高空偵察機，在大陸上空被擊落殉職。）

十月二十日這次偵察飛行，顯然是想清楚掌握臺海前線的情勢，以便制訂保衛臺灣的防禦策略，但此中有很多微妙的地方值得思考。首先，俞大維這個國防部長顯然成為當時臺海防禦戰的指揮者（這點和前任的國防部長都不同，參看上章郭寄嶠的說話），所以他必須掌握金馬前線當面敵情。

第二，根據過往的經驗，俞大維認為只有自己親自去偵察，才可以掌握正確無誤的情況。一九四八年年底，俞大維作為交通部長親自指揮運輸機，給被圍的國軍部隊空投補給，他在空中觀察到當時共軍並未完成包圍圈，只是國軍沒有突圍的意圖，俞大維領悟到前線指揮官的報告未必完全準確和可靠。

第三，俞大維認為他不能派部下去連自己都不敢去的地方，因此他親自去大陸飛行偵察及上前線視察都是帶「身先士卒」的意味，這是提高前線部隊士氣的一種作為。不要忘記，俞大維是跟德國軍官學習參謀學，而德國人推崇的就是陣前指揮。

第四，當俞大維向美國顧問爭取軍援時，美國人總會質疑他陳述的理據，說情況沒有這麼壞。但當俞大維表示是他親自偵察所見，尤其當他出示所拍到的照片時，美國人便啞口無言，只得接受。可見俞大維親自飛往大陸偵察、上前線是有其需要。俞大維因此成為一個去前線打仗的國防部長，也因為敢於冒險飛去大陸偵察，而有「俞大膽」的稱號。

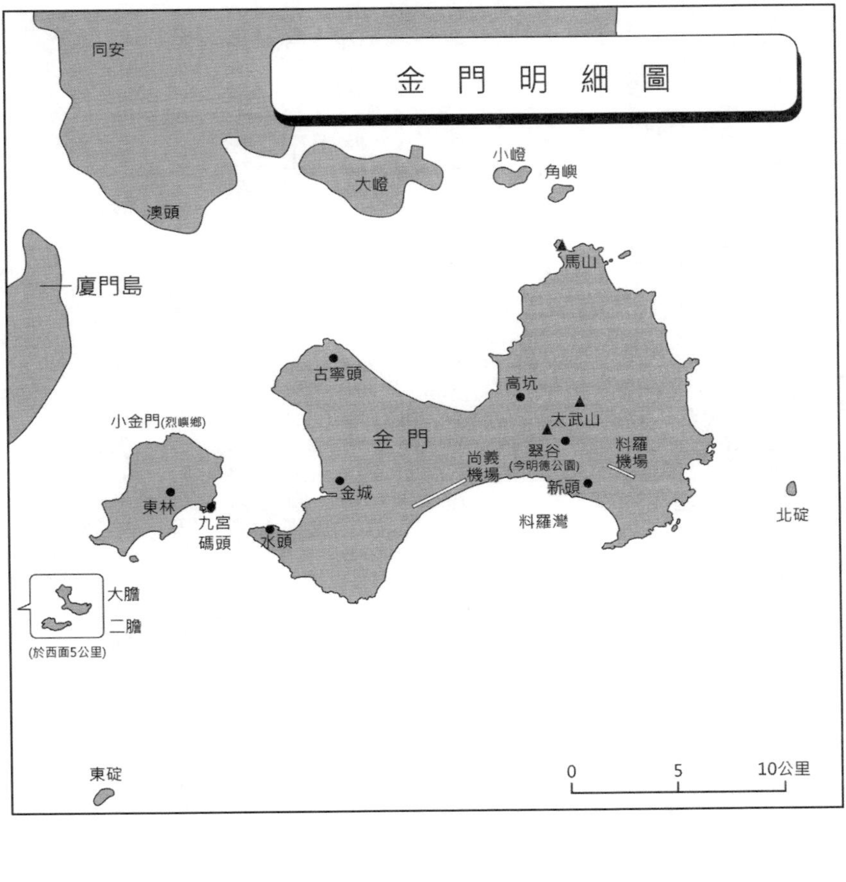
金門明細圖
同安
澳頭
廈門島
大嶝
小嶝
角嶼
馬山
古寧頭
高坑
太武山
金門
翠谷
(今明德公園)
料羅
機場
尚義
機場
新頭
金城
料羅灣
北碇
小金門(烈嶼鄉)
東林
九宮
碼頭
水頭
大膽
二膽
(於西面5公里)
東碇
0
5
10公里

大陳防衛戰爆發

臺海一帶戰雲密佈，大陳地區形勢尤其緊張。俞大維就任以來即多次和美國軍援團長蔡斯將軍接觸商談，十月二十八、二十九，及十一月一日三天，他們討論的都是大陳問題，⑭反映了俞大維憂心的程度。

踏入了十一月，大陳局勢急轉直下，中共的空軍首次空襲大陳。中共駐浙東空軍的二〇師、十一師和海軍航空兵一師，先後出動轟炸機三十六架，在殲擊機的掩護下，對上、下大陳進行轟炸，但是沒有取得太大的戰果，沒有擊中任何國軍的艦隻。⑮當時在大陳的永定號掃雷艦艦長鍾漢波中校記錄了情況：

十一月一日晨，我艦進入了大陳港內，整補完畢後出港，至大陳港西口已是午膳「飯廳擺桌」時分，忽見上下大陳山扯起紅旗，是為空襲警報標幟，旋見有批共軍飛機已從積穀山向大陳港上空而來。我艦已出大陳西口以戰速航行，共軍機隊，正在我艦頭頂高空飛過。我艦兩門四十公釐高射砲，怒吼連珠發射，瞬間之內，每砲發射出砲彈百餘發，大陳港內泊港各艦之高射砲火，尤其猛烈密集，打得滿天爆炸黑煙瀰漫。但敵機繼續通過大陳港上空向東逸去，似無損傷，其高度當在一萬兩千呎以上，在我艦艇防空火砲射程之外。由於日正當中，強光照眼，數不清敵機架數，約略估算，有三十多架；其飛行速度甚慢，其聲隆隆，顯係螺旋槳飛機無疑。此係大陳有史以來，第一次被共軍空襲，不過我非常訝異，好像未曾見到敵機投彈，亦未聽聞炸彈落海之爆炸聲音，更未見水面發生水柱及黑煙，其後亦未聞在港各艦有任何損傷。⑯

事實上大陳在空襲下是有損傷的。據當時防守大陳的陸軍主力部隊四十六師師長胡炘的紀錄，說空襲造成島上官兵死了六人，傷了十九人。⑰當日下午二時半，國防部第二廳向俞大維報告大陳遇到空襲，俞大維立即安排奔赴前線視察。可是十一月三日有颱風逼近，大陳之行要取消，俞大維只得繼續他對國防部各單位的視察工作。十一月四日，視察了聯勤工程處；十一月五日，視察了聯勤財務署。⑱就在此時，大陳又發生新的狀況。

那天下午四時十分，永定艦在大陳海域巡邏，離一江山島以南二千碼處被頭門島的共軍長程火砲轟擊（當時永定離該島岸灘超過一萬碼）。永定艦的主砲只是一門三吋砲，射程不及，無法還擊，只得全速向南以之字形航行方式撤離。當時共軍火砲每次彈着落彈四發，威力頗大，據艦長鍾漢波說，在永定艦近處落水爆炸者，每次都使艦體震動且破片橫飛，打在艦上尖聲作響。約在四十分鐘後，離頭門島一萬九千五百碼處，永定艦終於中彈一發，正中主桅桅腳，砲彈將主桅直徑超過三呎的桅腳炸開了一半，桅內數條電纜被炸斷，以致雷達、電訊通信及桅燈全部失靈，所幸只是四名人員輕傷。最終永定駛離頭門二萬五千碼處，共軍砲兵才停止射擊，此時永定實際上已回到大陳西口——即是說大陳港口以外，已在頭門共軍長程火砲的射程之內！⑲

這形勢當然相當糟糕。十一月六日上午俞大維視察過聯勤經理署後，下午一時十五分乘太康艦赴大陳視察，隨行的有副參謀總長余伯泉將軍、大陳任務艦隊司令宋長志少將，以及美軍顧問團陸軍組組長麥克唐納（John MacDonald）准將等。

是日風浪較大，但俞部長並不暈船，經常在駕駛台上與我（池孟彬艦長）談天，上自天文，下至地理海洋，無所不談，有時候還帶一點考問的問題，他老人家學識淵博，真是名不虛傳。晚餐時風浪仍大，其他將領都暈船睡臥在船艙內，無法進餐，只有我陪俞部長進餐。⑳

過了一會兒，麥克唐納准將才像個喝得爛醉的人，搖搖晃晃的走入官廳。他看見俞大維正埋頭用餐，便驚訝的問道：「部長，你不暈船嗎？」俞大維答：「是的，我不暈船；但即使暈船，我還是吃飯要緊！」麥克唐納說：「了不起，老兵永不錯過一餐飯！」㉑

當時艦上官廳氣氛彷彿很輕鬆，但是大家都知道大陳的形勢很嚴峻，因為制空權沒有了，海陸軍都暴露於敵人的空襲之下，現在海軍艦艇更處在敵人控制島嶼的長程火砲涵蓋下。但是對海軍來說，魚雷艇的威脅更大，因為在一月初已發現有大批海上高速目標在頭門山外海穿梭，研判應為共軍魚雷快艇。我方之大陳局勢在共軍空襲、岸砲擴大射程、魚雷艇出現後，變得十分惡劣。㉒

俞大維當然深切了解這個形勢，但是即使身在前線，他仍然予人一種從容乎疆場的感覺。十一月七日六時前，太康艦抵達大陳，大陳防衛司令劉廉一登艦迎接。俞大維上大陳視察，四十六師師長胡炘以手電筒替他照路，到了師部指揮所（二三〇高地），由時任副團長作敵情簡報，俞部長單刀直入的問胡炘：「這個仗，你準備怎打？」胡炘的回答很明確：「死守！」俞大維面色凝重地望了他一眼，點點頭便沒有再問。㉓

這是一個很無奈的答案。顯然大家都認定大陳難以防守，但層峰又不許放棄，唯一可做的只是死守下去。軍人以服從為天職，又有什麼辦法？然而，俞大維的內心並不認同，他一定在思索怎樣可以將當地的軍民撤離，但是當時的大陳已在敵人海陸空力量的包圍之下，數萬軍民要陣前撤退談何容易！

那天黃昏，俞大維乘太康艦赴一江山。對於這次專送任務，艦長池孟彬相當緊張，因為一江山是前線中的前線，砲擊、魚雷艇突襲甚至突擊登陸，都可能發生：

下午六時（《年譜初編》說是五時），部長及隨員返回本艦，即令本艦開赴一江山視察防務。部長本人並上駕駛台坐定，當面指揮。此時情況已較過去險惡，前不久，永定艦且在一江山附近遭中共砲擊，為了慎重計，我乃執行一級備戰狀態，向一江山航進。沿途風浪稍大，到達一江山時，船身搖擺不定，官廳內的將領，擔心俞部長上下船危險，要我勸阻部長不要上岸，但部長卻以極內行的海軍術語令我將船扭向下風，使艦穩定，好讓民船靠艦以便泊運，他本人即下梯向甲板梯口奔去。由於浪湧的關係，船身仍上下搖晃，只見部長由侍從官攙扶，勇敢地跳下民船，其他的隨行將領也跟著跳下民船，船伕即搖向一江山登岸。我在駕駛台上看他老人家

的動作，真是勇往直前，老當益壯，心中至為敬佩。㉔

俞大維離艦後，太康艦隱藏在一江山南岸的海面等候他回來。俞大維登上了一〇二高地守軍指揮所與幹部晤談，㉕當時一江山地區的司令官是王生明上校，這個曾任副師長的國軍英雄在一九四九年後仍留在西康打游擊，此時他率領一支為數約一千人的游擊隊防守著一江山——大陳的門戶。俞大維來視察防務，我想他一定會用先前問胡炘的話來問王生明，我亦相信王生明也會用胡炘答的話來回答，這將是一個何其悲壯的結局，難道真沒有迴旋的餘地？

俞大維在一江山巡視了約三小時，至晚上十時（《年譜初編》說是十一時）始乘民船返艦。太康艦回到大陳，俞大維和劉廉一、麥克唐納在艦上長談，相信是討論大陳的情勢。八日凌晨一時半，太康艦離大陳，下午四時到達基隆，這時三天前在一江山遭砲擊的永定艦也回到基隆，靠在第三軍區司令部碼頭，俞大維登上永定艦視察一番，海軍總司令梁序昭前來迎接。

十一月九日，俞大維前往兵工研究院，研討昨天自大陳帶回來的敵軍砲彈破片，大約俞大維想弄清楚敵人所用的火砲種類。十一月十一日俞大維晉謁了總統，報告一江山的防守問題，相信俞當時應向總統表明大陳是守不住的。

除了關注大陳前線，俞大維又要投入處理國防部的工作，當時俞正和美國人商討國軍的整建問題，兩方就國軍的規模其中足額師的數目（二十一個師還是二十四個師）在磋商，俞大維的談判對手當然就是蔡斯將軍。此外，他要跟國軍將領、部屬商討軍事形勢，以及視察部隊，使他忙得不可開交。在百忙中他仍不忘讀書，十一月九日，他交了四十元美金給舊部屬楊繼曾託他在德國代購德文書；兩天後桂永清夫人給他帶來德文版《戰爭論》十二卷及三冊增補篇。俞大維總是手不釋卷。

戰火使俞大維更為忙碌。十一月十四日上午，俞大維視察聯勤四十四兵工廠步兵武器試射，中午在聚餐時，突然總統臨時約見他，研商太平艦於大陳海域遭共方魚雷艇擊沉有關問題，參加會議的有副總統、行政院長、國安會祕書長、外交部副部長、副參謀總長及空軍總司令等多人。㉖

那時中美就中美協防條約展開談判，就快達成協議，顯然中共這一方想在協議生效前攻取大陳群島，魚雷艇的攻擊就是解放軍海上封鎖策略的一部分。太平艦是抗日戰爭後期中國海軍向美國租借的一艘美製護航驅逐艦，標準重一千一百五十噸，主砲是三門三吋砲，在國府海軍中戰力次於洛陽、漢陽二艘驅逐艦，但仍列於一級艦，同級的美製護航驅逐艦當時共有六艘。

十三日深夜，太平艦離開大陳進行夜間巡邏不久，於次日凌晨一時三十分在大陳以北被魚雷艇擊中，大陳的海軍艦艇前來支援，但太平艦最終還是沉沒於大陳港外，造成副艦長宋季晃中校以下共二十八人陣亡，其餘艦上一百四十五人獲救。㉗太平艦的沉沒，不但損失了一艘主力艦隻，而且傷亡不輕，對軍民士氣打擊甚大。海軍在太平沉沒的五天後（十九日），在左營海軍基地舉行了太平軍艦受難官兵返回基地的歡迎會，並將當時海軍的主力——洛陽、漢陽、丹陽三艘驅逐艦靠泊碼頭展示實力，提振士氣。㉘

繼大陳的戰火燃點後，共軍又砲轟了金門。十一月十八日下午三時半，俞大維飛往金門視察，五時到達，砲戰仍在進行中，八時乘登陸艇前往小金門視察，夜十二時半返金門。次日視察金門砲兵陣地、曾遭共軍砲擊的金門市區，及後往醫院探視傷患，十時許飛離金門回到臺北。

俞大維自金門回來的第二天便去找蔡斯討論太平艦事件，請其設法另以新艦補充。其次，就是請美方提供六吋砲增援金門問題。這兩要求都得不到回應，顯示美國人無意增強國府對金馬等離島的防衛力。當時中美聯防條約在談判中，美國不肯把金馬列入聯防地區，至於大陳地區更不用說了。（六吋砲美國人始終沒有提供，但金門砲戰爆發時美國人因俞大維的要求卻提供了八吋砲。至於太平艦的沉損補充，美國人直至金門砲戰爆發後才肯移交一艘驅逐艦來填補，即「南陽艦」，俞大維的努力總算沒有白費。）當時俞大維在爭取美國軍援一事上是相當費心力的。

太平艦沉沒後，對於大陳、金門前線，俞大維仍然是以靜制動，暫時未有實質行動去回應對岸的攻擊。十一月廿四日上午，他列席立法院報告了大陳及金門戰況：

俞部長對當前敵我態勢曾有極詳細之分析，關於最近匪軍各軍兵種之南移，其未來企圖殊堪注意，我已有充份準備，足以粉碎奸匪之任何行動。㉙

俞大維真的作好了準備嗎?這點無法證實，但是他仍進行洛陽、漢陽二艦的砲擊訓練。那天俞大維離開立法院，下午三時半便飛往左營視察，到醫院探望了太平艦傷患，第二天早上便乘洛陽、漢陽二艦出海，視察艦砲訓練。上午為對岸目標射距四千至六千碼，下午為一萬二千至一萬五千碼。那天的訓練，俞大維特別記下漢陽的射手表現頗佳。十一月三十日俞大維飛往大陸偵察，他在上午八時三刻抵達桃園，換T-33型噴射機，由十二中隊副隊長戚榮春駕駛，飛至馬祖對岸大陸沿海及園頭、烏坵一帶偵察（幾天前共軍攻擊了烏坵島上的國軍游擊隊）。

俞大維上任以來忙於訪問前線、視察部隊，旨在瞭解前線和三軍的真實戰力，可以「知彼知己」，這樣才可以正確回應敵人的挑戰。這是他過往在兵工署和交通部長任職時的經驗，據筆者的觀察，這經驗他是終身受用不盡。親身視察另一好處就是振奮士氣，因為最高長官出現在部隊面前，垂詢情況，瞭解困難，即予以解決，對士兵及基層幹部來說是極窩心的，對部隊士氣的提升發揮了極大作用。

十二月了，俞大維仍是這樣忙碌。十二月三日，中美協防條約簽字，臺灣的安全似乎得到保證，但大陳完全排除於條約之外，美國人不會協助國軍守住大陳；至於金馬地區，條約上含糊其詞，換言之，浙海和臺海仍然隨時可能爆發大戰，在這樣的情況下，他又如何休息？

打從十月中旬到十二月中旬，兩個月了，俞大維沒有放過一天假，除了十二及十三日兩日，他患感冒無法工作，留在家中休息，不過仍在看書（英文版的《窈窕淑女》）；砲兵學校的黃校長來探病，帶來的也是書。更甚的是病中，俞大維沒有忘記洛陽、漢陽二艦。病前幾天，在十二月八日，俞召見了洛陽、漢陽兩艦的艦長張仁耀、俞柏生上校，詢問兩艦的詳細情形和裝備情況；病好了，十二月十八日，俞大維又在代參謀總長彭孟緝及海軍總司令梁序昭的陪同下，在棉花嶼附近再視察二艦的射擊演習。他為什麼這麼著重兩艘驅逐艦的岸轟能力呢？

大陳前線似乎稍為平靜了一些，大抵解放軍在部署新一輪的攻勢，或是在消化中美協防條約的內容，所以暫時按兵不動。二十四日平安夜，太和艦、渠江艦和甌江艦在空軍支援下，砲轟了大陳積穀山的共軍砲兵陣地。太和艦是護航驅逐艦，擁有四門三吋砲。太平出事那天的任務原是太和艦擔任的，因故改由太平艦出勤，不料遭擊沉。甌江是美製巡邏艦，主砲只是一門三吋砲。渠江艦原名雅龍艦，是一艘日製反潛巡邏艦，也是裝備一門三吋砲。這天太和艦領着二巡邏艦砲轟積穀山，似有為太平艦復仇的意味，然而三艦共六門三吋砲，砲彈威力不大，岸轟效果不免遜色。對於大陳海軍任務艦隊缺失大口徑火砲，不足以壓制敵砲，俞大維是深知的，所以他不得不向美國施壓爭取裝備五吋砲的驅逐艦。

一九五五年一月三日及四日，俞大維接連兩天都和蔡斯討論海軍換裝、人員訓練、五吋砲以及外島防務問題。從後來的發展看，海軍爭取的裝備如美式五吋砲有了成果（本年中海軍一些日製軍艦如成安艦、信陽艦、丹陽艦已換裝美製五吋砲），但外島的防務問題，毫無進展。然而，相信俞大維已在籌劃如何應對了，他首先的行動是搞清大陳群島當面中共軍力的部署。一月七日，他又飛赴大陸偵察，搭乘空軍克難英雄剛葆璞飛的T-33，那次經歷可說是驚險萬分：

一江山失陷前，民國四十四年元月七日，我和部長一起駕機到大陸路橋機場及大陳列島，當時海峽風浪很大，天空五千到一萬呎有層雲幕，是很好的天然掩護。我們於六時三十六分起飛，在海面上以超低空的高度飛向路橋外海，藉以延遲中共雷達的發現。在路橋外海四十浬轉入大陸，繼續低飛至十浬處，拉升在四千五百呎，於路橋外圍偵察一周，便轉向大陳列島，正在進行偵察任務時，我戰管部通知有中共MIG-15機四架起飛攔截，並隨時報告共機已由八十浬接近到二十浬，建議我馬上脫離，當時俞部長指示再看一看，兩分鐘後，戰管部通知還有五浬，迅速脫離，我已看到右後方有兩個黑點，遂急速拉起機頭，進入雲層，在七千呎雲中作儀器返航。這時，戰管雷達上看到兩點重疊，非常緊張，命令我做閃避動作，我則專心於儀器操作，於距桃園基地四十浬時，飛出雲層，於八時十五分降落。這次驚險的任務完成以後，國防部頒發了一座干城獎章。[30]

那次的故事還沒完。約在十時左右，俞大維又坐上飛機，由南麂至馬祖，偵察大陸沿海地區。這兩次飛行偵察，前者的目的明顯是偵察大陸方面在路橋一帶所部署的飛機數量，以評估中共空軍在華東前線的部署。

俞大維處理問題的準則是「了解全局，把握重點」。就全局面，大陳的攻防戰本質是兩棲作戰，但由於大陳群島只是在浙江沿海，而且群島各島嶼間距離不遠，共軍大可以利用第二次大戰時美國在太平洋的跳蛙戰術，逐島攻取；對陸上部隊來說只是岸灘運動，並非遠距離的渡航作戰，只要有足夠的渡航載具和火力支援即可，對於解放軍來說並無問題，尤其當時他們的砲擊力，無論是陸軍還是海軍都壓倒了國軍這一方。就陸軍言，他們在大陳外圍島嶼上部署了很多遠程大砲，射程已及大陳及一江山島。大陳國軍主要火砲是一〇五毫米的榴彈砲，射程和威力不足。海軍方面，當時華東海軍艦艇雖不先進，但都改裝了購自蘇俄的一〇〇及一三〇毫米長程火砲，摧毀能力遠超國軍駐大陳艦艇所用的七六毫米（即三吋）火砲。在大陳國共海戰中，國軍的艦艇都吃虧不少，簡單的說，大陳國軍海陸兩軍都處於下風。

然而，從大陳整個局面來說，空中掩護才是關鍵。當時國軍的戰機主力是F-47和F-84，前者是第二次大戰末期的螺旋飛機，攻擊力較強，但速度和共軍米格十五相比，在空戰中還是處於劣勢。後者雖是噴射機，但火力及速度亦不足以抗衡，更要命的是當時兩種飛機的續航力都不足，不能往大陳作有效的空中支援，沒有空援，大陳島地區陸上設施及海上艦艇都暴露於敵方攻擊下，其結果不問而知。當時大陳的補給開始困難，糧食補充、人員換防都不容易（早前當局決定以八十四師換下四十六師，據胡炘說那時只來了一團，換防工作便停止了）。

對俞大維而言，大陳戰局只有一個選擇——撤退。俞大維說自己打起仗來，是張飛李逵之流，喊打就打；但打不過時，說走就走，這當然是指戰術層面，大陳地區的守與撤，不是他可以決定的！

從戰略層面說，當時國府的政治、經濟、軍事方面，可以說百廢待舉，根本沒有能力在臺海採取主動，攻擊大陸；相反，只能採取守勢，保衛臺灣、建設臺灣，大陳的據守，對臺灣的防衛直接作用不太大。固然防衛臺灣，最好能夠保有金門；要保衛金門則要保有烏坵、馬祖；要保衛馬祖當然最好保有南麂。換言之，保有大陳不是必然條件。還有，將當時寶貴的兵力（超過一個師）及四分之一的海軍戰鬥艦艇部署於浙海，會削弱臺灣的防衛力量。

從政治層面來說，去年十二月三日，中美簽的協防條約中，已將大陳排除於聯防協定之外，即是說如大陳遭受攻擊，美國將不插手。此時，美國人畏戰厭戰，根本不想臺海、浙海有任何危機發生，以免被拖下水，若美國人袖手旁觀，大陳戰局之勝敗已判。作為國防部長，俞大維是主張自大陳撤退的，據說他在就任國防部長前曾向總統提出條件，說自大陳撤退讓他力守臺澎才允出任此職。作家朱西甯在寫《八二三注》一書後，曾見過俞大維，俞大維給他看過一本小書，是他寫的，約百餘頁，由史政編譯局出版，是當年大陳撤退的紀實（此書當為《大陳轉進與砲轟黃岐》）。此書不向外流傳，只供國軍將領參考，朱西甯看過後，沒有透露內容，只是說出了其中兩點，其中一點與大陳撤退有關：

早在元首屬意老部長出掌國防部之初，因屢辭不獲，乃進言若得撤守大陳，堅據金馬，以為確保台澎反共的國防基本疆界，則將為之全力以赴，誓死以赴，誓死效命。元首當即欣然同意。㉛

然而到此時此刻，蔣總統仍無意自浙海大陳一線撤退。他當然有他的理由和盤算。首先，他念念不忘反攻大陸，大陳雖然孤懸浙海，但攻則可以出擊華東，由臺海至浙海全線反擊，聲勢將十分壯大；守則威脅浙東一帶，可以作為華東耳目，所以從戰略說大陳不是沒有作用。但戰略因素遠不及心理因素作用大，大陳是國府在浙海最後一片土地，作為浙江人的總統當然希望保有這一塊「淨土」，將來反攻大陸時可以由浙海開始（他先前派胡宗南在此發展反共游擊隊作用便在此，胡亦是浙江人；任命胡炘為四十六師師長守住大陳，也因為他是浙江人）。甚或在總統的思維裡，大陳守衛戰的意義不在於勝敗，而在於是否能達他心目中的效果，他想藉守住大陳向美國人宣示國府此刻雖然依賴美國，但在反共復國的戰爭中他會走自己的路，不是完全受美國人支配。

最重要的，他一向著重戰爭中部隊的精神力量，當然包括士氣。我相信他會認為若國軍在大陳能與共軍決一死戰，不但可以聳動國際視聽，即使失敗，國軍浴血死戰、打出軍威，可以提振士氣，一新國內外人士耳目。在抗日初期，上海保衛戰的尾聲，國軍要全面撤出上海時也要孫元良留一個師死守，只不過孫元良不忍把一個精銳師犧牲掉，七折八扣的用一個團來搪塞上頭要求，實際上只留下一個不足額的加強營——這就是名聞世界的「八百壯士」。大陳彷彿就是浙海的「上海」，而一江山即是海上的「四行倉庫」，只不過事態發展是將上海撤退的劇本顛倒過來，原本的「墊後戰」在大陳變為「前哨戰」而已。

轟炸大陸迫美國協助撤守大陳

一月七日，俞大維自前線飛行偵察回來，第二天中午參加了總統主持的軍事會談，那是民國四十四年第一次軍事會議。不知道這次會議上俞大維有沒有報告他飛行偵察的事，也不知道他有否提出大陳撤退的建議，不過，那時即便提出，總統也應不會同意。

一月十日，中共出擊了！據《年譜初編》所記，中共空軍由上午七時半開始分四波轟炸大陳港內的國軍艦艇，太和艦、中海坦克登陸艦和衡山修理艦中彈受創，中權登陸艦中彈後引發大火燃燒，坐灘沉沒。空襲又造成三十二名官兵陣亡，一百一十餘人受傷。當夜，中共又出動魚雷艇攻擊國軍艦艇，靈江號巡邏艦中雷沉沒，副長以下共三十三人殉國。

一月十一日，俞宣告還擊。這天十一時，俞大維見了蔡斯要他轉告華府，他要轟炸大陸以報復中共空襲大陳。在見蔡斯之前，俞大維曾面報總統，建議在南面陣地發起報復性轟炸（所謂南面陣地俞是指廈門、福州一帶。㉜按《公羊春秋》以復仇為賢，俞大維幼習《公羊》，對大陸作報復性轟炸當本此義）。

當時蔡斯堅決反對，他認為美援武器只能用於防衛臺灣，不能用於攻擊大陸，並表示華府決不同意。俞大維說：「我研究戰史，自古迄今，自衛性之報復行動，從未被認為是違情悖理之行為（Unethical act）我方現已決定還擊，請轉告華盛頓。」俞大維的用語顯然帶點冷酷，意思是：這不是請求，而是知會。我相信蔡斯少將必然給嚇了一跳——轟炸大陸很有可能引發臺海大戰，局勢會一發不可收拾！

一月十五日，俞大維身體不適，不能出席本年度第二次軍事會議。副總長余伯泉對總統說如美國不同意協防外島，應退一步研究大陳萬一不守時之處置，建議加強南麂、馬祖之防務，當時總統的指示：「大陳不守，南麂亦守不住，我們還是要堅守大陳。」㉝到此時此刻，總統還是不願意自大陳撤退。不過此時，已不是是否願意撤退，而是能否撤退的問題了，因為即使要撤守，當時共黨的海空軍環伺，美國人又說過不會助國軍撤離大陳，試問要如何可陣前安全撤下？

一月十七日，美國答覆同意了俞大維的轟炸主張，但以三天為限。可是當轟炸行動尚未展開，第二天，一月十八日清晨，共軍先行轟炸一江山；午後，南昌等四艘軍艦砲轟一江山，飛機又再來轟炸掩護登陸部隊登陸，血戰展開了。一月十九日，一江山的戰鬥持續，中共空軍大炸大陳。那天，國軍空軍先後出動六十九架次（主要是F-84和F-47），分別攻擊汕頭、廈門、福州等港口實施報復性轟炸，但那天天氣不好，雲層太低，是以小編隊分批前往，只能對閩江口一帶及廈門海面的船隻實施轟炸，至於炸汕頭港的第三聯隊飛機，則誤炸了英國商船《艾登達爾》（Edendale）。

第二天，國軍將轟炸目標北移，炸了福州、台山列島、三都澳、黃岐等處；為了避免傷及無辜，轟炸目標都在城區以外。晚上，一江山陷落，國府說守軍七百餘人全部壯烈犧牲，司令官王生明上校自殺殉國（中共的記載說一江山上國軍陣亡及被俘者均五百餘人，解放軍陣亡者四百餘，傷千餘人）。㉞一江山守軍（反共救國軍第四突擊大隊、第二突擊大隊第四中隊和砲兵第一中隊）作戰英勇，國共雙方皆認同，美國對國軍部隊印象亦有所改觀，蔣總統感到很安慰。㉟

在美國人同意俞大維轟炸大陸三天時，曾問他三天後是否結束，俞答要看中共是否停戰——即是說還會繼續炸。美國人慌了，立即請示華盛頓。㊱第三天，一月二十一日，國軍空軍機群遵守俞大維的命令起飛，前去轟炸閩江口、定海灣海面等處船隻。事實上當時轟炸的「戰果並不好」，總統在後來（一月二十九日）的軍事會議上提到「大的軍艦仍未炸到」，但是空軍卻已炸中了美國人的心靈弱處。

同日上午九時，美國代表到士林官邸和總統、俞部長等開會。據俞大維記錄，當時美方建議：

一、美政府願意提供海、空掩護，協助國軍撤離大陳；二、金門可包含在美總統對第七艦隊所命令之協防區域內；三、馬祖及其他外島應否撤退，由我方自行決定，惟美國不認為各該島對臺澎之防衛十分重要。㊲

美方此一建議，無疑是為平息海峽的戰火而作出的讓步：由不肯助國軍自大陳撤退改為全面支援；由不同意把金馬列入協防地區改為將金門有條件的列入（這反映了他們當時如何畏戰），這樣的條件即使是不願放棄大陳的總統也難以反對。俞大維的智計得逞了，大陳的三萬多軍民可以安然撤回臺灣，俞大維的心頭大石可以放下，終於舒了一口氣。那天下午二時半，俞大維與蔡斯商談，告以：

一、請第七艦隊儘速駛往大陳海域；二、請第七艦隊司令蒲萊德中將早日來臺協商撤退事宜；三、由中美雙方共同策定撤退計畫。㊳

看到這樣的內容會使人以為當時蔡斯是在俞大維的指揮下。俞大維得勢不饒人，第二天派副總長余伯泉對蔡斯說：如果共黨再炸大陳，我方就恢復報復性之轟炸。這根本在警告美國人要遵守承諾。俞大維的作為是從政略層面入手，將美國人捲入浙海戰火中，這是孫子兵法所說的「上兵伐謀」，正如克勞塞維茲（Carl

Clausewitz）所說「戰爭是政治的延續」，俞大維便以升高臺海戰爭的危機此一政治操作（表面上是軍事行動），逼使美國出面相助。此一操作，極之高明，高明處不僅在於令美國蹚了渾水，最關鍵的是令最高統帥也無法反對自大陳撤兵，無怪乎美國一些將領稱讚俞為「當今的孫子」。差不多可以肯定的說，此下的臺海防禦戰爭實質上是由俞大維指導，雖然他實在是不喜歡打仗，但不喜歡打仗的人卻又是戰爭的最高指導者，人一生的際遇真是離奇，世事的發展也真是弔詭，莫可言狀。

大陳這時的情況，胡炘說一江山失陷後，大陳為之震憾，美國中情局西方公司的人員連夜離開大陳，大陳防衛部參謀孫成城帶著兩名美國顧問去了南麂，防衛部已下備戰令，部隊進入陣地。此刻的大陳，形勢艱困，要撤要守都無計可施，海軍艦艇也沒有能力安全撤出幾萬軍民，四十六師的官兵成為受困的海上孤軍，唯一的辦法只有死守，全體官兵決心為保衛大陳而共存亡。然而成仁的決心不僅是四十六師官兵自發，也是領袖的要求。二十一日那天，正當美國建議助國軍撤離大陳時，大陳戰地的最高指揮官劉廉一把一封蔣介石的親筆函交給胡炘，那是前一天中午寫的，以水上機趁著夜色送來大陳：

德炎（劉廉一）、湘艇（趙霞）、之岳（沈之岳）、成城（孫成城）諸同志：

此次浙海戰役，其成敗關鍵，全在大陳主戰場之決戰，如我大陳能死守確保，則反共抗俄戰爭，從此可以轉敗為勝，國軍就可以轉辱為榮，民族乃能轉危為安，國際對我國之觀感更必為之改觀。此次中美互助求穩定，次求變化。中亦常謂凡遇危急之時，應先「盡其在我」與「求之在戰」二理。此乃為將領、成大業者，必不可少之風度也。只要諸弟一德一心、共同生死、專心殺敵、安心作戰，則其他一切，余必為諸弟執負全責勿念。另附講詞數篇，當傳閱互勉之。

中正　一月二十日正午於臺北㊴

這天中午，蔣經國又來電勉勵胡炘為黨國盡忠，胡炘當然也以為自己必死於大陳。二十三日，四十六師全體官兵歃血明盟誓共存亡，胡炘亦給妻女寫了訣別書，交水上機帶回臺灣。這天是農曆的大除夕，大陳軍民就在戰火的陰影下過年——他們不知道遠在臺灣的俞大維，早已給在絕境中的他們安排了出路。

大除夕，俞大維並沒有休息，他要和蒲萊德（Alfred Pride）及蔡斯開會，將他的作戰構想向二人說明，他們都同意了，稍後轉報華府。但俞大維的行動很快，那天下午，在左營海軍兩棲部隊司令劉廣凱，即接到海軍總司令梁序昭的命令，要他連夜北上，次日年初一到臺北海軍總部研究大陳撤退事宜。其後大陳撤退，便是由他策劃和指揮。

這時大陳的氣氛十分緊張，年初一一江山的共軍砲擊了大陳防衛部，劉廉一撤至下大陳，他顯然有些緊張甚或膽怯。初三晚他回到上大陳，要胡炘準備轉防計畫，後者感覺到死守的計畫有變了。次日，俞大維帶著撤退的「金剛計畫」乘坐復興航空公司的水上機到達大陳：

> 元月二十七日，余乘水上飛機前往下大陳巡視，並密告大陳地區（指）揮官劉廉一將軍，準備撤離大陳。劉氏有點膽怯，早已將指揮部由上大陳撤至下大陳，余命他趕快回去指揮撤退事宜，並將物資搬至灘頭，軍民分別乘艦撤離。隨即乘機帆船前往，因風浪很大，劉廉一在船上顯得很緊張，船抵上大陳，有四十六師師長胡炘、副團長代理團長蔣仲苓（該員沉著可予重用），在灘頭迎接。[40]

俞大衛視察了防衛部，胡炘告知俞大維上大陳被砲擊，並帶他去看被炸的地方，之後空軍便兩度派P4Y（B-24的改型）轟炸機去炸一江山。第二天下午，在視察陣地及了解官兵生活情形過後，俞大維便飛回臺北。雖然俞大維為大陳撤退作好準備，但總統並不是很願意，一月二十九日的軍事會談上他就說「大陳是否撤退尚未確定」。[41]第二天，蔣經國到大陳，帶來了總統手令，指示守軍不要存撤退念頭，應準備作戰：「撤守大陳，為我國軍之恥辱。」[42]於是胡炘又得全力備戰。不過，為了方便作戰，當時還是先撤走民眾。對於此事，四十五年後俞大維說：

> 我任部長時，老總統從來未來干涉，但背後對各師長常下手令。昨天（按：指一九九〇年二月一日）胡炘來舍下，談及大陳作戰，當時缺糧食，手令要死守，說如果不是部長勸告總統，我們都餓死了。[43]

難怪大陳撤守後，胡炘稱他為恩人。當時在大陳任營長的黃世忠將軍後來這樣說：

大陳撤退，我們應當特別感謝前國防部長俞大維博士，他於作戰期間多次親臨前線，瞭解全局，判斷正確，並能適時報告總統：「棄守大陳」，又能堅決實施「報復作戰」，制壓共軍，使國軍得以保存戰力，集中兵力確保臺灣。同時，大陳居民一萬八千四百一十六人，得以避免戰禍，保身家性命，來到臺灣，其大智、大仁、大勇的表現，軍民同感，深值敬仰。(44)

在總統極度不願意的情況下，可以看到大陳的撤退，一定是俞大維強力建議的結果。二月六日中美兩國的艦隊都航向大陳，七日下午一時半，俞大維在基隆登上高安號砲艦（此艦原為二戰加拿大造的護航艦，戰後國人購入改作高速客輪《秋瑾號》。一九四九年一月十六日，陳寅恪先生便是坐此輪赴廣州嶺南大學講學。此輪後來為海軍徵用，改為砲艦）。前往大陳視察，同行的有黎玉璽、羅英德、蔣緯國等。第二天八時登上下大陳島，視察撤離情形，十一時半，前往上大陳，巡視駐軍及防衛工作，下午四時乘復興航空公司飛機返臺。對於俞大維來說大陳撤退他的戲份已經唱完了。

大陳撤退完成。二月十二日早上的軍事會議，總統關心的是南麂防守問題，但俞大維關心的是金門防務。

下午三時他偕同蔣緯國到金門視察；五時抵達，立即視察砲兵陣地；七時召集師長以上人員談話；九時轉到小金門，視察了坑道內的士兵寢室，午夜後始回金門。第二天視察軍醫院和迫砲陣地後，自金門飛澎湖再飛臺北。俞大維深知，大陳放棄後，海峽的戰爭必然南移至金門、馬祖，所以強化兩島的防禦及反擊力量是當前急務。

二月十五日七時半俞大維飛南麂視察，九時許到達，與守軍指揮官趙霞晤談。趙霞原是大陳防衛部副司令，大陳撤守後奉命防守南麂。俞大維視察過陣地，在下午四時半離開返臺北。總統是想守南麂的，但與它成犄角之勢的北麂、北龍二島，以及可以泊軍艦的台山列島，參謀部都沒派兵佔領，總統很不滿意。二月十九日軍事會議上，指示對這幾個島的問題加以研究，並且要海空軍全力轟炸台山列島，不讓共黨在島上加強工事，設置岸砲。然而兩天前，即二月十七日上午，俞大維接見過趙霞後，便與蔡斯商談，問他美方能否提供空中支援助我撤離南麂。

事實上這時國軍已決定自南麂撤離。大陳撤退完成後，劉廣凱海軍少將便在二月十八日晚啟程回左營海軍基地，他在臺北乘火車南下，車一開出他便入睡，火車到桃園站便停了下來，一名憲兵前來喚醒他，請他下車（下車時他身穿睡衣，手持一雙皮鞋——沒時間穿上），坐上海軍總部派來的車回臺北。次天早上，他去到國防部見總長彭孟緝上將，總長說：「昨天（按：應指十八日）下班之後，總統把我找去當面指示，對於南麂守

軍和義民立即撤退，並絕對保密，此次由我軍獨立辦理，不必再請美軍協助。」㊺

於是代號「飛龍作戰」的撤退計畫展開了，由於美國不願意提供空中支援，所以國軍獨自撤運。行動在二月二十四日黃昏開始，駐軍和義民連夜登船，次日天亮國軍艦艇回航。這次撤退跟大陳一樣，幾乎所有居民都撤走了，南麂成為空島。劉廣凱在完成此次任務後，終於可以回到左營的家，結結實實的睡一覺。

我們將事件演進的流程對比過後，可以知道南麂撤守，不是蔣總統的意願；他又一次屈從了俞大維的主張。俞大維為什麼要找美國助國軍撤離南麂？我想他是想製造一種印象：美國在協防外島。因為南麂是浙海最南的島嶼之一，靠近馬祖，俞大維當然想將美國拖下馬祖水域，因為美國始終不肯協助國軍防守馬祖，美國是知道他的用意，當然斷然拒絕。所以如何令美國同意協防金馬，成為俞大維下一階段工作的目標之一。

▲蔣經國、俞大維、蔣緯國。

第四章　經營金馬防線及整建三軍

金馬防禦體系的構建

俞大維曾透露，他防守臺灣的戰略構想是以海、空軍控制海峽，臺澎為主陣地，金馬為第一線陣地，以期將臺灣本島構成不可擊破之作戰基地，他並且將此構想簡化為兩組十六字，「戰略：穩定前線，控制海峽，加強戰備，待機反攻；戰術：制敵彼岸，擊敵半渡，摧敵灘頭，殲敵陣內。」他擔任國防部長後，立即將保衛臺灣和金馬外島的決心通知了美國參謀長聯席會議主席雷德福。

早在大陳撤退之前，蔣總統和俞大維不約而同關注到馬祖防務。一月廿九日的軍事會議上，總統就馬祖的高登、東引兩島的防務作了指示，說兩島很重要，國防部一定要守住。[1] 總統重視高登、東引兩小島足見其精明，因為高登離馬祖很近，若落入共軍手中裝上大砲，則馬祖兩主島南、北竿都不能守；所以守馬祖必先要守高登。國防部即時增派一連人到高登（原守軍只有一連），而且加派八十四師整個師駐防馬祖，並配備美國新援助的一五五加農砲四門。

二月十四日，俞大維和蔡斯談了馬祖防務問題，後者沒有積極回應。俞大維知道他另一重要工作便是設法令美國人瞭解馬祖的重要性。俞大維行動了。二月廿七日，上午九時許，俞與空軍司令王叔銘乘機偵察三都澳、黃岐、平潭、南日島、烏坵一帶敵情，兩小時後返抵臺北，與此同時，他命副參謀總長余伯泉與蔡斯訪問了馬祖。

馬祖比金門更小，人口更疏。它和東引一線的北面有很多島嶼，成為中共海軍很好的錨泊地。握守臺灣海峽北端就一定要據有馬祖、東引一線，以阻絕中共艦隊使之不能南移。就美國的太平洋戰略言，馬祖重要性要比金門為高。當然，金門也有其重要性，握住了廈門港出海之路，這樣臺灣海峽便成臺灣一方的內海。

蔡斯也去了金門，回來後跟俞大維說應加強金門防務，但絕口不提馬祖。俞大維當然不在乎，因為有比蔡斯高階的人要來跟他談馬祖防務問題。次日，美國國務卿杜勒斯（John Dulles）、海軍軍令部長卡尼上將、美軍太平洋總司令史敦普（Fielx Stump）上將到臺灣出席《中美共同防禦條約》互換批准書儀式。他們很想了解馬祖情勢，卡尼上將要求國府一方為他作馬祖防務簡報，而史敦普更親自前去訪問馬祖。

美軍的層峰非常重視馬祖，此事反映了海軍和陸軍對馬祖戰略地位認知存在落差。蔡斯是陸軍，他不看重馬祖在海洋戰略中的重要性，但自卡尼以下都是海軍將領，他們會將馬祖的地位聯繫美國西太平洋的戰略來考慮。簡單來說，如果將臺灣比喻為不沉的航空母艦，那麼馬祖就是擺在航母前面的不沉哨艦。守住馬祖，便守

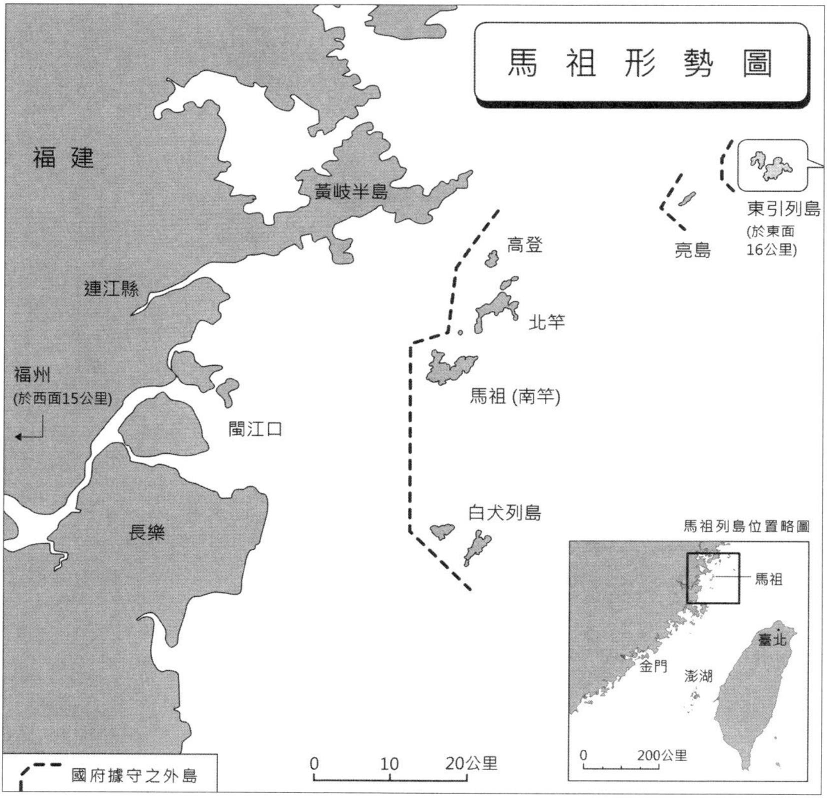
馬 祖 形 勢 圖
福 建
黃岐半島
連江縣
福州
(於西面15公里)
閩江口
長樂
高登
北竿
馬祖 (南竿)
白犬列島
亮島
東引列島
(於東面
16公里)
馬祖列島位置略圖
馬祖
臺北
金門
澎湖
0
200公里
0
10
20公里
國府據守之外島

得住臺灣海峽；守得住臺灣海峽，日後中共海軍即使成軍壯大也難以東出、南下，威脅美國在西太平洋的利益。

簡單來說，俞大維巧妙的將臺海防衛戰略與美國人西太平洋的戰略利益連繫起來，有美國人的支持，金馬的防務就穩固得多。不過美國不想把兩島納入中美協防的範圍中，因為戰爭隨時爆發，美國不想被拖下水。美國人只是同意將防衛臺灣本島的物資也用於金馬，但從沒說戰爭爆發時會出兵。國府一方當然極力遊說美國將金馬納入協防範圍，與美國展開了交涉；俞大維就是交涉的主要代表。

三月七日黃昏，俞大維登上太昭艦赴馬祖、東引視察，他認為「東引與白犬島對防衛馬祖均屬必要；因前者可供作雷達站，後者則為監視進出福州船隻之重要前哨。」② 自此，馬祖的防禦工事建設便積極展開。三月十八日，俞向蔡斯提供福州機場空照圖，顯示中共正擴建機場，請他考慮派遣美軍航空工程人員及砲兵與後勤單位來臺。

事實上馬祖面對的軍事威脅愈來愈大。四月底一次軍事會議，國防部次長羅列報告馬祖軍事形勢：三月以來閩江口地區增加了一個砲兵師；馬祖當面北竿半島梅花一帶沿海岸，正積極修築馬路，增建砲兵陣地。四月二十六日黃岐共軍砲兵首次砲擊北竿塘（馬祖北主島）；中共海軍在樂清灣及琯頭設置指揮所，其艦艇經常在南麂、台山列島海面活動。原在溫州、台州之砲艇已向馬祖海域活動，近日更見魚雷艇之出沒；駐華東之米格十五型機西移至衢州、路橋、南昌及漢口等地，IL-18（伊留申轟炸機）進駐杭州，除擴建福州機場外，更修建龍田、晉江、龍溪及澄海等機場。結論是：

在匪空軍尚未進駐福建沿海各基地前，匪對金門直接進犯之公算小，而對馬祖之進犯頗有可能。福州、澄海兩機場完成後匪機進駐，匪對金馬之進犯，則均有可能。八月以後，福建各機場均能進駐匪機時，則對我台澎之威脅，將日益增大。③

接著羅列報告一週戰況，再提到馬祖在四月二十六日被黃岐共軍砲擊，後來洛陽艦加以還擊——我想這時俞大維會得意地偷笑，那是他主導的傑作：

民國四十四年四月二十七日洛陽軍艦在基隆港……俞大維先生於當晚率梁序昭、羅英德、陳立楷等人乘洛陽艦前往巡視，太湖軍艦及太昭軍艦隨行護航，除彭孟緝總長外，當時沒有人知俞大維先生此行之真正目的。

四月二十八日〇四〇〇—〇七〇〇洛陽軍艦、太湖艦及太昭艦至四礵一帶搜索警戒；清晨五時十分至五時四十分，洛陽軍艦駛抵馬祖附近海域，國防部長俞大維先生與洛陽軍艦槍砲官李用彪，根據五吋砲之射表，測選八〇〇〇——一〇〇〇〇碼射程，向中共黃岐砲兵陣地奇襲，發射砲彈一六〇發，將黃岐敵砲兵陣地摧毀。

完成射擊後，國防部長俞大維一行至北竿塘登陸，視察被共匪砲擊地點慰問傷患，然後返南竿塘，美第七艦隊司令蒲萊德中將，亦隨後登岸（美方之情報確實令人驚異），俞部長乃對其表示國軍固守馬祖之決心。④

至此我們終於明白俞大維那麼重視洛陽、漢陽兩艦射擊訓練的原因了。這次砲擊所收到的效果很大，當時馬祖當面共軍火力強大，如不壓制，任由對岸砲擊，則馬祖在敵火下難以營建陣地。事實上，那次共軍的砲擊雖然並不激烈，但也傷亡了守軍士兵數人；俞大維就逮到一個大肆回擊的機會，高調反擊，絕不示弱。此為《公羊傳》不畏強禦之義——俞大維是熟讀此書的。砲擊黃岐的次日早上，俞大維回到臺北國防部辦公室。稍後，蒲萊德和蔡斯一起來訪，他們當然是來談馬祖防務，可見洛陽艦的砲彈既打在黃岐陣地上，也打入美國人的心裡。

黃岐砲擊後，不但馬祖對岸的砲火沉寂了，美國政府也開始關注馬祖，一時間也不敢貿然要求國軍棄守。原先艾森豪總統對國軍守金馬大不以為然，曾說：「有時候，我真希望這兩個他媽的小島沉下去。」（一九五五年二月十六日，艾森豪對國會議員的談話）。俞大維以「報復性攻擊」升高戰爭危機來改變美國人想法之故智又一次得逞，無怪乎俞大維日後常以此次砲擊自詡，並命人寫了一本小冊子——《大陳轉進與砲轟黃岐》，作內部參考用。

馬祖的防務既定，俞大維又將精神放在金門了。五月上旬，柯爾克（Alan Kirk）上將訪問金門，後出席了總統主持的軍事會談，提出他對防衛金門的構想。五月十八日，俞大維帶著美軍援顧問團長蔡斯、美國第

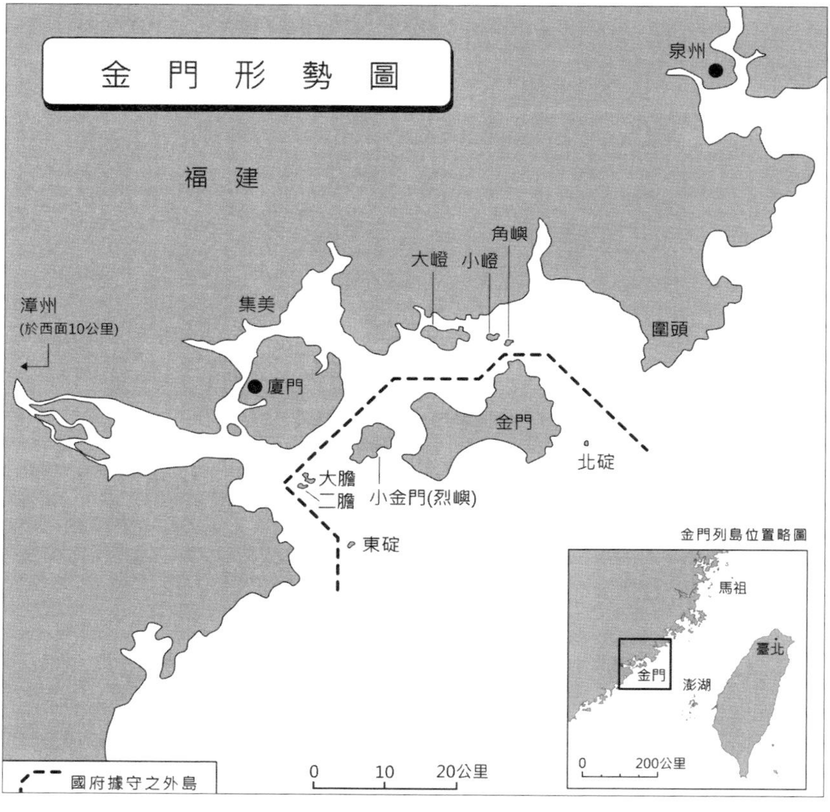
金門形勢圖
福建
泉州
漳州
(於西面10公里)
集美
廈門
大嶝
小嶝
角嶼
圍頭
金門
北碇
大膽
二膽
小金門(烈嶼)
東碇
國府據守之外島
0
10
20公里
金門列島位置略圖
馬祖
臺北
金門
澎湖
0
200公里

七十二機動艦隊司令基維德（Rear Adm. Kivette）去金門視察。

此時金門的防務如馬祖一樣，有待加強。金防部司令劉玉章是個能征善戰、用心實幹的將領，他在金門大搞戰備工事，如在太武山一帶打坑道、築道路，為日後的防衛戰做準備，這方面他是繼承上任司令胡璉的方向。五月廿八日總統主持之軍事會談，便是討論俞部長指示加強金門防務的辦理情形，會上俞部長指示回應劉玉章的一些要求：

一、現有五個步兵師，要求增加一個師。

二、增加砲兵部隊。原有山砲七營，一〇五榴砲六營，一五五加砲一連，共十三個營一連。但其中六個營在臺灣訓練，劉司令要求調回金門外，更要求增調兵力。結果增加一五五榴砲一營，一五五加砲一連（但山砲及一〇五榴砲射程不足，故實際上可以進行反砲戰的，只有一個營一五五榴彈砲，和兩個連的一五五加農砲）。

三、增調裝甲部隊。原有二個戰車營，要求增加一個戰車營、一個裝甲步兵營及一個裝甲群指揮部。

四、增加高砲部隊。原有九〇高砲一個連，四〇高砲兩個連，要求增調兩種高砲各兩個連和一個高砲指揮團部。

五、增調工兵部隊。現有三個工兵營，要求兩個留在臺灣的師屬工兵營歸建外，更要求增調兩營。

六、增強步兵營工事。原有二十三個營的工事，要求增加四個步兵營的正面工事。
七、加強鐵絲網設施。
八、增築海灘障礙物。
九、增強雷區設施。⑤

劉玉章的要求絕大部分都得到同意。日後八二三砲戰金門守軍能立於不敗之地，劉玉章居功不少；當然俞部長大力支持更是功不可沒。

俞大維認為欲保台澎，必須固守金馬，而固守金馬，則可控制台灣海峽，他相信為求確保台灣之安全，至少必須控制海峽中自台灣北端至馬祖之線，與台灣南端至金門之線間之海域，更決不許可匪軍兵力滲入該地區，而致威脅整個防衛體系。而對金門及馬祖的攻擊可能性，俞大維的分析是：

金門當面，由於該島距離大陸近在咫尺：其最近距離由官澳至南嶼僅二千餘公尺。島之西北部，均在匪岸砲射程以內，故匪之登陸可不使用海軍，僅藉其岸砲或在其空軍掩護下，舉行進犯……至其行動方式似將延續其砲擊，以疲憊我守軍，破壞我防務設施，伺機再向我金門各島強行進襲，尤以先進犯我小金門或大擔（膽）之可能性較大。

馬祖各島：雖地形險要，登陸較為困難；但群島分佈遼闊，高登、東引、白犬等島，亦甚孤立，就當面匪軍現有兵力以觀，無論其在空軍支援下強襲或僅藉其陸軍及機帆木船等遂行奇襲，均已具足夠之能力，故其進犯馬祖之能力，實亦隨時存在。尤以匪軍為策應其對金門之作戰，而對馬祖發一牽制性之攻擊，或突襲馬祖群島內之某一島，其可能性尤大。⑥

從日後八二三砲戰的發展來看，俞大維對敵方行動的研判幾乎完全正確。俞大維深明大膽、二膽在金門防衛的關鍵作用。因為兩島面積小、距大陸近，在密集的砲火轟擊下，很易被攻取。大二膽失守，小金門則不保，小金門不保，則大金門亦無法守。曾任金門防衛司令的胡璉說過大二膽若淪入敵手，鑿下山洞，裝上大砲，一直打到金門的南海面，料羅灣、楓上灘就都無法使用，那便無法補給金門了。⑦

從大陳撤退直至俞大維退休為止，不斷的去金馬兩島巡視，少時每處一月去一、二次，多時達三、四次，他自己也說過，他的辦公室在前線。粗略估計，金馬兩地的視察都超過二百次以上。有時他會帶美國人或國軍高級將領，對前者具體地說明外島前線的需求，要求提供支援；對後者是面授機宜，作出指示，免去公文往返，提高效率——這是俞大維個人發展出來的一種提高工作效率的方法。當然，陣前指揮，是德國軍人的傳統，俞大維是服膺的。

要保衛金馬，對大陸的空中偵照工作非常重要，執行偵察的空軍單位是桃園基地第五聯隊第六偵察大隊，因此俞大維常來視察，他不僅視察，更是親身去偵察。

一九五五年四月五日，俞大維中午又到桃園乘剛葆璞飛的T-33，到廈門及汕頭一帶沿海地區偵察。十日清晨他收到偵察的空照圖。空照隊這個單位是在一九五四年七月編入第六偵照大隊的，空照隊成員蔡榮邦說：

俞大維部長一向對我空照情報極為器重與信賴，當民國四十四年中共開始在浙閩粵沿海接二連三構築機場，翌年又自浙贛鐵路江西鷹潭起闢建鷹廈鐵路，經福建永安通達廈門，迨完成通車後不久，再在金門當面東北之圍頭半島向西至集美地區一帶密集佈署重砲陣地。值此金門備受威脅期間，俞部長經常輕車簡從，繁駕臨技照隊，調閱金門當面空照情報資料，並親自以顯微放大檢視中共在該地區重要目標空照資料，垂詢有關各軍事設施近況與變化，不厭其詳。⑧

制訂中美聯防的各種防衛計畫

俞大維除了要經營金馬前線防務，更要負起組建國軍和制訂最高戰略的責任。前面說過，一九五五年三月三日，美國國務卿杜勒斯、海軍軍令部部長卡尼上將及美軍太平洋總司令史敦普到臺北，除了出席《中美共同防禦條約》互換批准書儀式，並參與會議解決共同防禦條約下的一些具體問題，如聯合指揮、武器系統援助及預備師編成等。當時美方提出的問題為：一、應變計畫及中共攻擊金馬外島、空襲臺灣，或以其他方式發動攻擊時之處置；二、中美聯合參謀組織；三、檢討協防計畫。

三月四日，俞大維與卡尼上將會談，美方在座的尚有史敦普上將、蒲萊德中將和蔡斯少將，中方有葉公超外長、彭孟緝代總長、余伯泉副總長和梁序昭海軍總司令等，結果雙方同意籌組聯合作戰指揮機構。三月十日，中美雙方在美軍ROCHESTER艦舉行初期協調會議，制訂了「中美聯合作戰計畫」，代號為「樂成聯合作戰計畫」，而且組織中美混合工作小組，下分八個小組，均在國防部辦公，以便隨時協商，如遇重大問題，則請示代總長及部長。換言之，俞大維是中美聯合作戰中國方面的最高負責人。

當時臺灣形勢，除了外島會隨時遭受攻擊，本島亦很大機會遇到空襲，所以改善防空能力是「樂成計畫」的當務之急。美國人的反應很快，在四月十四日起即全力協助國軍訓練海空軍及GCI人員之攔截管制作業，以提升國軍在空防情報傳遞與攔截管制能力。⑨

此時美國人在石門、馬公等共五處裝置防空雷達。據美方說，將來新到的五部雷達裝設完成，並與八重山（在沖繩）的雷達配合使用，當可對臺灣四周構成適度之涵蓋網。據樂成計畫，美軍戰鬥機有駐臺協防的條款，目前留駐一個F-86中隊，每三十日輪換一次，戰鬥開始後二十四小時內，美可派遣空軍一個大隊進駐臺灣，另外四個中隊，可七十二小時內續行進駐。⑩

中美聯合作戰計畫開展後，美國人便積極加快進行軍援。俞大維向史敦普說，國防部對空軍之政策可歸納為二點：一、使臺灣之雷達電子系統與在沖繩及菲律賓之美國系統合為一體；二、建立中國空軍成為美國遠東空軍之一部份。中國空軍的任務，可擔任美國艦隊在臺灣海峽所不能執行的任務，如攻潛等。⑪

俞大維把空軍建構成美軍之一部分，用英文說是Component of USAF，代碼為C。國軍納入遠東美軍體系的建軍做法不單空軍如此，海、陸軍亦然。海軍在中美聯合作戰計劃中是與第七艦隊劃分了不同任務：臺灣海峽的巡邏由美國人負責；外島的補給、大陸沿海的巡邏護航歸國軍。國府海軍執行一些美國海軍不便執行的任務，換言之把海軍建成第七艦隊的附屬部隊，用英文說是Adjunct to the 7th Fleet，代碼是A。

陸軍之建軍政策為「獨立作戰，不需要美國大兵」，用英文說是No American Dough-boys。不但不需要美國陸軍加入作戰，後來建成之部隊中，有三個師被設計成可以抽調出來支援美國在臺灣以外的地方作戰。⑫

一九五〇年代末期，俞氏在國防部長任內，作了一項重要決策，爾後的中華民國軍事態勢發生了深遠的影響，那就是推動「整軍」（ACNAD）計（畫）。其構想是，地面部隊可以毋需美國步兵的參與而執行野戰任務；而海、空軍則充作美國相對軍種的輔助部隊或建制部隊。該計畫的最終目標是把臺灣鞏固為一艘不沉的航空母艦。「整軍」計畫實施以來，迄今已經三十多年了，而臺灣面對中共的不斷威脅，確能屹立而不搖。這項非凡的成就，足以肯定俞氏在中華民國建軍備戰過程中的深謀遠慮與高瞻遠矚。⑬

今天的臺海形勢已和當年有所不同，國府和美國的關係也不同於昔日；然而從兩者實質的軍事關係來看，仍然未盡脫掉ACNAD的影子，尤以海空軍為然。撇開武器硬體而言，海軍「大成系統」和空軍「強網系統」用的資料鏈就是美國的制式系統，這不就是俞大維所說「使臺灣之雷達電子系統與在沖繩及菲律賓之美國系統合為一體」嗎？然而中美聯合作戰指揮機構運作沒多久便終止了，代之以一規模小得多的單位。⑭

「樂成計畫」在七月廿五日正式簽字，美方代表是蒲萊德中將和史邁斯（George Smythe）少將（接替在六月底任滿回國的蔡斯的軍援團長一職）。事實上，樂成計畫運作了好一段時間，不但運作，而且繼續深化、擴大，衍生出外島（樂成）作戰計畫、空軍作戰計畫、海軍作戰計畫、陸軍作戰計畫、後勤作戰計畫等，為日後臺海戰爭作好了準備。俞大維晚年說到樂成計畫對臺海軍事的重要作用：

樂成計畫之擬定，該計畫內容包括中美陸、海、空、聯勤部隊之作戰支援，以有效協防臺灣基地為主。由中美雙方軍事人員參與共同擬定，並經沙盤推演、兵棋演習、實兵演習、高司演習等測驗計畫之可行性，進而檢討加以修訂。

太白計畫是外島防禦作戰計畫。當初協防條約並未包括金馬外島在內，如欲美軍支援必須經美國國會授權，總統批准方可。我經過多次交涉，始獲美國同意辦理。

藍線計畫為反攻大陸作戰計畫，假如中共攻擊外島，有威脅本島之安全顧慮時，美以海空支援國軍向大陸進軍，以減輕本島作戰壓力，進而對大陸擴張戰果，以確保基地安全。為遂行上述計畫，美軍需適時檢討國軍作戰能力，修訂國軍編裝改為「前瞻師」，空軍換機、海軍換艦，建立後勤體系，美援各項裝備及補給品應運而來，使國軍戰力大增。這些軍品技術獲得，是隨計畫而來的。[15]

由一九五四年末開始，臺海的最高戰略是由俞大維一手制訂。此戰略不僅是在軍事層面——中美聯合作戰實已上升至大戰略（國際外交）及國家政略層面。當時臺灣無論在政治、軍事、經濟各方面都無法和大陸抗衡，所以拉攏美國結成聯線是當時國府唯一出路。而美國人自韓戰爆發後，亦意識到臺灣在西太平洋上的戰略重要性，願意保衛臺灣，但美國人只肯保臺澎而不肯保金馬，而俞大維最終使他們認知到金馬的重要性，並作出支援。俞部長的臺海戰略已到達大戰略及政略層面的高度——大戰略及政略正確，臺海安全即無虞。俞大維不但是落實此大戰略的關鍵人物，更是其執行人。

為三軍爭取裝備

為了備戰，由上任以來至一九五五年底的一年多，俞大維不斷為三軍向美國人爭取各種的武器和裝備。綜合俞大維對裝備的要求，空軍方面：一、更多數量及性能改進的偵察機；二、F-86噴射機三個大隊；三、輕型轟炸機；四、五個空軍基地的建造及改建。海軍方面：驅逐艦四艘及登陸艦十五艘。陸軍方面：九個預備師員額、裝備及長程火砲。

空軍方面，由於對大陸偵察是國府（甚至美國）主要的情報來源，俞大維對桃園的第六偵察大隊和空照技術單位十分重視。此時，第六大隊的主要裝備是RT-33，是一種次音速的飛機，速度不夠快，一旦遇上速度更快的MIG-17便難於招架，因此提升偵察機性能刻不容緩。此年六月七日，六大隊的一架RT-33往大陸偵照時被擊落了，此事說明偵察行動的困境。這方面美國人也十分合作，在是年終提供了少量的RF-84F，但美國人卻拒絕提供夜間的偵察機以替換老舊的B-25轟炸機。

在提供F-86F方面，美國同意提供三個大隊的數量，可是飛機的移交緩慢。早在本年一月，俞大維已透過葉公超在華盛頓向雷德福催促。那時大陳戰事緊急，美機卻姍姍來遲。雷德福的答覆是：據蔡斯的報告，中國空軍合格的噴射氣機飛行員不足。美國人分明在拖延，好使國府因空中力量不足，不得不自大陳撤退。即使在一九五五年下半年，俞大維仍然催促美國快些交付軍機。

除了爭取飛機，整建空軍基地和擴建機場也是急切的問題。在中美共同防禦條約生效後，空軍基地的整建工程立即上馬。一九五五年中，可知的建造及擴建機場有馬公、新竹、桃園、臺中、臺南、岡山、屏東等處，俞大維都一一去視察過，但最受俞大維重視的是在臺中公館修建的空軍基地。關於公館基地的修建，據《年譜初編》所載，自一九五五年三月起，俞大維便不斷視察公館機場工程進度，它是俞大維臺海防禦戰略很重要的一環。此機場到八二三砲戰前夕始建成，恰好趕及發揮作用。

此一基地乃為美方而建，原因是在共同防禦條約中，臺灣之防空由美國海軍第七艦隊及美國空軍共同負責，必要時美方要提供戰鬥轟炸機二個聯隊及全天候戰機一中隊的飛機（為數應在一百五十架以上）駐在臺灣，⑯因此有建造一個大型空軍基地的需要。國防部當然樂觀其成，因為這是穩定臺海的最大保障，有美國空軍在臺駐防，可以穩定民心，提升士氣。俞大維對此基地案自是十分重視，積極配合。其後公館此基地一再發展，易名為清泉崗空軍基地，規模之大，連B-52戰略轟炸機也可進駐，成為美國在亞洲之主要戰略基地。俞大維成功將臺灣納入美國西太平洋防禦體系中，確保臺灣本島的安全。簡單來說，公館基地不僅具有戰略（臺海及遠東地區的）重要性，更具有政治、外交的多重意義，它建成時象徵了俞大維保衛臺灣戰略的部署完成，無怪乎他對此基地之建造如此重視。

一九五五年下旬，公館機場案已差不多定案，只待華府拍板，公館機場是他年底前赴美國和美國人要商討的重要事項之一。俞對空軍發展所作貢獻，可以當時第五大隊長喬無遏的話見到：

俞公大維在美華府，敦促當局逐步推展我空軍全部換裝計劃，積極促進逐年汰舊換新武器系統受支援設備，而最重要而不為人知者，即是促使空軍當局，派遣當年對日作戰期間中，服役於中美混合團官士來台工作。筆者記憶所及內：Ed. Rector, Clyde Slacumb, William M Cullough, Henry Skusa 二員則奉調美空軍總部負責辦理對華軍援事宜，因渠等對我空軍有共同對日作戰之體認，此項戰爭中生死與共之情誼，為促成換裝工作進展順利之主要原因。就大局言，此項建議固屬涓滴瑣事，但其效果遠較任何接受軍援各國為更高，由此當可看出俞公高瞻遠矚，洞悉深邃。換裝過程中，正值中共空軍戰力推向大陸東南沿海地區，因此訓練過渡期間須兼負防空戰備，工作極為艱苦，部長俞公不時輕車簡從蒞臨部隊，垂詢空地勤官士，換裝備戰進度，尤對地勤官兵生活，自眷舍迄子女教育等細節關懷備至。[17]

在海軍方面，軍援的爭取要比空軍困難得多。一九五五年十月一日在華盛頓，葉公超帶著俞大維的一份軍備要求文件，去見參謀聯席會議主席雷德福海軍上將，他要求美國增加軍援下列艦隻：驅逐艦四艘和十五艘登陸艦。[18]但這個要求得不到積極回應，登陸艦還好，美國在一九五五年中開始陸續移交了一些坦克登陸艦（LST）、通用登陸艇（LCU）和中型登陸艦（LSM），可是對驅逐艦卻拒絕不願意提供。

一九五五年，中華民國海軍的主戰艦艇只有兩艘美製驅逐艦和五艘護航驅逐艦（原有六艘，大陳戰役沉損了一艘）。這兩艘驅逐艦就是前面所說的洛陽艦和漢陽艦，是二戰後美國國會援華法案一八八號向中華民國提供的，原定四艘，可是美國軍方遲遲不執行，延緩移交，一九五四年春初才移交了兩艦，其餘兩艘，硬是不給。俞大維極力爭取，美國人仍然在拖，但為和緩氣氛，一九五五年年中，再多移交了一艘（咸陽艦），並向國府提供一些五吋艦砲及雷達等裝備，裝在丹陽、信陽艦等日製驅逐艦上，恢復了一點驅逐艦的功能。當然，俞大維不會滿意的，他還是要將爭取驅逐艦的案子帶到美國去。

在陸軍方面，首先爭取的是部隊規模問題。在俞大維未上任前，美國人已敲定國軍受援部隊為二十一個步兵師，並表示這個數字沒有討價還價的餘地。當時國軍有二十四個步兵師，意味要削去三個師，蔣總統極不願意，在一九五五年中仍然要俞大維跟美國爭取，這當然徒勞無功。不過，在俞大維的努力下，爭取了在二十一個步兵師外，成立兩個裝甲師和一個海軍陸戰師，變相令國軍地面部的編制又達到二十四個師。

當然這樣的地面部隊規模，防守有餘，反攻大陸則不足。俞大維並不想和美國人在部隊規模方面糾纏，他把焦點放在後備力量發展上。他認為只要訓練好後備兵員，一旦財力物力配合，就可以發揮無比力量。⑲

一九五五年初，他指示了陸軍總司令黃杰和美國談建立九個預備師的問題，雙方不斷就預備師的成立和訓練問題磋商，美國人堅持建設一個訓練基地，成立一個具有整個師裝備的「基地師」，至於其他八個預備師是沒有裝備，也沒有充足的幹部，遑論兵員了。但總統的意見是至少要有三個訓練基地和三個師的裝備，他要俞大維向美國爭取。俞大維認為總統的想法合理，因為只有一個訓練基地，不但訓練效率不高，受訓人員也要遠離家鄉，所以他極力爭取，他想到最好的做法還是直接跟五角大廈的要員談。

他先接受美國人只設一個訓練基地的說法，然後告知他們要把所有預備隊送到一個地區受訓一個月的費用太大，因此美國人也很快認識到，確實需要更多武器裝備及設立更多的訓練中心。⑳ 此事反映出俞大維非常熟識美國人的心理，以及掌握了跟美國人談判的技巧。

除了預備師，俞大維還要爭取一項重要的裝備——八吋砲。此時金門時常遭對岸砲擊，所以他極力向美國爭取大口徑長程火砲。那時金門只有一個一五五榴砲營（共十八門砲）及兩個一五五加砲連（共十二門砲），數量遠低於對岸，至於小金門則更沒有長程火砲。本年六月中，俞大維視察小金門，該島幾天前遭到砲擊，他到了東林最前線的掩體中視察，守軍師長抱怨守軍只有四二砲（迫擊砲），射程短，不能壓制對岸敵人的縱深陣地。俞大維只得把海軍因換裝五吋砲而拆下的舊式日製一二〇毫米艦砲，移裝東林陣地應急。到了本年下旬，敵人砲擊金門的次數更頻繁了，九、十兩月金門都有砲戰，每次砲戰後俞部長都前去視察。

十一月四日中午，俞大維又飛往金門，他視察了日前被共軍射擊而爆炸的彈藥庫，並將共方砲彈破片乙塊攜回臺北，交專家化驗，據告是俄製一五二毫米砲彈。爭取八吋砲的機會來了！這種二〇三毫米口徑的火砲，射程二萬碼，彈頭二百磅，一發砲彈足以摧毀一般的水泥掩體，這是反砲戰的利器。在此之前俞大維已曾多次向美軍顧問團要求提供，可是總是碰釘子。在臺北談不來，自然要到美國去談。

赴美治病及爭取八吋砲

出發前，部長在十一月十九日上午九時半飛桃園，換乘偵察機飛往廈門沿海地區偵察。十一月廿六日上午十時，俞部長乘美國海軍專機經東京飛美國，次日的報紙說：

俞部長此行保持高度機密，刻已引起各方之猜測。俞部長此行將在美作一至二月的逗留，俾就醫檢查其患的頸項左面的瘤症，並藉此探視在美親屬，至俞氏是否有其他重要使命，刻尚無所悉。俞部長赴美期間，部務將由副部長馬紀壯代行。國防部昨日曾就俞氏此行發表一簡短公報稱：「國防部俞部長去年頸項左面瘤症，位大血痘附近，極為危險，回國前在美倉促施行手術，現因亟需再度檢查，於今晨赴美。」㉑

報上所說俞大維去美的目的都是事實，他的病情確需就診，否則有危及生命之虞；他也要去華府見軍方最高層商議軍援問題；當然也去見居住於三藩市的妻兒，他真的很久沒見他們了，自任國防部長以來幾乎天天工作，健康也在惡化（他的糖尿病不輕，由本年八月廿三日開始接受胰島素注射），他真的需要休息一下。

然而他哪裡可以休息呢？俞大維抵東京後，立即會見當時在東京訪問的史敦普上將；十一月底，俞大維來到華盛頓立即和五角大廈的美方高級人員會談。他真的有點焦急，因為他擔心臺海不久就會爆發戰事。十一月三十日，他拜訪了顧維鈞，透露了他對臺海軍事形勢的估計，顧維鈞說：

他祕密地告訴我根據他的情報對臺灣海峽局勢所作的分析。這些情況大部份是從現地觀察，甚至深入內地，也就是進入大陸得來的。為了說服美國人，他自己必須親眼看一看那裡的情況。按照他自己的估計，來年的春天，可能在五月間，局勢將會有爆炸性的變化。事實是，九月份以後，海峽風浪較大，但未必妨礙共產黨的空襲或大砲轟擊，只是會影響大規模的海軍活動。假如入侵到來，俞說我們將進行反擊，並打退他們。進攻當然從金門開始，攻防的結果將是影響深遠的。首先，我們有三分之一的軍隊在金門，如果金門失守，那將嚴重影響我們的民心和在臺灣的全部軍隊的士氣。

俞將軍說，因此，我們必須補充裝備，特別是二〇〇（按，應為二〇三）毫米口徑的大砲……是否供應這些武器給我們，完全看美國方面的決定了。但是，如果我們得不到這些武器，到攻擊時，我們將出動轟炸機破壞他們的砲位和設施，在這種情況下，他們肯定將進行報復，因此，衝突的中心會擴大，把美國也捲進去。他得出結論說，這樣，問題將由美國去選擇和決定，究竟是哪一條路好。㉒

俞對顧氏似乎言無不盡。十二月上旬俞大維見過史敦普本人，又與其代表安德森（George Anderson, Jr.）海軍上將談過多次，最近還在五角大廈和雷德福海軍上將談。這些美國海軍將領主導了支援太平洋盟國作戰的任務。俞大維告訴五角大廈領導人，如果美國不想捲入戰爭，可以選擇：一、美國政府發表聲明，防衛金馬等外島，有效地制止共產黨奪取這些島嶼的行動。二、在沿海島嶼受到攻擊時，美國提供必要的武器和飛機，以便臺方進行有效防禦。三、如果共黨開始進攻，美國可以參加防禦。四、如果共黨進攻美國什麼也不管，共黨佔領了金馬等外島後，必將進攻臺灣和澎湖，根據共同防禦條約，美國仍然不得不進行干預。何況國府獨力防衛外島，必然轟炸共產黨的沿海陣地，勢必招致共黨作報復性轟炸，從而令美國捲入戰事。㉓

俞大維向美國人說，他曾多次親身偵察大陸，並出示所拍攝的機場和軍事設施的照片，讓美國人看到事實和作出明智抉擇。美國人沒有即時回應俞大維的要求，但卻關心公館機場的建造問題——這些美國將領也許亦有點著急，這從顧維鈞收到的兩項消息可以看到。

首先在十二月三十日顧維鈞收到一個報告，那是有關美國眾議院外交委員會遠東小組委員會成員周以德（Walter Judd）去臺的視察印象，其中第三點提及公館機場的問題——美空軍將要求國會撥款二千五百萬美元為修建這個基地之用。幾週後，顧又接到彭孟緝將軍（參謀總長）要他轉給俞大維的電報，談到雷德福海軍上將最近訪問臺灣時提出要求加快公館機場的完成。㉔不消說，趕快建成公館機場成為俞大維在新的一年中的工作重點。

俞大維是來美治病的。一九五六年的一月十六日，俞大維終於放下工作，進入華盛頓的美國海軍醫院檢查。次日，顧維鈞來辭行，因為顧氏要去臺灣述職——那是他最後一次述職了，因為種種理由他已計劃自駐美大使崗位退下。那天他們詳談了一小時，俞大維談他的病情、對臺海軍事形勢的分析，以及他在爭取軍援的貢獻。在病情方面，醫生說不知他的腫瘤是惡性還是良性，要做手術後才能確診，建議再做一次手術。但俞大維不想再動手術，因為他預料臺海在五、六月份可能會出現危機，他急於回國前去外島，以便鼓舞駐軍士氣，在撤出大陳時他就是那樣做。

俞大維覺得此次訪美大有裨益，他向美國陸、海、空三軍首腦和五角大廈的參謀說明對付共黨進攻的戰略，說不想請求給予援助或任何武器，讓美國官員研究了他的陳述而自行決定，例如保衛金門和馬祖，美國必須助我掌握制空權及加強我方各沿海島嶼的反砲戰能力。他爭取軍援的方式很獨特，值得我們細味。日後他曾說在爭取軍事援助一事上從不失尊嚴，因為他深深懂得美國人的心理：

俞大維向我解釋說，在與美國人打交道時，他覺得有必要先要他們接受政策問題，至少是原則上接受，這是很重要的。一旦這一點做到了，實施政策就成為必然的事了。在臺北與軍事援助顧問團新任團長史密斯（史邁斯）將軍進行的多次冗長談判都沒有取得任何效果，就是這個原因。就某個細節問題爭論不休毫無用處，重要的是要首先決定原則，這只有在華盛頓才能辦到。㉕

顧維鈞對於俞大維的說話，深感認同，因為他自己也有很深切的體驗。他也曾屢次力圖向蔣委員長解釋與美國人打交道的最佳方式，因為蔣的思想和推理方法是中國式的，不甚適合美國的情況，特別是不適合美國人的性格、心理和背景。㉖

俞大維說他此行做了三件很重要的事：首先是解決了更新和擴大後備力量的問題，即是建立預訓和退役制度，更使軍隊邁向國有化。第二，對現役軍隊加以實際訓練使之具有戰鬥力。第三，是對沿海島嶼的防禦，為此已與美國參謀長聯席會議原則上達成一項協議：美國將派人與中國國防部共同制訂沿海島嶼防禦計畫，並提供必要的物資。展望臺海即將爆發的戰爭時，俞大維說共黨人進攻外島時，我們必須奮起打好這一仗，否則美國人民就會大失所望，也就不再會支持其政府對臺灣提供實質援助。因此，他要做的是要提高中國軍隊的士氣，使美國公眾清楚的瞭解國軍在防衛戰爭中的英勇戰鬥情況。俞大維說：「我們最終可能失敗，但至關重要的是，我們一定是經過英勇戰鬥到最後才失敗。」㉗

俞大維就未來臺海戰爭的分析十分有見地，但在預測戰爭爆發時間和勝負方面有了偏差——戰爭的爆發在一九五八年八月，比俞大維的預測遲了兩年；勝負方面，國府無論怎麼說也沒有戰敗。

顧維鈞別過俞大維，第二天便飛去了臺北。俞大維在美國海軍醫院接受身體檢查，直到一月廿一日出院，終於可以和家人團聚度壽了。㉘說真的，當時很多人並不相信俞大維真的有病，以為他只不過藉看病到華府進行特別任務而已，且看董浩雲的說法：「（一月廿一日午）飯後往訪俞大維，病態百出，是耶非耶，殊可憐也。」㉙

一月廿七日，俞跑去見美國海軍部長湯姆斯（Charles Thomas）及軍令部長勃克（Arleigh Burke）上將。一月三十日他將討論情形用電報向臺北當局報告，大意是說在加強砲兵方面美國人認為八吋榴砲不及一五五毫米加農砲，換言之，未肯提供。㉚

次日，俞大維以電報向臺北交代了他和美方所談的問題：空軍方面是公館機場興建，以及催促加快交運先進的偵察機、增交三個中隊F-86以完成現有之三個大隊之換裝、研究用何種新式飛機代替F-84（用F-100或F-86）、研究何種新式飛機代替P4Y（一種老式螺旋槳推進式的偵察機）。海軍方面是海軍整建計畫及陸戰隊兵力問題。陸軍方面請增交二個基地師裝備、速運廿一個師未交裝備以配合我方戰備計畫。在外島防務方面，請撥交淺水快艇，修正軍援計畫中關於金馬作戰需要消耗物質，如彈藥、地雷、鐵絲網等的供應問題。㉛

俞大維爭取軍援的方式：不求一步到位，先和美國達成協議，取得一些裝備，然後在此基礎上進一步求量的增加、質的提升。從他的工作報告看，他哪像是去治病，然而他的病情確實十分嚴重，約在二月初俞大維終於接受了割除耳後多生瘤的手術，具體的日期不清楚。根據《年譜初編》，在二月七日後俞大維每隔二、三天便會晤美國將領和官員商談，完全看不出手術後休養的情況，真是公而忘私。

顧維鈞由臺北回來再見俞大維時，已是俞要回臺北前兩天了。俞大維談了個人的病況和意願：

二月二十五日星期六，即將在星期一回臺北的俞大維前來告別，我們談了一個半小時，他仍然很擔心他的健康，特別是面部。我離開後，他又做過一次手術，這次為治療他耳後的惡性多生瘤，切斷了他面部的幾根神經。他說，現在他將迅速返回臺北，去金門和馬祖一次，他定要繼續工作到年底再退休。㉜

俞公對顧維鈞不止一次表達了退休意願，然而這只是個人願望，當時的客觀形勢哪裡允許他退下來。這是最後一次俞大維跟顧維鈞談軍援問題了，因為後者的離任已敲定。兩天後，俞大維返回臺灣，顧氏去機場送行。

整訓三軍、改善裝備待遇

俞大維在二月廿七日乘機離開華盛頓，三月四日上午八時四十五分返抵臺北松山機場。在機場迎接他的有行政院長俞鴻鈞、參謀總長彭孟緝、國防部副部長馬紀壯、三軍總司令及國防部高級將領、美國駐華大使藍欽、軍援顧問團團長史邁斯等四百餘人，場面熱鬧——相信大家都期待著他帶來好消息。㉝

第二天八時半，俞大維又在松山機場出現，這次他來乘機前往金門。他視察了砲兵陣地及十九師、廿六師等單位，下午順道飛桃園視察第五聯隊第六偵察大隊，傍晚才返回臺北。兩天後，又飛馬祖視察，他原想去高登，但因風浪太大而未果。這兩次金馬的視察都有國軍海空將領及美軍顧問隨同。

俞大維以視察前線作為他銷假視事後的首項工作，以後他幾乎每年冬天都去美國檢查，回臺後第一件事總是跑去金馬前線視察，他心繫金馬的程度已不必言說了。正如他先前向顧維鈞說，他估計不久之後中共便會進攻金馬，而金馬前線以至臺灣本島備戰工作還沒有完全完成。此後幾天，他又忙於接見袍屬、美軍顧問，他始終沒有去見總統，雖然他的辦公室只在總統的隔壁。三月十二那天早上，總統終於召見他，垂詢他訪美事宜。

此後，俞大維繼續不斷視察各軍種基地、部隊，特別是桃園空軍基地視察得最多。三月十六日上午俞又去桃園基地視察第五聯隊及第六偵察大隊，這是他在不足半月內第二次來視察（三月五日俞視察完金門回臺，順道過訪桃園基地），這個基地在擴建中，跑道要伸延至一萬呎，以便新型的偵察機使用——俞大維正在向美國爭取中。俞大維當然沒有忘記公館機場，次日他帶幾個美軍將領及空軍總司令王叔銘去公館機場視察工程，這個深具戰略價值的基地的建造計畫推展已嚴重落後，美國空軍十分關心。此次俞大維赴美，此計畫基本拍板，只欠通過及撥款，為加快工程進度，美國空軍希望由國府方面墊款興工，這樣可以減少外交上的雜音。本年中，擴建空軍基地是俞大維的重點工作之一。

然而擺在眼前最急切的是偵知對岸會在何時、何處來攻。要知答案，方法仍然是空中偵察。四月三日上午八時，俞大維自松山起飛赴桃園，巡視機場跑道擴建工程後，十一時半又乘T-33教練機飛去大陸沿海偵察。這時候坐T-33去大陸沿海偵察相當危險，原因是隨著大陸沿海機場和雷達站增多，國軍偵察機被攔截的機會愈來愈大，像T-33這種慢速無武裝噴射機若遇上米格十五（實際對方已使用米格十七），要逃脫並不容易，簡直是玩命的事，然而俞大維早已置生死於度外。當天載著俞大維去大陸偵察的是戚榮春，他記述了那天的情況：

民國四十五年前後……俞部長為了確實了解共軍動向與態勢，決定親往大陸東南沿海地區偵察……。我們當時都認為這樣做實在太不安全，但俞部長說了一句我終身難忘的話：「我自己不能去的地方，我不會派我的部下去的。」

……機工長協助部長戴好頭盔，繫好安全帶，飛行前一切的動作，部長都自然而熟練。……飛過馬祖上空……隨即進入大陸，當飛臨福州附近時，首先見到的目標是中共機場，為使部長能夠看得清楚，先行繞一圈，接著把飛機拉平，部長則手執望遠鏡對地面仔細觀察。過去雖有多次飛臨中共機場的經驗，但這回不同，部長在座，安全為先。可是沒想到部長鎮靜如常，指示再飛一周多看看，一切顧慮乃成多餘。

回場降落，滑行至停機坪，接機的人員已在機前恭候，部長面帶笑容步下飛機，毫無倦容，舉手向大家回禮。任務歸來最使我內心感到滿足的，不僅是這趟特別任務的順利達成，而是我國軍官兵有身先士卒、冒險犯難的好長官。㉞

四天後，在四月七日俞大維再來桃園基地，轉乘偵察機偵察金門對岸大陸沿海地區。六月四日，他又來了，這次再由戚榮春為他駕機：

自起飛出海，直航大陸，飛臨福建興化灣，再經蒲田向南航行，由惠安、沙堤、廈門、海澄至虎頭山等地區偵察。部長對地面共軍陣地觀察入微，不僅對機場設施、偽裝、砲兵陣地、彈藥庫看得一清二楚，尤對沿海共區之重砲陣地瞭若指掌。㉟

那天，俞大維又平平安安的回來，但這不是必然的。七月二十一日桃園第六大隊十二中隊往南昌機場進行空照，遭遇米格機群的追擊，負責掩護的F-86F及F-84G和中共的米格十七發生多次空戰，國府戰報說擊落、擊傷對方的米格十七多架。空戰如此激烈，沒令俞大維畏縮。七月二十八日上午九時，俞大維又乘機到桃園換乘偵察機飛汕頭及廈門沿海地區偵察，這次是由剛葆璞駕機，作中低空偵察，他們於廈門上空遭遇到高射砲猛烈射擊。㊱

俞大維頻密的偵察飛行，肯定與美國太平洋艦隊總司令雷德福上將的訪臺有關。七月卅一日上午九時，俞大維赴機場迎接雷德福，兩人隨即在國防部會談。當時國府一方有俞部長、彭孟緝總長、王叔銘上將、黃杰上將、余伯泉中將、何世禮中將、梁序昭中將、羅英德少將等人。美方是藍欽大使、雷德福上將、殷格索（Stuart Ingersoll）中將等。單是國府一方，自國防部長以至三軍司令都到齊了，可以看出這是一個層級極高的兩國聯合軍事會議，可見一九五六年年中臺海的形勢已相當緊張。

在會上，俞大維最先報告了共黨軍事準備情形，主要是空軍擴增情況，他指出在大陸東南沿海構築的機場數目甚多，然後向雷德福上將說明共黨空軍兵力及部署，提供拍得的米格機照片，又展示了共黨的雷達部署圖表，請雷德福上將注意共黨機場構建之速度。接著，俞大維敘述他對當前形勢的判斷，他說共黨一年前揚言戰爭，但屈從於蘇俄的和平攻勢，於是改為叫囂「和平解放臺灣」，但中共正以各種方法企圖加入聯合國，他預測對方之可能行動為：一、繼續高倡和平。二、續用滲透戰術。三、必要時不惜一戰。俞大維感到中共目前並無進犯臺澎之能力，然有進犯金馬的能力，開始時可能會先攻擊外島島群的一些小島，如馬祖之高登、金門之大膽。日後局勢的發展證明了俞大維此一判斷極為正確。

俞大維提出了外島的戰術部署問題，他指出中共打金門必然是先砲轟，後登陸。俞大維這麼說，當然是想美國提供長程火砲，但當時美國沒有任何表示。此外，俞大維也提及開戰後外島再補給的問題，美國人也沒有實質的意見提供，只說在使用登陸艦（LST）及機帆外，可以用空中補給以鼓舞部隊士氣——美國人始終不肯承諾扛上外島運補給的責任。

對於國軍的整軍備戰情況，俞大維向雷德福介紹一個三階段計畫，第一階段：我方戰鬥部隊保證可在今年十月三十一日前完成戰備。第二階段：由一九五六年十月卅一日起至一九五七年五月一日止，主要任務為加緊訓練三軍。第三階段：自一九五七年五月一日起的兩年期間內，如發生戰事，中國軍隊將執行我方承諾之任務。[37]

可注意的是，國府在一九五七年五月開始，由於防禦計畫及三軍訓練完成，將有餘力派遣部隊出境作戰

——派遣一個軍三個師的部隊支援美國在臺灣地區以外的戰鬥。但是俞大維的話留下伏筆，他說上述三軍全方位備戰是從一九五七年五月一日起以後的「兩年有效」，因為裝備及部隊編制仍然要持續改良，意味還要美國人持續投入資源，否則將來難以承擔任務。他當趁機向雷德福報告海空軍的發展計畫，包括海軍將捨棄所有舊有的日本船艦，代之以美製船艦、空軍之公館機場建築的取得土地問題。前者不是太大的問題，但後者由於美國人急於要完成，要由國府先墊款興建了。

俞大維要求得到一中隊的新式偵察機，換掉RF-86，雷德福只答覆將來可望提供一、兩架RB-57，仍然是推搪換裝新型偵察機。俞大維又催促美方移交第三批F-86（美國答應供給三個大隊的數量）的餘數飛機，雷德福預定於明年年底前分三期送達，並抱怨延遲交機是受限於中國空軍的修護能力，以致未能接收這麼多飛機。俞大維還是繼續開口：F-84G老舊啦，要作翻新或以F-84F取代；C-46及C-47兩型運輸機都服役多年，要考慮現代化了——雷德福對這些要求都沒有回應。然而約在一年後美國人還是答應用F-86F來取代原有之F-84G，可見俞大維長時間、持續不斷要求的方式還是能奏效的。

在陸軍方面，俞大維說要加強外部隊火力及機動性，如每個砲兵連編裝六門砲、改進傘兵及戰車部隊、提供更多的後備車輛，他表明希望可以和顧問團合作擬定一項現代化計畫。這事得到美國人正面的回應，雷德福接受俞大維的建議，指定殷格索中將與國防部合擬一項地面部隊現代化計畫，就是後來「前瞻師」案的緣起。

從那時起，中華民國陸軍逐步走上現代化之路，這是俞大維又一貢獻。這也是他爭取軍援的一貫手法：先接受不大理想的裝備，再慢慢要求增加數量、提升質量。

此次雷德福的來臺會談，俞大維總算有一些收穫，八月二日中午，俞大維到機場歡送雷德福。次天，他又回到機場，這次是要和何世禮將軍乘機到金門視察，他們到金門視察了一個砲兵營陣地，為的是前天發生了砲戰，該陣地砲兵中有八員受傷。

何世禮將軍是國軍中為數不多出生於香港的將領（其他有余伯泉、海軍楊元忠等）。他和俞大維相當友好，二人合作無間。其時何世禮正擔任中華民國「駐聯合國軍事代表團」首席代表，他在這年多次來臺，先後走訪馬祖、金門前線，除了就防務提供意見外，相信也是為了和俞大維商討，在回到美國後如何聯手向美國軍方高層爭取更多武器援助，當然包括八吋砲。

在武器籌獲方面，俞大維尚可取得一定成績，但在軍人待遇改善方面俞大維卻深感困難。當時國家財政困難，軍人薪餉微薄，由軍官以至士兵都過著緊日子，無法在短時間內大幅改善，但作為國防部長，俞大維總得提出一些辦法。在去年，他節省國防部經費用來增加士兵每人十元副食費；本年八月，俞大維在國防部對立法院的施政報告中第一次提出了改善軍人待遇的方法：

自本年七月起，發給在營資深士兵年資加給，凡服務滿四年之士兵，自第五年起，每月發給加給二元，以後按年遞增。……改進官兵營養……自本年四月一日起，分別實施實物供應，建立副食食物補給制度，……減少各級部隊自行採購副食之煩累，防止因維他命缺乏所引起之疾病。㊳

以上改進當然還未能全面改善國軍官兵待遇偏低的問題，但至少邁出一大步，對提升部隊士氣、改善軍人及眷屬生活均有實質作用；這時俞大維擔任國防部長還不到兩年。我們要留意的是這些措施都是國防部內部行政措施，不必由行政院及立法院通過，可以很快落實施行，這反映了俞大維的作風——有問題盡量自己解決，不煩長官，不煩國家。在改善軍人待遇上，俞大維已盡了最大努力。

九月七日，何世禮將軍離臺赴美，俞大維到機場送行。這次何世禮回臺灣，二人頻密見面，本年稍後，俞大維去美檢查身體他們見面的次數更多，顯然他們是為了預期爆發的臺海戰爭作好部署而緊密聯繫。

俞何二人在臺海危機中的角色如何，暫且不說，我們反而要注意的是這兩個人物的背景。雖然家族背景不同，但他們都長期接受西方教育、在西方社會生活，但他們又堅持認同中華文化，用他們的學問和素養為自己的國家和民族做事，是清末以來「中學為體、西學為用」的士人典範。尤其難能可貴的是他們從來沒有以西方文化標準來衡量自己的民族和文化，不像一些放洋回來的「洋秀才」（史學大師錢穆先生語），動輒以「博士」身分自傲，用西方標準譏評自己的民族和文化，但卻沒有解決問題的能力，更談不上有「以天下為己任」

的精神。俞何兩人鍥而不捨爭取八吋砲、軍艦、飛機等美援的努力，從外面看是應對臺海的危機，但內裡驅動他們的是中國文化中士君子的傳統精神。

整軍備戰計畫初步完成

俞大維曾向美國人表示，他的整軍備戰計畫首階段將在本年（一九五六）十月底完成。本年九月中以後，美國高級將領來臺灣的特別多，光是上將就來了二人；九月廿四日，俞大維就到機場迎接老對手史敦普上將。

次日，俞大維與參謀總長彭孟緝、副總長余伯泉、海軍總司令梁序昭、國防部次長賴名湯等，與史敦普上將、索格殷中將會談。會上俞大維向他們作了報告，部分內容跟數月前對雷德福所說的相同，但也有些內容是上次沒有談及的，然而這次會議比較清楚表現了當時國府在中美臺海防衛中所處的位置。俞大維接著將共黨軍事活動要點提出與史敦普討論，首先是討論共黨空軍之發展與擴張。俞大維指出中共空軍在華東、華南地區之各機場均已完工，他分析了這些機場的特點，並提醒美方注意各個機場的位置及其相互關係，如中共一旦決定進攻外島，任何飛機可南移至福建及廣東的機場。同時，俞大維特別通知美方，根據截獲之電訊，已證實中共擁有了米格十七戰機。

俞大維又檢討了金馬外島的情況，他估計在本年十一月六日（美國大選日）之前共黨不致貿然發動戰爭。

當然，俞大維不會忘記向美國爭取軍援，而史敦普不但沒有積極回應俞大維的要求，反倒和俞大維有點針鋒相對。部長特別就美軍顧問團藉口國府空軍修護能力不足、將飛機交付延至五七會計年度最後一季的意見，表達了不滿：他認為若是不滿空軍的修護能力，則應多派技術人員前來協助，而不是延遲交機。俞大維特別強調將空軍建成美國遠東空軍之一部，可以擔任眼下美國第七艦隊在臺灣海峽所不能執行的任務，例如攻擊潛艇等，然而史敦普不予認同，他說第七艦隊已奉准在某些地區可向潛艇攻擊。

俞大維向史敦普保證陸軍二十一個師維持足額，至明年五月一日即可有能力履行中美協防條約中所規定的任務，但為應付冷戰的持續，必須將部隊改良，因此他提出國軍現代化的意見，並說最近正與殷格索中將共同擬定計畫云云（按，此乃稍前與雷德福會談時提出的國軍現代化計畫之跟進工作）。俞大維拋出一句話：「在計畫階段不使美國有任何承諾之責任。」這話語氣有點重，他表達了對美方相當不滿：

史敦普上將云彼向來不信一般人對中華民國之惡意批評，彼認為凡事共匪能夠做到的，中華民國都能做到，且因教育程度較高，成績更好……部長認為目下中華民國最需要之顧問為戰略家，過多對不能做到之事之書面批評無濟於事。部長希望渠去歲時，對聯合參謀首長會議之簡報內容不過於直率；史敦普上將云已見到簡報全部之報告，所得印象殊為深刻。㊴

「中華民國最需要之顧問為戰略家」，俞大維這句話簡直是不留情面，曲折地批評美軍顧問根本不懂戰略，只懂得作沒建設性的批評。作為一個溫良恭儉讓的學者，俞大維的話表現了內心的強烈不滿；至於他對聯合參謀首長會議的書面簡報，內容顯然對美國顧問作了強烈批評——相信本年中雷德福、史敦普等高級將領以至國防部助理部長的來臺訪問，可能與此有關。這次會議上俞大維和史敦普的對話可以說是針鋒相對，然而當時的紀錄說：「會談於下午四時卅分在愉快之氣氛中結束。」㊵

說到戰略，美國人真的不及俞大維。從武器移交的進度以及這次會議所見，美國不急於要大規模強化國府的防衛能力，顯然美國人並未意識到臺海會爆發大規模衝突，因為他們自恃其核威懾力量。在會議上，史敦普說因為美國有大量原子及核子彈，所以蘇俄及中共不敢發動戰爭。在那天的會議上美方就透露將會在臺部署可攜帶原子彈頭的屠牛士（Matador）飛彈，他們企圖用原子彈威懾中共。當然事實證明美國軍方的想法錯誤，在美國核武力威脅下，以毛澤東為首的中共領導層仍然敢於以自己的作戰方式挑戰美國，日後金門砲戰的發生，確實出乎美方意料，俞大維則自始至終堅信臺海戰爭必然爆發。歷史證明他是正確的，所以日後金門砲戰發生後，美國將領在他面前也無話可說。

史敦普走後，又來了很多美國將領，如美國海軍陸戰隊司令派特（Randolph Pate）上將、美國太平洋地面部隊司令布瑞安（Bryan）中將、第七航空隊司令等，俞大維接見如儀。事實上，在俞大維的工作中，跟美國將領打交道是主要項目之一。在當時能夠和美國人交涉軍援而為對方所尊重的國軍將領為數並不多，像俞大維這樣受到他們尊重的更少。

俞大維繼續忙於他建軍備戰的工作。十一月廿四日，俞大維出席總統主持的軍事會談，在會議上國防部次長賴名湯報告與軍援有關的事項，簡單的說：無法接收到攻擊性的武器，如中型戰車、魚雷快艇、噴射轟炸機等。會上得出結論：

一、根據目前情況，軍援只限於防衛之用，擬在現行政策下，由國防部及各總部積極洽商美方，先獲得少量含有攻擊性裝備以利訓練之用。二、擬由國防部及各總部主動協調美方，協議建軍目標，再行擬訂遠程軍援計畫。三、對維護人員之充實，訓練之加強，由國防部及各總部積極協調美方，採取行動以利接收。四、軍援物資運用及保養之良否，對軍援計畫及接收均有影響，目前軍援運用尚稱妥當，至保養方面，雖主官檢查預防已普遍獲得重視，惟保養技術尚待改進，只須徹底執行主官職責，增加修護機構及人員，加強技術訓練，以達維護之要求。五、對不能裁撤之非受援單位，美方堅決不予裝備及器材零件油料之支援，限於軍費預算，亦無法滿足其需要，擬另行成立追加此等單位之專案預算。㊶

當日會議上總統指示：國防部應迅速將結論中第一、二兩項所提建議徹底研究妥善方案，確定政策，由俞部長攜往美國進行交涉洽商。這樣俞大維又要去美國了——當然是去美國作健康檢查，但另一方面也是奉總統之命去爭取軍援。

十二月二日上午九時，俞大維自臺北松山機場乘美國軍機飛美，同行的有殷格索將軍，他是美國駐臺協防司令。十二月四日，俞大維經東京飛抵夏威夷，史敦普到機場接機。次日，俞大維訪問美國太平洋總部，晚上飛舊金山，第二天清晨抵達，停留了一晚，次日一早飛華盛頓，到達當地已是晚上十時，許多中美友人來機場迎接，俞大維隨即展開在美的活動。同年十二月七日，俞大維前往華盛頓，何世禮從紐約趕來會合他，並陪同俞大維前往拜會美國軍方高級將領，如第七艦隊司令畢克萊（Roland W. Beakley）、海軍司令勃克、空軍參謀長丁寧（Nathan Twining）及雷德福等。到一九五七年一月至三月，俞大維一方面進入美國軍方醫院檢查身體及接受相關治療，另方面則仍然在何世禮的陪同下馬不停蹄地拜會美國高級將領，討論臺灣的海空軍建軍計劃、補充兵訓練等問題。㊷

在這段期間，總統分別以電報及信件與俞大維聯絡，反映了他對俞部長此行的重視。俞大維在二月底完成訪問行程後，於三月初取道東京回臺。三月八日晨抵臺北松山機場，來機場歡迎者甚多：包括俞院長、蔣副祕書長、彭總長、三軍總司令、各次長等。俞大維下機後，總統立刻召見，他在介壽館向總統報告了此次訪美成果。

次日，俞大維迫不及待到金門視察，並夜宿金門；第二天早上飛馬公視察，傍晚時始返抵臺北；十天後去馬祖，視察高登島防務，除了走訪前線，他也到各個基地及部隊視察。這時俞大維的視察焦點，除了部隊訓練及官兵生活外，更注意裝備的保養維修。三月十五日，他在左營視察海軍陸戰隊後，便到屏東（也去了臺南基地）空軍第三大隊，視察空軍各基地訓練及修護工作情形。三月十六日，繼續視察屏東基地，得悉其保養維護進步甚多。三月廿五日視察聯勤五級保養廠。㊸

俞大維努力督促部隊加強維修保養的能力，以回應美方的批評。俞大維雖作了努力，然而稍後美方仍然作了軍援國軍的裝備武器保養情況不良的報告。由此，我們可以注意到裝備保養是國軍一個重要課題，國人在日常的工作中往往會不夠用心，未能將例行的事務做好，這似乎是一個民族文化問題，不僅俞大維個人或部隊要面對，每一個國人也應警惕。俞大維自美國回來後集中視察各空軍基地，除了前面說的屏東及臺南基地，三月廿六日一口氣視察了嘉義、新竹兩個基地；四月四日視察了桃園基地；四月十九日上午飛屏東基地視察空軍射擊比賽，下午到桃園基地視察；四月廿五日赴石門雷達站視察；四月卅日乘機往金門視察回程時經桃園停留一小時視察基地等。這一連串對空軍基地及雷達站的視察，說明他將臺灣的防禦重心放在空防。

說到空防問題，照往常慣例，俞大維會乘機去偵察大陸沿海的空軍基地。但四月六日上午十時，俞大維參加完總統主持的軍事會議後總統召見了他，囑咐他不要親去大陸上空作偵察飛行。俞大維雖然不認同，但還是答應遵守指示，自此不再親自去大陸作偵察飛行。然而他仍然重視此事，這年不斷前去視察桃園基地的偵照大隊，並在此基地設立聯合空照像判讀中心。

在保衛臺灣方面，俞大維的看法不同於美國。美國將阻嚇力放在核威懾上，具體作為是在臺灣部署了屠牛士地對地飛彈，而俞大維重視的是臺灣空防（這不僅是軍事層面的問題，亦關乎政治社會，因為他擔憂空襲會引起民眾恐慌，當時臺灣地區的民眾心理是十分脆弱的）。在本島空防問題上，俞大維知道單憑國軍空軍不足以對敵方構成阻嚇力，但若美國介入則不然。因此他將空防的阻嚇力建構於中美聯防上，公館機場的重要性即在於此，當美空軍戰鬥機常駐於此，則敵人空襲臺灣的機率便大大降低。在本年中，公館機場已動工興建，俞大維非常留意工程進度，這年由三月中至十一月上旬，他總共去公館機場視察了五次之多。

俞大維在這年的十月廿六日跟美國協防司令竇亦樂（Austin Doyle）進行會談，要求美國在臺部署「勝利女神」NIKE防空飛彈，說這樣可在心理、宣傳上收到極大效果。竇亦樂將此要求轉給勃克上將，後者表示可以考慮，然而在八二三砲戰爆發前夕（砲戰後飛彈即送來臺灣），這項要求並沒有得到美方的積極回應。顯然臺海戰爭之爆發，美國人的不明智實有以致之。

這年十月，俞大維亦通知了竇亦樂：國軍之步兵、裝甲及陸戰隊，均已完成戰備，隨時均可擔負中美雙邊防禦協定之義務。㊹ 俞大維的話，當然可以理解為他從美國回來出任國防部長的首項任務——整軍備戰已經完成。俞大維這麼說無非是向美國人說首階段任務已完成，現在是時候檢討美方在臺海協防的工作了。他首先提出「樂成計畫」必須徹底檢討修改，以符現況，並且表明當敵人行動時，他會採取的行動：

萬一敵人向外島攻擊，則中國國軍必全力作戰，包括轟炸中國大陸之敵人空軍基地。美國政府之決策如何自須視當時之情況而定，但在目下之情況下盼美軍顧問團盡力協助加強外島之防務。㊺

俞大維的說話無疑帶有威嚇性，然而此時此刻美國人仍未肯承擔金馬外島的防衛責任。事實上這個月中旬，何世禮將軍也來了臺灣，多次陪同俞大維跟竇亦樂會面商談，三人並且一起去金門視察，但對說服美國協防金門一事似乎並無效用。這天俞大維向竇亦樂撂下重話，顯然是向美國報以顏色。美國人也不是省油的燈。回馬槍來了，十一月十五日，美軍顧問團團長鮑恩（Frank Bowen, Jr.）致函俞部長，討論國軍戰力問題，這分明是給俞大維開成績單。內容對陸軍的訓練水平感到滿意，但對海、空兩軍的人員素質及作戰能力方面則頗有微言。㊻

一九五七年將盡，對於俞部長來說，又是時候去美國了。在去美國前夕，俞大維又去金門及馬祖視察。據《年譜初編》記錄，俞大維本年三月自美回來到再去美國的八個月中，共視察金門十四次、馬祖九次。在金門時，常會到小金門、大二膽，並且留宿前線；到馬祖則以視察高登島為主，中間會到東引和東西莒。

十一月十九日上午十時半，俞大維自松山機場乘機飛東京轉往美國。在出發前一天，他再收到了美軍顧問團長鮑恩將軍來信，說在緊急時期如美國向中國政府請求兵力支援，他對國軍可支援之地面部隊兵力估計為：一、一個陸戰師及一個軍（三個師）已全部完成戰備，即可出發；二、後續可組成兩個軍（每軍三個師）以三個月之間隔時期分兩批出發；三、國軍所能提供的即時支援兵力（三個軍加一個陸戰師），為「合理而非常有用之貢獻」。信件的內容簡直是在驗收俞大維整軍備戰的成果，並發給他一張檢定及格證書。

俞大維啟程那天致函美國軍令部長勃克，說國軍地面部隊（二十一個步兵師、二個裝甲師、一個空降步兵團及一個陸戰師）已完成戰備，當共黨攻擊中美共同防禦條約限定地區，包括美國西太平洋屬地時，中華民國將履行條約中的義務，並說：「最後本人願重加申述，敝國之地面部隊已以"NAD"『消防隊』為其代號，"NAD"意指『不需要美國步兵』。俟局部戰爭時，本人深望閣下能一睹此消防隊救火時之效力，至少，於緊急時，此乃一堅立不墜而可信賴之部隊也。」[47]撇開信中一些對美國委婉之諷刺和警告，基本上俞大維向美國軍方通報了協防條約中規定的整軍備戰工作基本完成。

一九五七年十一月廿日下午，俞大維飛去美國。俞大維有沒有好好休息？從資料上看，他仍在工作。十二月十九日，俞與美方洽談已久的八吋砲事竟然有了進展，美國國防部原則上批准了八吋砲軍援臺灣案。[48]《香港將軍何世禮》一書謂「俞大維爭取多次而不獲」，應有誤。那時臺海情勢緊張：鷹廈鐵路已經開通，火砲、彈藥不斷送去福建前線，如果美國人不答應俞部長的要求，誰也知道敵人砲擊金馬時俞大維會用什麼方式回應。

一九五八年二月十六日，俞大維仍在美國，但已獲政府頒一等大綬雲麾勛章，這是因為他的整軍備戰工作已初步完成，功績有目共睹。

政府為酬庸部長，對於整軍經武、建立國防制度，以及贏得金馬保衛戰第一回合勝利之卓越貢獻，已決定授予一等大綬雲麾勛章一座，授勛儀式由行政院長陳誠代表總統主持。[49]

第五章　見證八二三砲戰的爆發

俞大維早已部署了第二階段的建軍計畫。此次他在美國大部份時間都花在會見美國軍將領及我駐美軍事人員，見面最多的是何世禮將軍。顯然是和美國人商討國軍現代化的「前瞻計畫」，去年他已向訪臺的美國陸軍副部長芬努肯（Charles Finucane）表達了訴求：

中國三軍戰備大部份已完成或即將接近全部完成階段，現中華民國軍民上下一心一意欲返回大陸，以如此高昂之士氣與民心決非以消極態度只說時機未成熟所可遏抑。在戰備完成後實施反攻大陸前之階段中，必須有一積極提高戰力之前瞻計畫，方能維持士氣。此項「前瞻計畫」於泰勒將軍蒞臺訪問時，本人已與商討並由其面告鮑恩將軍迅為草擬此項計畫與我方研討，盼鮑恩將軍早日草擬此一計畫。①

俞大維計畫把國軍的步兵師都改為「前瞻師」。用俞大維的話說，是將步兵師單位由第一次世界大戰的編組形態，改編成二次世界大戰的形態。前瞻計畫下國軍要爭取大量裝備、擴大編制、增強火力、改進通信裝備，以利部隊指揮管制，從而強化偵搜力、指通力、機動力、打擊力與後支力，使之成為現代化之步兵師，而能肩負獨立作戰任務。這個計畫在去年十二月便展開了，由第一軍軍長劉鼎漢負責。該軍的第十九師擔任前瞻計畫之第一個「試驗步兵師」，其經編組及訓練，成果由美軍進行考核。是年三月初，十九師進行了演習，大批美國將領前來視察，都認為演習相當成功——這時俞大維人仍在美國。

「前瞻計畫」只待美方批准，但需要的武器和載具編裝數量巨大：除砲兵、工兵、通信兵外，其步兵約七千五百餘人，若全部機動化，需支援車輛三百輛，除非有強烈理由，否則難以取得美國支援，無怪乎俞大維要逗留美國三個多月之久。後來此計畫卻進展順利，相比起之前爭取美援容易得多，這顯然是俞大維整軍備戰的成績給予美國人信心之故。

四月二日上午俞大維返抵臺北，隨即晉謁總統。次日，他以書面答覆立法委員的質詢，說前瞻師是「作為進入現代化過渡性之改編，將來俟情況許可，再行改編為五五制原子步兵師。」② 俞大維說出了「前瞻計畫」的後續發展，可見其旺盛的企圖心和遠大的目光。（「五五制原子步兵師」即本章末說的「五角師」〔pentomic division〕。）

通常俞大維自美回來，必往金門視察，但四月三日《年譜初編》沒有部長任何活動紀錄。次日白天亦然，但晚上記錄了他在工作，筆者估計這兩天他去了金門視察。

四月八日的清早，他自松山飛赴馬祖視察，下午返臺。此後兩月，視察的重點是金馬前線、南部兩棲部隊和空軍基地。因為陸戰隊是增援金馬外島的機動兵力，兩棲部隊則為外島補給的力量所在——俞大維顯然為即將爆發的臺海大戰作好準備。俞大維當然警告了美國人戰爭即將爆發，對此美國不會不重視，但卻沒有什麼積極行動。五月二日上午，美軍在臺南安排了屠牛士飛彈的軍演，總統、陳副總統及俞部長應邀參加前往參觀。③這種飛彈可帶核彈頭。美國人太天真了，以為核子打擊力量足以阻嚇戰爭。他們把國府高層請來參觀飛彈試射，使他們安心，藉以搪塞他們增強臺海防務的要求。俞大維當然不會如此幼稚，他深知對岸會在不引發核戰的前提下發動攻擊；他把注意力放在臺海防務最關鍵的地方——防空力量的構建。

美國空軍部長陶格拉斯（James Douglas）來訪。廿六日，俞部長及空軍總司令與他會談。國府要求提供早期預警雷達、RF101偵察機、P4Y-2機之替代機、C46機之全面換裝等美方都不答應。空軍僅有的收穫是以F-86F機換裝現有之F-84G中隊，以及「增強F86戰鬥潛力之計畫」。④

俞大維要求F-100超音速戰鬥機的希望落空了，他當然失望，沒有先進戰鬥機作為阻嚇力量，臺海戰爭無法阻止。雖然砲戰開打後美國人還是提供了，但戰爭已啟，臺灣民眾必蒙受損害。不過，「增強F86戰鬥潛力之計畫」一語卻內有玄機，可能指提供響尾蛇飛彈。先進戰機無望，俞大維只有寄望增強金馬前線防禦力擋住敵人的攻擊，以爭取時間讓美方即時介入。六月十日，俞大維大清早便與記者飛馬祖：

俞部長今日巡視高登前哨新建完工的某一高地堅強的地下工事據點，曾在該工事砲位前，以陸海空軍獎章四座，親自頒授構築此一工事成績最優的官兵四人，並予慰勉。⑤

俞大維大張旗鼓的去巡事馬祖，無非是宣示馬祖戰備工事的完成。六月廿三日下午三時，俞大維再來馬祖，國防部廳長鄭為元等高級官員七人隨行。部長換乘快艇到高登，抵達時該島正受共軍砲擊，並且風雨交加，是夜留宿於此，第二天才離開。⑥一天後又再去小金門第一線巡視，第二天召集將領在防衛部開會。當時形勢緊張，以故他密集的巡視金馬前線。事實上，六月中國共雙方打了四次海戰，三次在馬祖海域，一次在金門附近海域。

俞大維到前線視察備戰情況，不斷提醒前線幹部：戰爭隨時爆發，要加強警惕。當時駐在金門中部高坑的四十一師一六三砲兵營營長鍾英中說，那年五月中旬，一夜間奉命全營攜砲進入「前山門」陣地，並儘速完成射擊準備。他後來說：

我們對八二三砲戰早有預感：原因是先總統蔣公、國防部長俞大維將軍，迭次蒞金訓示與判斷，匪軍活動增強，夜暗沿海地區常發現不明信號彈，基於上述情報與判斷，共軍對金門近期可能行軍事冒險。⑦

當時俞大維每天上午在國防部必聽取三個簡報：一是國內政情，二是金馬外島戰情，三是情報分析，包括高空偵察的照片判讀。他最關心的是：金馬外島對岸大砲口徑的變化，對岸新建了的機場，敵機飛越台灣海峽最快是幾分幾秒。⑧

七月十四日，國防部頒發「加強戰備、預防突襲」八項指示。十五日，伊拉克政變，英美出兵黎巴嫩。蘇聯、中共、東歐社會主義國家隨即共同發表聲明，要求英美撤軍。兩天後，北京五十萬人舉行反美示威遊行。同日中華民國國防部下達緊急備戰令，官兵停止休假，嚴防共軍突襲，空軍加強偵巡東南沿海一帶。兩天後，中共空軍一、三、九、十六、十八各師精銳轉至閩海地區；東海艦隊特遣隊，以成都、桂林兩艘驅逐艦為主力，由舟山向南移動。⑨

七月廿一日上午，俞大維乘機飛往金門轉赴大二膽。此後三天，他留在大膽偵察對岸廈門一帶共軍活動的情形，這就是俞大維著名的「北山夜狩」：

這次來到大擔（膽）島，俞部長的心情，遠比往常來得凝重，因為戰神的獰笑已隱然可聞。白天，他在大擔北山據點眺望對岸，稀鬆平常，毫無異狀。自稱「好像馬戲班裡表演倒立喝牛奶的女孩子」，習慣於倒反過來看問題、想問題的俞大維，下定決心留在大擔島，並調整自己的作息，白天睡眠，夜晚工作。入夜他醒了過來，食用了勤務兵給他準備的戰地酸菜牛肉罐頭煮麵。然後上北山據點。大地一片漆黑，他手持高倍望遠鏡，全神貫注，監視距離大擔最近的中共廈門火車站；驚心動魄的景象，果然顯現：

一部銜接一部的敵人大卡車，每部車前的大燈，雖以黑布罩住，依舊有光芒射出，車燈、車影，在廈門火車站到前線的公路上，往復交織移動。早年專攻數理邏輯的俞大維，首先辨識：敵人卡車是運載砲彈，不是人員。而車次、車速、運彈量，也在他「剃刀一般銳利」的數學運算之下，有了精確結果。

夜色蒼茫，他寂寞的肩負敵前夜狩的重擔；大後方，這時正有酒綠燈紅，而觸目所及的對岸，是猖狂奔馳的憧憧鬼影，他的心情，千頭萬緒。廿二日，他仍在大擔，仍繼續監視敵人動靜。廿三日，他在大擔夜狩的第三天，估計敵人輸送第一線的砲彈將達數十萬發。他不眠不休，心頭被敵人的瘋狂備戰壓迫得透不過氣來。他知道，敵人將在金門大玩一場戰爭豪賭。⑩

七月廿九日十時五十分，空軍第一大隊四架F-84G從臺南的基地起飛，執行金門與汕頭附近的偵巡任務。領隊是劉景泉少校，他是個空戰英雄，兩年多前他曾打下一架MIG-15，對此趟例行海峽偵巡任務是信心十足，因為這時海峽上空仍然平靜。但那只是假象。兩天前中共的MIG-17已悄悄進駐連城和汕頭基地。十一時十四分，劉景泉編隊到達汕頭南澳時被四架MIG-17戰機攔截，發生空戰，國軍戰機一架當場被擊落，飛行員任祖謀上尉失蹤。劉景泉少校的座機亦被擊傷，勉強飛至澎湖附近跳傘。四架F-86F在祖凌雲少校率領下前來支援，編隊飛到澎湖時祖少校剛好目睹劉景泉由座艙中彈射出來。當天晚上他在日記中寫下：「大戰已迫在眉睫了！」⑪

大戰的確已迫在眉睫了，但是美國人硬是「看不到」。莊萊德（Everett Drumright）大使就此事在三十日致電美國國務院時，特別提到國防部長俞大維通告美軍「協防」司令竇亦樂中將，要求美國派遣一中隊駐防臺灣「以定軍心」。不久，美國國務卿杜勒斯回電莊萊德，稱美聯參會相信得自U-2偵察機的情報，說看不出解放軍會對臺軍佔據的外島採取攻擊行動云云。⑫

協防司令竇亦樂是幸運的：他任期屆滿，可以告別戰雲密佈的臺海地區了。八月一日，俞大維給竇亦樂送行，同一天舉行了迎接新任司令史慕德（Roland Smoot）中將的儀式。後者次日前去拜會部長，俞大維先向他說明共軍戰機進駐澄海機場的嚴重性，然後提出F-100機進駐臺灣及提供響尾蛇飛彈的要求。

八月四日上午，史慕德說美國國務卿杜勒斯、海軍軍令部長及太平洋總司令來電，對國府所採取之約束政策，極表稱讚。他們說的約束政策，是指俞部長曾向他表示「不會貿然轟炸大陸沿海」，但是他們忘記俞部長亦說過：「不敢絕對保證。」⑬很明顯美國知道中共在福建部署海空軍，臺灣方面會進行轟炸，生怕局勢一發不可收拾，急於要俞大維的保證。俞部長作了保證當然要求回饋——響尾蛇飛彈！史慕德表示儘快運交。同日下午，兩人再在總統召開的會議上見面。俞大維的憶述：

民國四十七年八月四日，下午三時，余參加　蔣公在陽明山召開的軍事會議，與會的人員有：陳誠、張道藩、周至柔、黃少谷、葉公超、美駐華大使莊萊德、協防司令史慕德，余坐在最後面，王叔銘、蔣經國站立在余背後，暨陸、海、空三軍總司令，均屬列席人員，無發言權。　蔣公就黑魯雪夫（赫魯雪夫）訪問北平，及臺海情勢等問題，要大家發表意見。多數發言者的共同看法是：黑魯雪夫訪問北平以禮貌性的拜訪較可能，因此，必將勸告毛澤東，暫時按兵不動，其立即攻打金門、或馬祖，似乎都未必。　蔣公最後問余，有什麼意見？余報告：依我判斷，毛澤東必打，而且是在三個星期之內就會打，打金門又比打馬祖的機會高。以余偵察情況顯示，中共米格都已就戰鬥位置；第一線砲兵都已將砲衣揭開。聽完所有意見，　蔣公未發一言，也未作明確結論。⑭

俞大維事後認為蔣公未發一言實屬高明。他當時對俞大維的話應是半信半疑。其實，半信半疑的還有史慕德。但蔣公對俞大維的分析還是比較相信；莊萊德則連半信也說不上。八月五日下午五時，俞大維參加協防司令部會議。這時共軍飛機已進駐龍溪機場，但美方對俞大維先前各種要求仍未明確答覆，俞大維有點不耐煩了：

部長強調，中美兩國政府均應盡其全力尋求所有方法，以防患於未然，否則中國政府將別無其他選擇，而奮起應戰。部長認為如美國政府發表一項聲明——宣稱此時對金門馬祖之攻擊，將視為對臺灣與澎湖之威脅或將有用。⑮

除聲明外，俞大維要求美國進行武力示威。緩不濟急了，俞大維只能從心理戰方面下手，也許仍有機會阻止戰爭爆發。但是史慕德說，軍事方面他將全力為之，但是有關政治方面則要和美國大使磋商。這時，俞大維從電話得知共軍飛機進駐路橋機場，所有VHF頻道均保持靜默。鑑於事態嚴重，他要求史慕德通知本地區所有美軍部隊提高警覺，史慕德答稱照辦，並前往通報大使莊萊德，後者向華府發出一份電報，請求美國政府明確表示對中國政府之支援。莊萊德確實向國務院作了報告，並特別提到俞大維要求美國總統是否可以公開提出「對金馬的攻擊就是針對臺澎的威脅」。⑯換言之，置俞大維警告於不聞的罪魁禍首是國務院那幫庸才。

這天，金馬守軍完全進入戰鬥準備，總預備隊亦開始就戰術位置。⑰次日上午，史慕德來見俞大維，先向他報告「好消息」：一、有二十架改裝好（可發射飛彈）的F-86F準備運臺；二、美海軍優先運交響尾蛇飛彈；三、第七艦隊已開始武力示威。「壞消息」是：莊萊德大使認為對外島立場發表聲明為時嫌早。俞大維無奈的向史慕德說：中國政府不便向美國作如是建議，因恐遭拒絕。但只要仍有一線希望可避免戰爭，吾人應盡力而為。史慕德為俞之誠意所感，答應向太平洋總司令報告：美國若發聲明表示「美國政府認為此時對外島之任何攻擊，即為對臺灣與澎湖之直接威脅」，將屬有效之阻嚇。此外，臺灣需要F8U型快速偵察機。⑱

俞大維不指望美國了，只好全力備戰。八月六日下午飛澎湖，換乘軍艦於深夜抵金門。次日上午，視察了小金門的陣地。下午召見運輸組及港口組的負責軍官詢問灘頭應變措施，並指示進行夜間運輸演習以作檢討改進，他深知補給是金門戰鬥勝敗的關鍵。

那天金門上空則發生空戰：國軍八架F-86掩護兩架RF-84偵察機偵照福建沿岸地區，八架共軍MIG-15來攔截，爆發了空戰，一架國軍戰機遭擊傷。第二天上午俞大維到桃園基地檢視被擊傷的戰機和慰勉飛行員。出發前，史慕德來見，說美國將派F-100及F86D各六架進駐臺灣。俞大維應樂見其事，但仍向史慕德要求提供勝利女神飛彈，確保敵人空軍不敢飛臨臺灣——他知道臺灣最脆弱的是人心，若然敵機來空襲，會造成民心浮動和社會不安。

八月十日晚上，俞大維在基隆乘太和艦赴馬祖，先後視察北竿、高登、南竿。次日晚上乘原艦返航，七時半到基隆，接著驅車趕返臺北；十時，接見了史慕德中將。戰爭都快爆發了，要說的都反覆說過多遍，美國人仍然不肯發聲明，史慕德來見又有何用呢？雖然他沉得著氣，但人畢竟會厭怠的，這次會面，俞大維不向史慕德要求什麼了，只對他說：「如外島遭受攻擊，則不論美國之態度如何，吾人將奮戰到底。」⑲

部長為了加強氣勢，創造了兩個縮寫英文：NONSTUN——盡一切力量而為之；FILECH——如不成功則奮戰到底。據悉，NONSTUN是Leaving NOSTone Unturned，FILECH是FIght LikE(C)Hell。兩字合起來所代表的意思是：Leaving no stone unturned, and then if it fails, fight like hell. 這兩個字當然用來向老美展示！

兩天後，史慕德告知俞大維：響尾蛇飛彈一批，將於八月二十三日由美國啟運送來臺灣，但已略嫌遲了。⑳八月十三、十四日，國共空軍爆發空戰。八一四那天空戰的規模尤大，雙方海軍更因為搜救被擊落的飛行員而進行了海戰。戰爭的前奏打響了，美國還是不發表俞大維所要求的聲明。

次日俞大維向史慕德抱怨莊萊德大使不重視他的建議。史慕德說大使較諸國務院的長官已「更為重視」了，他至少已向國務院建議發出「進攻外島即是對和平的威脅」之類的聲明。但中情局長強調共軍無登陸外島的意圖；至於國務院的政客不是不信臺海會發生戰爭，便是主張不要為了防衛金馬而跟中共開戰。俞說，如美國宣佈F-100長期進駐及聲明對外島所持立場，仍可避免一場戰爭。㉑

接續幾天史慕德都向俞大維彙報軍援情況：響尾蛇飛彈運交情況、美海軍派人來訓練國軍飛行員的安排、撥交國軍的F-86數目總數為八十五架等，但俞大維對這些都不表關心，他要求的仍是一個可以阻止戰爭的聲明。十九日那天，他對史慕德說：「當我外島遭受攻擊時，任何道德理由不能阻止我國純為自衛所採取之報復行動。」——他保留了轟炸大陸的權利，這是俞大維在砲戰前給美國的最後口頭通牒。砲戰開啟後，美國迅速回應俞大維的要求當與此有關。㉒

八月二十日，總統去了金門對守軍面授機宜。最為人樂道的是他指示胡璉將金防部的指揮部由翠谷遷入南坑道。這天俞大維沒有陪總統去金門，因翌日他有一個重要儀式要主持。廿一日上午九時俞大維乘機飛臺中，主持了公館機場跑道的啟用典禮。公館機場終於建成了，戰爭若啟美國軍機就可進駐，足以保障臺灣的空防。這樣島上民眾都會安心，臺灣亦可在臺海戰爭中立於不敗之地──這就是俞大維急於要建成公館機場的原因！

第二天參謀本部向總統簡報，說中共最可能攻擊馬祖，理由是中共在馬祖地區占有數量優勢，金門地區則否；其次中共在馬祖上空的空中能力較佳，何況中共可派海軍南下支援攻擊。㉓ 這個分析不無道理，總統是相信的，從他派遣了一個海軍陸戰師增援馬祖即可知。這個簡報會俞大維沒有出席，他當然不會認同這說法。那時，他乘機去金門視察，他始終認為中共要打的是金門。回來知道此事，叫王叔銘參謀總長把這個陸戰師召回。

俞大維還是趕上了八二三砲戰的揭幕禮，見證了此場驚天動地的砲戰。俞大維在廿二日深夜去了金門，同行的有作戰助理次長華金祥、軍醫局局長楊文達、總政治部監察處處長汪貫一。楊醫官是去檢查金門地區野戰醫院的準備情況。

八月廿三日早上八時，俞大維、楊文達等人在金門防衛部吃早餐。在場的有金防部司令官胡璉和三位副司令趙家驤、吉星文、章傑，以及參謀長劉明奎等人。那天的早餐頗豐富，有燒餅、油條、稀飯和雞蛋。用餐時，吉星文問楊醫官吸菸是否有害，楊答患肺癌者多是老菸槍，吉星文把桌上各人的菸都收集為己有，說：「我不怕死！」吉星文當然不怕死。他就是民國二十六年七月七日守著宛平縣盧溝橋的那個團長。在座的人都身經百戰，生死早就置諸度外，俞部長何嘗不然？

早餐後，俞大維等人在趙、張兩副司令的陪同下渡海去小金門。他最關心大、二膽，在兩處陣地停留兩小時許，然後回到招待所和師長郝柏村午餐，下午一時半回到金門，視察古寧頭陣地，顯然他不排除敵方會登陸金門。四時過後回招待所，胡璉已來迎接。俞公沐浴過後稍事休息。這年他已六十二歲了，而且是慢性病患者（糖尿病，需要注射胰島素），在前線陣地奔波也未免勞累，他真的需要休息。五時許，俞大維跟胡璉談備戰情形，談畢後胡辭去。

六時許胡再來，二人在招待所前小坐。約六時廿分，胡之侍從參謀過來報告：「美軍顧問組首席顧問，週六將返臺北，今晚六時卅分，防區各高級軍官，將以雞尾酒會歡送他。」胡璉轉過頭問：「部長！請您也一同參加酒會如何？」俞說：「這次前來視察，顧問組並不知情，我還是不參加較好。再說，以美國人的習慣，國防部長如到場，他們反而感覺拘緊！」胡璉說：「那麼，我去參加酒會，暫時不陪部長。」說完，他便轉身離去。才走了幾步，俞叫住了胡璉，「伯玉你等一等，我還有事。」俞大維事後說，其實要談的都談了，還有什麼事呢？然而這一聲「等一等」卻救了胡璉一命。胡璉聽到部長叫，站住，剛要轉過頭來，招待所對面一處小高地，冒起了陣陣的白色煙柱，再接著傳來爆炸聲。俞問胡：「是哪個單位在開山炸石，或處理廢彈？」胡說沒有。俞大維便提醒胡璉：「這是中共砲兵在試射，試完了，接著就要朝這裡開砲！」俞大維回憶說，當時他看到胡的表情是對他的話「很不以為然」，但礙於俞是長官，不好意思反駁。說時遲那時快，敵人的砲火排山倒海打來了。一時間，天崩地裂，砲彈在四周爆炸，到處閃光，破片橫飛，硝煙瀰漫。俞大維即拉了胡璉的手走避。㉔

這一群從大嶝等砲兵陣地打來的砲彈有三千多發，越過了太武山頂，垂直落在翠谷水上餐廳一帶。當時俞大維和胡璉就在附近（南坑道亦距此不遠）。水上餐廳有華金祥、汪貫一和金防部各處長等廿餘人，大部分人就地掩蔽而未受傷。但是金防部副司令章傑（空軍少將）、副司令趙家驤（陸軍中將），由餐廳走出跑至小橋上中彈身亡，參謀長劉明奎重傷倒地。此時另一副司令吉星文中將在外面視察，正向餐廳走去，全身暴露在砲火下，被密集的彈片所重創（送院兩、三天後不治）。俞大維對胡璉說：「這裡不安全，你趕快回指揮所去指揮應變。」㉕

當時胡璉由侍從參謀楊懷富少校陪同，安全進入指揮所；而俞大維則由隨行的竇參謀（空軍上校）迅速扶往最近的一處山岩中暫避。㉖那山岩只是一塊突出的石頭，侍從參謀要俞公躲在裡面。俞公說：「你還年輕，上有父母，下有妻小，都要你去照顧，責任未盡。而余已年老，無後顧之憂，無牽無掛，你還是躲在裡面，余在外面。」就在頃刻之間，砲彈破片亂飛，俞公後腦殼受傷，血往外流。[27]

當時一個政戰官廖光華上校在附近，見到俞部長此時上半身躲進岩石，下半身卻完全露在外頭，右前額也被彈片擊傷，已經見血。廖光華說他連揹帶扶地走了一百多公尺把部長送入指揮所。[28] 此時，胡璉已進入坑道的聯合指揮所（OCC）了，他下令侍從官楊懷富帶著憲兵去找部長。廖光華說胡璉見到部長額頭帶血的進來，親自用紗布和藥膏為部長裹傷。[29]

歷史不容假設。但若胡璉和俞大維都在第一輪砲擊中殉職，金門砲戰將會是怎樣的結局？似乎歷史的發展，偶然因素，或且說得明白些是個人運氣，有時足以改變它的方向。

俞大維經包紮後，聽取了各個師的戰情報告，與胡璉、張國英等共同研究，判斷中共似不可能立即登陸，但是明天以後砲戰可能繼續下去。金門遭砲擊後，國軍通信中斷，各部無法連繫，當時自強部隊六一九營營長魯鳳三，斷然下令所屬前埔、鵲山、內洋等砲兵連還擊，二十門重砲以雷霆萬鈞之勢展開砲擊。由於魯鳳三這個營開了火，六〇〇砲兵群的其他單位也跟著開火，金門的反砲戰單位幾乎全面還火了。至下午七時四十五分，敵砲部分被壓制。敵人砲火暫停後，魯營長自知擅權抗命，乃率政戰官簡湛，深夜驅車到防衛部請罪，於是有以下經典的一幕：

（魯鳳三）向胡司令報告：「我不忍見防衛部遭中共濫射，遂發砲還擊，消耗砲彈兩千餘發。」話還沒講完，余忙問：「你是什麼級的單位？」魯營長答：「營級！」余詫異的說：營級單位居然在很短的時間內，能還擊兩千餘發，打得好！打得好！胡司令官看部長對魯營長嘉許，也一再稱許魯營長積極主動，處置正確。㉚

先是胡璉曾經下令砲兵未得金防部命令不得擅向大陸開砲；如今魯鳳三擅自開火，有違軍令，已構成殺頭的罪責。魯鳳三的記述中，俞大維是這樣說的：「打得好，打得好，我就擔心你們沒有反擊！」

魯鳳三固然打得好，但俞大維誇得更好；魯營長主動積極，俞部長更積極主動為一個忠勇的軍官解除「罪責」，令人讚嘆不已。一般看法認為胡璉很可能追究魯鳳三的責任，但這個未必，因為還擊實有必要。當金門被砲擊時，火光燭天，濃煙籠地，胡璉說當時遠在十餘里外的美國軍艦，急忙拍電來問：「你們還活著？」金防部未及回答，他們又來電報：「不必回答，我已見到你們的反擊砲彈，長虹破空，落到彼岸，英雄朋友，引以為榮。」㉛從反擊的效果言胡璉絕不會追究魯鳳三。

午夜前楊文達醫官從五三醫院趕回聯合作戰中心。他給俞大維作初步檢查，表面看來俞大維的傷沒什麼大礙。俞大維和國防部的隨員要回臺灣。胡璉派副參謀長常持琇護送俞大維到料羅灣，登上了一艘登陸艇出海換乘海軍巡邏艦沱江號，那時已是八月廿四日的凌晨一時。

那夜在沱江艦的狹小官廳裡，俞大維可以好好的休息一下，因為戰爭已啟，按既定的作戰計畫反擊就是了。後來他回顧這場戰爭時說：

我對於十年部長任內，最滿意的是八二三金門砲戰。該作戰，我事先協同美軍擬定支援作戰計畫，後當戰事發生依計畫協調美軍支援制空、制海，及軍需品之前導護航，所以中共打不下來，我們終於贏得勝利。㉜

顯然，俞大維就是這個「支援作戰計畫」的制訂人。現在戰爭既然爆發，一切按計畫進行就是：

八二三砲戰的構想是臺灣、菲律賓、日本連成一個作戰體，只要有戰事，菲國與日本迅速支援，那麼中共就打不下來，我們更（便）有勝利的希望。現在許多高級將領不知道我當時的構想。㉝

八二三砲戰開啟後，有許多支援，包括物質和人力，都是來日本、菲律賓的美國基地（八吋自走砲、兩棲運輸車等來自琉球；海戰中受傷的軍艦到了蘇碧灣修理）。俞大維將金門防衛的後勤支援力量建構於美國亞太地區盟國的支援上，是八二三之戰致勝原因之一。然而這是「戰而後勝」，而俞公追求的是「不戰而勝」。

黎明時沱江艦抵澎湖，防衛司令胡宗南在碼頭迎接，他打量了俞部長，肅然起敬的說：「部長，您真是碧血染征袍哪！」當時俞大維血流披面，很是駭人。作家朱西甯的記述：

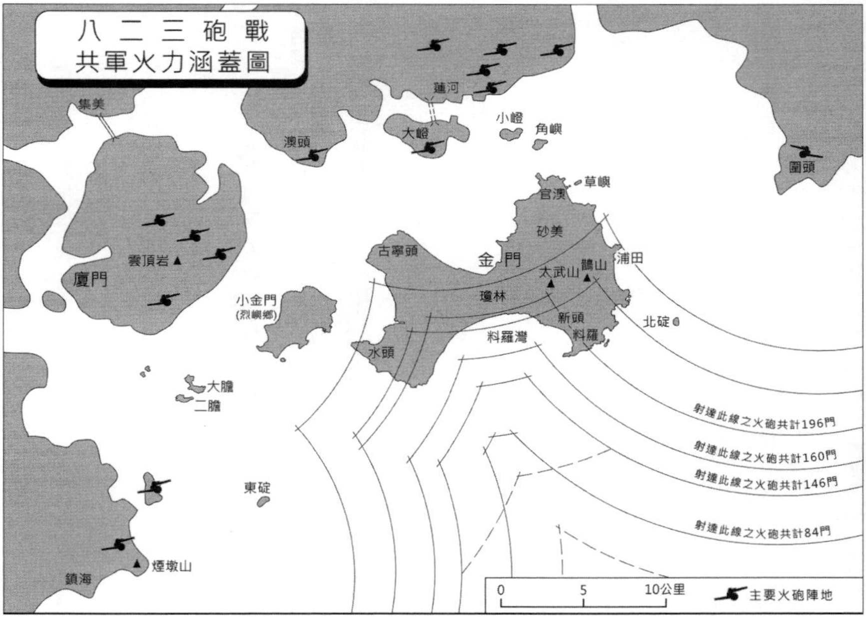
八二三砲戰
共軍火力涵蓋圖
集美
蓮河
小嶝
角嶼
大嶝
澳頭
圍頭
草嶼
官澳
砂美
古寧頭
金門
浦田
太武山
鵲山
雲頂岩
廈門
瓊林
小金門
(烈嶼鄉)
新頭
北碇
料羅灣
料羅
水頭
大膽
二膽
射達此線之火砲共計196門
射達此線之火砲共計160門
射達此線之火砲共計146門
射達此線之火砲共計84門
東碇
煙墩山
鎮海
0
5
10公里
主要火砲陣地

老部長以糖尿宿疾，破傷血流即不凝結，雖經急救，也惟撿除彈片，消除數十處傷口，而無從止血。待至松山軍用機場下機，血流滿面滿襟，直把迎候的中美人員驚倒。此一意外雖決非有所安排，卻收苦肉計之奇效，美方於砲戰初即目擊此極端嚴重性的景況，自是加重其情報分量無疑。而老部長於如此浴血中，沿途及送院施行手術，皆未中斷其縝密敏捷的思考和安排周詳的應戰措施。㉞

俞大維在澎湖乘機回臺北，但他不是趕去醫院，而是先見協防司令史慕德，「這時，史慕德對我的看法由一半相信，變成完全相信了。」俞大維建議美國應以一切力量協助增強外島防禦及加強對外島之運補能力。外交方面，仍希望由美國政府發表聲明：「對金馬的攻擊即視為對臺灣的威脅。」㉟

俞大維到陸軍八〇一總醫院接受X光檢查，證實他頭後枕部腦殼，有一片米粒般大小的彈片，因無大礙，醫生決定不予取出。彈片自此便留在頭骨內，成為生命一部份，見證了部長參與金門砲戰的經歷——「刻骨而銘心」。㊱

一場戰爭兩條戰線

下午六時，總統召見，部長前赴大溪官邸會談。此後幾天，史慕德和總統是俞大維每天都會晤和會談的人。八月廿五日，史慕德來報告：美國同意供應F-100A及F-86D（前者是超音速戰鬥機，後者為全天候軍刀機）。此外，又增加六架F-100F雙座機，史慕德說有一個大隊美陸戰隊全天候戰鬥機準備來臺灣駐防。但部長此時要的仍是美國政府的聲明和協助運補外島。

美國人怎麼也不肯發出協助國府保衛金馬的聲明，他們怕發出這樣的聲明，等同是給臺灣一張空白支票，將來會被拖下水，捲入對中共的戰爭中。他們相信中共只是在試探美國人的決心，並沒有佔領金馬等外島的意圖，因為據他們的情報顯示中共並未有足夠的兩棲船隻去攻擊外島。然而，事實上登陸外島的計畫和作戰準備是存在的：

共軍前指部依計畫於滿月張潮八月二十九日為登陸大擔（膽）島之D日，以分進合擊、逐島進攻戰術各個擊破。鎮海角海灣內實施兩棲登陸演練，部分重砲調至烈嶼，大二擔當面。㊲

美國對情勢顯然誤判。這時，蔣中正對金馬外島形勢相當憂慮，他當然透過俞大維向美方施壓。那天下午四時半，總統召俞大維、參謀總長王叔銘，以及三軍司令赴陽明山官邸會談。到晚上，美國時間八月廿五日，國務院終於議決協助防禦金馬。國務院電告莊萊德，美國的防禦只針對大小金門及馬祖地區的五個大島，並且不要將此一信息告知臺灣方面。美國聯參會主席並通知美軍太平洋總部，除了向國府提供六架F-100F，亦提供一個「勝利女神飛彈營」。此外，戰略空軍亦準備了十五架裝載核武器的B-47轟炸機，可在總統授權後三十小時內使用。另外，美國也準備為補給外島的船隻護航。不過，有關核武和護航之事也不要告知國府方面。㊳美國這時做的一切都是俞大維先前要求的，但此時已來不及阻止戰爭的發生了。

第二天，俞大維在百忙中抽空接見合眾國際社特派員高艾，目的是駁斥敵方的宣傳：俞大維在砲擊中陣亡了。其後又去陽明山跟總統會談，之後他與莊萊德、史慕德商談金門情勢。這時美國人天天追著部長，為的是要掌握國府軍方動向。那天，俞大維對史慕德說：總統對美國之迅速行動深感滿意，請協防部代為向美國參謀首長聯席會致謝。俞大維知道莊萊德大使因他不斷要求美方作聲明而感「不安」，為了和緩氣氛他向史慕德解釋此乃他個人意見，旨在終止戰爭與防止情況惡化。

俞大維居然唱起紅臉來了！原因很簡單：因為有人在唱白臉。唱白臉的是總統。廿七日，他打電報給艾森豪，特別要求美國明確對外宣示美軍協助國軍防禦外島，維護臺海航線的安全，並且聲明保留在自衛時轟炸對岸的權利。

轟炸大陸成為國府要求美國援助的利器。當然利器不僅這一項。另一利器是當時駐在金門的六個足額步兵師和其他單位，這十萬大軍足以對大陸發動一場大規模的突擊戰。很明顯，蔣中正在金門駐重兵，不但防對岸，更防美國人逼他自金門撤退。因為這十萬大軍是臺灣防衛武裝力量重要組成部份，不容損失，如果要撤走，美國必須大力介入，不但要協助運輸，而且在敵人眼皮下撤軍美國必須提供大量海空軍掩護。這樣，在如此靠近大陸的地方投入大量海空兵力很容易造成衝突。所以金門的駐軍不能輕言撤走；既不能撤，美國自然不能不支持國軍運補；要運補，便不能不護航。運補、護航，不就是協防的行為嗎？這就是艾森豪說蔣氏以金馬外島的國軍為「人質」的原因了。㊴

稍後，美國的廿七日，艾森豪在記者會上發表談話，表示美國不會背棄「對臺灣所負的責任」。美國雖然不太願意，但總算發出了一個聲明，只是沒有直接清楚說明協防金馬。俞大維多次要求，終於逼使艾森豪總統以添油式發表「聲明」，並且一次比一次靠近協防的形態。

八月廿八日，俞大維會晤史慕德，他們談及艾森豪總統的談話，俞大維仍唱紅臉，表示艾森豪的談話「頗具效力」，建議美國行動起來，協助維護後勤補給之暢通、加強金門反砲戰的能力及派軍機通過金門上空展示威力，以補償不允許國軍飛機轟炸大陸的損失。㊵第二天早上，俞大維見到史慕德，說美國應即行動，否則長期延擱會削弱其意義。他指出砲戰獲勝者通常是後勤補給較好的一方，所以對岸是有利的，因此他擔心共黨可能採用「慢慢窒息外島」的策略。他又向史慕德說：「如美國政府宣佈『對臺灣海峽之穩定情勢，所作之任何滋擾，均將受到懲罰』之聲明，可能達到充分警告共匪之目的。」㊶

那天早上，一個強烈颱風直撲廈門，港內準備登陸用的船艇、設備遭到嚴重破壞，登陸計畫無法實施。㊷同日，艾森豪在白宮的會議上抱怨蔣介石部署了大量國軍在金馬外島，好像「人質」一樣。艾森豪當時一定很

生氣，因為副國卿赫特（Christian Herter）隨即指示莊萊德大使儘量避免蔣和艾氏直接聯繫。㊸

八月三十日，美國國務院就臺海局勢發出一個聲明，但沒有明確宣示美軍協助國軍防禦外島。三十一日，莊萊德電告美國國務院：蔣介石對美國的態度「非常失望」，直斥為「不人道」及「不公平」。莊萊德希望正在臺灣訪問的美國陸軍部長布勞克爾（Wilber Brucker）可以安撫他。蔣總統無疑仍在唱白臉。

八月三十一日早上，美國海軍和國府海軍高層為運補金門舉行了會議，雙方有幾點共識，美國的承諾是：美協部在國府提出申請時，會派美艦在公海護航；如在公海受攻擊，美海軍將予協助驅逐進犯之共軍。此外，國府海軍為運補金門而損毀之艦艇，可自美方得到補償；若受共黨兩棲及空中攻擊時，協防部將同意國軍採取攻擊行動。㊹

到八月三十一日，砲戰已進行了一週。國防部發表統計報告：自二十三日止，共軍向金門共發射了十二萬二千餘發砲彈。第二天，俞大維接見了史慕德。俞大維向他說當前兩大急務：一是運補及傷患後送，二是有效之反砲擊。對於前者，史慕德對中國海軍一週的表現表示關切，要求海軍「更具積極性和想像力」，要有「勇氣和決心」，言下之意對海軍表現有所不滿。㊺事實上當時海軍表現良好，史慕德應被金門之美顧問所誤導，當時顧問主張用登陸艦（LST）搶灘的方式運補，金防部副司令高舉海軍少將反對，因目標太大以及坐灘太久會造成搬運軍民嚴重傷亡。顧問以為高氏膽怯，遂向國軍高層反映，於是高氏被調職。其後美軍顧問組與海軍副司令黎玉璽協議用中型登陸艦（LSM）及機械登陸艇（LCM）來搶灘運補金門，此即後來之「閃電計畫」。

九月二日，美國政府發表聲明，認為中共在金馬地區使用武力，是一個「嚴重情勢」——這仍是一個未能令蔣總統及俞大維滿意的聲明。第二天，俞大維見到史慕德說：第一階段砲戰若仍不能有效壓制敵方而進行補給，就要進入第二階段，即轟炸敵人的砲兵陣地。那時情勢將擴大而無法控制，對中華民國無大不利，但對美國實質有害。俞大維向美國人施壓了，因為十天以來沒有補給過金門。俞大維對美國人說：能否結束戰爭，要看美國採取什麼政治和軍事手段。他說，美國發了四次聲明皆未產生預期之效果，共黨對美國之蔑視已甚明顯——部長在揶揄美國人了。

行動終於開始了，包括反砲戰和護航補給。砲戰不久，美方即借予八吋砲，一點沒遲疑。這是雙方在砲戰前達成的共識。駕駛首批來援M55八吋自走砲的砲兵上士郭林初的記述：

八二三砲戰當天，我在彰化田中砲兵基地受訓，二十四日晚上，我們接到上級緊急命令，徵求志願到金門支援六〇七營官兵。當時美國駐在琉球有一連M-55自走砲願借予我國使用，但應徵者須駕駛過大戰車，諸如M-4或M-33戰車者方有資格，我曾開過M-33戰車，亦參與應徵，全部錄用八人，亦幸運抽中。㊻

砲聲一響，何世禮即去見勃克將軍，催促交砲。勃克就立即調來六門自走型八吋砲（M55）。根據

《八二三戰役文獻專輯》一書所載，八二三砲戰中美國借予國軍的八吋自走砲共有十門（另一說十二門）之多，分別來自琉球及關島。

九月七日，美國第七艦隊宣布，應中華民國之請，進行海峽護航行動，協助中華民國船隊，運補金門。具體方法是由海軍第六十二特遣部隊率運輸支隊進駐馬公，待運金門之軍品均先運馬公基地，然後裝運於戰車登陸艦及中型登陸艦上，駛往金門搶灘或駁運，稱為「閃電計畫」。由這天到九月十八日共實施八個梯次。但運補的效果不好，俞大維在美國為國軍運補船隊護航一事上並不滿意。

九月九日他接見史慕德及美國太平洋空軍司令哈瑞斯（Harris）少將時表達了不滿。他說船團護航僅是運補的一部分，重要的是如何將補給品運上海灘。他語帶威脅的對美國人說：只有在保持後勤補給暢通之原則下，才能實施「約束政策」。九月十二日那天，總統在俞大維陪同下親到澎湖視察，與史慕德等美軍將領就運補作業商談，內容包括運送八吋砲的問題。史慕德向總統保證必能達成任務。

美國加大參與金門補給作業的力度了。美國第七十二機動部隊司令勃萊克本（Paul Blackburn）少將，代表美方與中方代表海軍副總司令黎玉璽共同研擬一新的運補方式——使用兩棲作戰艦岸運動模式，以LST載卡車及兩棲運輸車（LVT，俗稱水鴨子）將補給品直接送上灘岸，此即「鴻運計畫」。為了達成這種作業任務，美國向國軍支援LVT。美國將駐守在沖繩的第三兩棲營總數六十八輛LVT3C型兩棲登陸車全數移交國軍。㊼八吋砲的運送作業上（首批三輛M55在九月十八日自澎湖發運，稱為「轟雷計畫」）。美國人的參與更深，因為裝載砲車的三艘國軍登陸艇（LCU）是由美海軍的登陸塢船（LSD）載送至金門外海，然後泛水搶灘讓砲車駛上岸。美國人終於肩負補給金門的責任。

八吋砲運往金門了，而新的運補作業方式「鴻運計畫」亦差不多同一時間展開。金門反砲戰的能力已建立，補給問題亦找到法子，很明顯，金門砲戰國軍在軍事上曙光已露。九月十九日，美軍協防司令部正式宣布：勝利女神力士型飛彈一營已調駐臺灣。若干架F-100超級軍刀機亦已移交國府——美方滿足了俞大維先前的要求。九月廿一日，空軍實施「中屏計畫」，增大空投運補量。

曙光雖露，但天色仍然相當昏暗，當時的局面仍然嚴峻。第一，補給情況雖有改善，但仍未達到全面無虞，如金門南面的東碇島、小金門及大、二膽自開戰以來幾乎沒有補給過，雖然糧食、藥物及彈藥尚算足夠，但長久沒有補給造成士氣低落，尤其傷重人員不能後送，對軍心影響最大。第二，砲戰中國軍砲兵表現良好，但限於長程火砲數量，始終未能有效壓制敵人砲兵。六門八吋自走砲上島，但仍未投入作戰（相信美顧問未允開火）；共軍的火力仍然強盛，國軍仍處於下風，在砲擊下，大、二膽守軍已處於忍受的極限。

九月二十二日，俞大維接見了來臺的美國太平洋空軍總司令。同日國府聲稱若中共在兩週內不減低對外島的攻擊，美國不能限制國軍發動報復性轟炸，以空軍攻擊大陸沿海陣地。那天，中共福州軍區檢討封鎖政策，改用「彈幕火牆戰術」，集中長程火砲打擊駁運登陸艇，一般火砲則推至沙灘放列，以增大對海面之控制。[48]看來國府轟炸大陸，事在必行了。第二天上午，蔣總統召開了軍事會議。他先與俞大維、王叔銘及三軍總司令會談。十時後才與美國太平洋區總司令費爾特（Harry Felt）上將、莊萊德大使、及協防司令史慕德等會談。新聞界推測是國府要求轟炸大陸。合眾社當日的報導：

> 蔣總統今日與太平洋美軍總司令費爾特將軍舉行六小時久的秘密會談。據報導說，中華民國謀求美國同意中國空軍轟炸金門對岸之共黨砲兵陣地。消息靈通人士稱：他們曾討論關於美國在協防被圍中之金門方面將作到何程度，華府的一項警告曾說，美國將同意國軍轟炸機出動，如果沿海島嶼有失陷之虞的話。[49]

九月廿四日，臺灣《新生報》說：

> 中華民國迄今為止，對於金門四週來所遭遇的大規模砲轟，僅以該島原有大砲施行報復。美國及中華民國官員一致認為：制止中共砲轟的惟一方法是轟炸中共的砲位。[50]

一時間美國同意國軍轟炸大陸之說，甚囂塵上。轟炸並非恫嚇，俞大維行動了。本日國軍空軍派出三批F-86戰鬥機百餘架，掩護RF-84F偵察機多架同一時間對溫州、東山島、平潭島等處進行偵照，要找出共方艦艇所在。國府戰機與前來攔截的米格機進行了有史以來規模最大的空戰。國軍部份戰機裝備了響尾蛇飛彈，加上飛行員技術優良，國軍空軍取得勝利，擊落了十架米格機。此戰意義不在空戰的勝負，而在於國軍為大規模轟炸作準備。

球已踢給了美方。這天他不見史慕德、莊萊德，大清早便飛去新竹和桃園空軍基地視察，慰勞昨天參與大戰的飛行員，瞭解空戰的情況。此時，空軍成為俞大維對付美國人的王牌。

九月廿六日早上史慕德跑來見俞大維。討論金門可能發生之空戰及運補問題。焦點是大二膽的情況。俞部長說如果美國政府能公開表示其不讓守軍受饑的意向，負起補給責任，戰爭可在此階段終止。史慕德當然極力抵拒，他說美國目前的政策仍不想介入任何直接衝突，他表示其幕僚「正盡全力設計運補外島之方法」，並且將促請美國政府盡快將C-54及C-119運輸機運交國府空軍。兩天後，美國便撥交十六架C-119。

為了平息國府方面的怨氣，史慕德首先在反砲戰方面著力。六輛八吋自走砲車已先後送上金門，美國人認為現在是讓它們發揮威力的時候了。九月廿六日中秋節前夕，下午五時兩門八吋砲開火了，目標是圍頭的砲位：

> 一百多發的奇襲射擊，眼看到敵岸上砲毀人亡，煙幕衝天。我軍久處敵人彈幕壓抑，至此歡聲雷動。[51]

八吋榴彈重二百磅。它的特殊功能是爆炸時會造成大面積的空氣真空，令敵人窒息而死。當時的射擊相當精準——除了砲手是一時之選（六〇七砲兵營，是當年的射擊冠軍單位）外，還有一個說法就是M55砲車來時，隨車砲彈附有VT引信。當時的砲手郭林初上士說VT引信是一種可以藉照相自動尋找目標的引信。這些VT信管的來源，是美軍在匆忙中，把八吋砲借予我方使用時，忘記拆掉其中若干的這類信管。52

那天八吋砲開了火，提高了守軍的士氣。九月廿七日凌晨，又有一批（六門）牽引式的八吋砲運到金門，這天是中秋節，但砲戰不因此稍為靜止下來，反而更為熾烈。金門反砲戰火砲全面開火，集中打擊廈門陣地及集美海堤，共發射了近四千餘發砲彈，包括八吋彈二十一發。共軍的砲擊則有一萬五千餘發。國軍反擊的力量強大，對岸會瞭解到：對金門的封鎖並沒有奏效。砲戰有機會演變為長期的軍事行為，甚或形勢會逆轉。

九月廿九日，……毛澤東評估戰爭有逆轉之勢，為防國軍反攻，指示大辦民兵師。53

在運補問題上，這一段日子風浪仍然很大，海上運補仍然困難；空軍之空投補給持續，但受到天氣及高砲猛烈射擊之影響，空投飛機（主要是C-46）出動數量每天最多百餘架次，最少則二、三十架。總的來說，補給已呈現穩定而持續的狀態。九月廿九日，史慕德和俞大維的分析結論是：運補作業頗為樂觀。

大二膽形勢方面，砲擊造成之損害相當大，碉堡被毀者很多。可幸人員傷亡並不嚴重。二膽守軍二五三人，受了一月餘之砲擊，陣亡十七名，重傷十一名（這得力於第九師前任師長黃煜軒努力建設坑道之故）。第九師師長郝柏村已派政戰人員到大二膽慰問。此時小金門與金門之間的海底電纜已修復，通訊無虞。郝柏村向胡璉報告，大二膽人員已展開換防，士氣得以維持。

簡單的說，金門在軍事上的危險期已過，但是另一種戰鬥卻悄悄的開始了。為了與中共談判，這段日子美國有意迫使國軍自外島撤軍，至少減少金門駐軍的數量。要求從大、二膽開始：九月廿九日，史慕德向王叔銘建議，將大膽與二膽兵力總數減至三百至四百人，㊹但最高當局並不同意。俞大維向史慕德探詢美國輿論對金門戰事的看法，顯然，國府方面也感受到美國國內輿論的壓力。

砲戰有演變為長期戰爭的趨勢。九月三十日，北京電臺廣播，內戰延續不值得驚訝，中共準備以五年至十年的時間來解決問題。美國卻急於要平息戰火，同日美國國務卿杜勒斯在記者會上表示：如獲得可靠之停火保證，金馬駐守過多軍隊實為不智——向中共暗示以減少金門國軍的駐軍及表明不反攻大陸以換取停火協定。㊺次日，國府當即反駁，蔣總統針對杜勒斯的聲明說「無接受的義務」，並反對自金馬撤軍。十月二日，美國為和緩蔣總統昨日之抗議，除了同意加派噴射戰鬥機駐臺協防外，並重申支持國府之一貫立場。

十月三日，俞大維與史慕德談第二階段的作戰問題，因他作好了準備。但美軍最高層說「需要長期繼續現階段之作戰」，即不想國軍展開轟炸行動。那天俞大維的反應相當強烈，說：「決不投降，政策絕不改變。」[56]俞大維遇到阻力，這時他要兩面作戰了。

作家朱西甯寫了一部以金門砲戰為背景的小說《八二三注》。八〇年代後期，他登門拜會了俞大維，俞公給他一部小書閱讀。書是俞公所著，約百餘頁，史政局出版（應是《大陳轉進與砲轟黃岐》）。書中記述了從大陳撤退到八二三砲戰中俞大維與美國將領官員交涉的種種祕辛。朱西甯的領悟是：

八二三戰役，竟也會似大陳撤退的兩面作戰，對付共軍是正面的武力戰，而對待盟友須怎樣的化阻力為助力，其所耗心力應不下於對敵作戰。[57]

俞大維對待盟友時「化阻力為助力」的具體策略，朱西甯先這樣說：

但美國與我結盟，為懼與中共發生磨擦衝突，堅持金馬不在協防區域內，並一再要求我方放棄外島或減少駐軍，已非止一日。及八二三戰起，尤更視為良機，迫我撤離。這樣的與我元首戰略意旨十分相左，而又牽涉軍援增減及海上補給運輸安全等棘手難題，其較大陳撤退的情勢，正不知複雜繁難至百十倍。卻幸賴前方將士的堅強爭氣，以為老部長伐交之後盾，使由仰求美援，伺候其顏色行事，演進為駐華大使及軍援顧問團長日夕東趕西趕，追蹤老部長要求協商，極力屈從，遂由力主棄守，轉而為軍援大增、海空護航，以及艾森豪總統退回赫魯雪夫以核子戰爭威脅的抗議函、杜勒斯國務卿專程來華、尼克森副總統與海軍軍令部長、聯合參謀首長勃克上將等，先後宣布臺澎金馬為一整體、及中美臺海聯合演習，在在表示對此戰役的強硬態度。所有這些緊要措施，率多皆出自老部長之授意，甚而其大使館及顧問團馳報回國的電文，多有錄自老部長口授者。此一番扭轉原本撼動不得的定局，復歸完全的有利於我的諸般作為，不獨唯上上智者始可為之，更還在老部長堅貞維護元首戰略意旨，及其才學識見、獨立人格、與高尚的民族氣節，使美方上上下下不得不折服而有以致之。⑱

朱先生的記述雖不脫文學家本色，略帶渲染，但基本仍是實錄。一場戰爭，兩條戰線，真夠俞大維應付的。

十月四日，史慕德又與部長會談，主要談及空中運補的困難。由於共軍戰機的攔截，空投主要作業改在夜間進行。俞大維說共軍的活動仍在增強，情況勢將惡化。他敦促史慕德將軍，盡可能提供更多的飛機與備份零件，以維持中國空軍之戰力。不過，他們都看到金門砲戰新發展的端倪了：

部長與史慕德中將均已看出共匪因其空戰失利致使其立場削弱，將逐次減少其砲擊而借故退卻。⑲

十月五日。國軍的運輸飛機如常飛金門空投，海軍艦艇也執行了「鴻運計畫」第九梯次搶灘運補；共軍的砲兵為了阻絕國軍的運補也打了一萬多發砲彈，一切看似如常。然而，那天毛澤東指示福州軍區：「偃旗息鼓，觀察兩天」，戰略改為「打而不登，封而不死」。[60]十月六日凌晨一時，中共國防部更發表了文告，宣布停火一週：

> 十三萬金門軍民，供應缺乏，餓寒交迫，難為久計。為了人道主義，我已命令福建前線，從十月六日起，暫以七天為期，停止砲擊，你們可以充份地自由地輸送供應品，但以沒有美國人護航為條件。如有護航，不在此例。

忽然而來的停火，內裡當然大有文章，此處不談。停火可以解決金門面對的一些困難：小金門補給、大二膽換防、傷患後送、大砲更換砲管、運送更多八吋砲至金門等。但停火亦給俞大維帶來困擾，俞大維預測停火會啟動美國、中共之間的談判，臺灣就有被出賣的危險；美國會乘機要求國軍減少金門地區的駐軍。而這一切不幸都讓他猜中！他總是能從政略層面的高度出發去思考臺海軍情。

十月六日，俞大維與史慕德分析了中共的停火。史慕德說：「目的在就船團護航問題上，分離中美關係。」隨即向俞大維報告了美國海軍軍令部長的來電內容：要求國府不要作出挑釁行動──停火的政治作用果然立即出現。自十月六日開始的一週內，砲擊暫停。國軍動用了所有登陸艦進行運補，而美國隨即宣布暫停第七艦隊的護航行動，蔣總統對此大表不滿。次日，史慕德告知俞大維美防長麥艾樂訪臺灣的消息。來者不善！

他來臺是要傳遞艾森豪的意思：減少金門的駐軍，從大二膽撤退。俞大維的反應是：僅討論目前情勢戰略，此外的不談。(61)

砲戰第二階段的困惑

十月十日國慶，雖是戰時沒有閱兵，但總統府的慶祝活動仍然十分熱鬧：

中樞慶祝國慶典禮，十時在總統府大禮堂舉行，總統親臨主持，中樞文武官員、民意代表、華僑領袖、地方首長共五百人參加。總統在慶典中宣讀國慶文告，闡釋金門戰役意義，強調匪軍侵犯行動已被擊敗，反攻復國的機運業已在望。(62)

大禮堂燈火通明，總統穿著米色軍服，佩青天白日勛章，精神煥發。當他愉快的宣布，當天清早空軍在馬祖地區擊落敵機五架時，全場立即歡聲雷動，歷久不息，把熱鬧愉快的氣氛推上了高潮。然而在這熱鬧當中偏偏少了一人。國防部長俞大維此刻正在一片頹垣敗瓦的金門視察，和堅守前線的國軍弟兄在一起。昨天他接見過杜安（MGen. L. L. Doan）將軍後，在五時許自松山機場乘機到金門。俞大維回到「闊別」了五十天的前線。那天黃昏俞大維和胡璉見了面，兩人應有恍若隔世之感，不勝欷歔。俞大維一定有很多事情要告知胡璉，胡璉也應有很多事情要向部長交代（這時胡璉身體已有不適，想要離任了），奇怪的是那天竟然沒有留下什麼紀錄。

李元平用很感性的筆觸寫了俞大維視察的情形。次日早上，胡司令陪他去看三位副司令官殉難的水上餐廳，滿目瘡痍，他不忍卒睹。下午，去灘頭視察補給品下卸的情形，他發現官兵日以繼夜的搬運物品而要露宿灘頭，內心油然增加了一層新的痛苦，只有到了馬山播音站時，他才感到一絲安慰：

離開灘頭，俞部長轉往馬山，視察每天和敵人喊話站針鋒相對的馬山播音站。代表金門精神的大膽島國旗，和代表金門聲音的馬山播音站，砲戰期間都曾被敵人的槍砲不斷破壞，尤其馬山和對岸相距只有三千多公尺，落大潮的時候，可以涉水從馬山走到對岸。敵人的直射武器，輕易的把馬山擴音喇叭打壞，壞了就換，愈換愈大。

俞部長問擔任第一線播音的女青年，「敵人槍打、砲轟，有沒有把你們嚇壞？」她們說：「不；我們用正義之聲，壓過他們的槍聲、砲聲！」他誇獎：「好！好！難道妳們沒有什麼事情需要我幫忙？」她們說：「有！」說者就紛紛從抽屜取出好多封寄不回臺灣的家書，「請部長幫我們把家書送回去。」俞部長說：「國防部長為勇敢的女青年當信差；應該！」(63)

那天下午六時，外交部長黃少谷在臺北賓館舉行國慶酒會，政府首長、各國使節、歸國僑領共一千多人出席，衣香鬢影，冠蓋雲集，杯觥交錯。這時在金門，風塵僕僕的俞大維正拖著疲憊的身軀登上運輸機飛回臺灣，行囊中帶著那些戰地女青年付託的家書。

次日，十月十一日，軍援團長杜安帶來一封函件來見俞大維，內容是有關前瞻計畫：美國批准改編三個師以組成一個精選部隊，美國國會提供一些長射程裝備，包括防空飛彈等。他帶來了「好消息」，旨在降低稍後麥艾樂（Neil McElroy）來時所引起的怨怒。那天俞大維打電報到香港，問何世禮能否於十三日返臺。何世禮在次日下午六時返抵臺灣，跟他並肩作戰來應付麥艾樂。

十月十三日上午，中美防長開了會；十時，總統親與麥艾樂等會談，陳副總統、俞部長、王總長等作陪；下午七時卅分，總統再度接見麥艾樂部長，並設宴款待，陪同出席者包括俞部長等中美高級官員八十餘人。《合眾國際社臺北訊》說兩位首長曾討論美國未來介入外島防禦的程度問題。會談結果沒有公報，但肯定可以知道：蔣總統不同意自外島撤軍或減少駐軍，麥艾樂踢到了鐵板。

那一天與金門砲戰有關的兩件大事：一是中共宣布繼續停火兩週；二是胡璉在金門的師長會議上說：因為患上青光眼、膽囊炎以及心臟病，所以要回臺入院檢查，即日辭去金門防衛司令一職。胡璉從此離開了金門。

在美國，艾森豪視停火為好消息，認為可以經由談判解決「那個地區中的問題」了。蔣總統立即表示了立場：「不撤退、不姑息，準備隨時以更強的反擊對付武力的攻擊。」[64] 艾森豪決定命國務卿杜勒斯赴臺與蔣總統「認真的談判（serious talk）」。所謂「認真」，即是施壓迫使蔣總統自外島撤軍或減少駐軍。金門前線的砲火暫停，但外交上的砲火卻燃點了。

十月十六日早上，史慕德如常的來見俞大維，告知美國委任他和杜安將軍為中國三軍釐訂一項現代化計畫，將國軍改為近乎五角師（pentomic division）的方式。此種新穎的編組方式是將過去一師三團的組成方式改成五個戰鬥群，可以適應核子時代的作戰要求云云。俞大維表現得很冷淡，說此種方式對國軍「尚欠適宜」。他目前只希望獲得更多火砲、自動步槍及更具機動力而已，他勸美國不要堅持國軍裁減人力，因為有朝一日美國可能會需要國軍地面部隊，何況人力裁減並不能節省經費。十月十七日，美國宣布國務卿杜勒斯將於二十一日訪臺，毛澤東聞訊決定提前結束停火，並指示準備砲擊——八二三砲戰的第二階段即將來臨。

二十日，史慕德致函俞大維，此信前半部委婉的表示美國抗拒共黨須得國府之合作，亦不勉強國軍改編為五角師，後半部分析了國軍三軍情況：陸軍方面，國軍人力無法與大陸比，「處於絕境」，出路是「高度效能但規模較小之陸軍組織」；海軍方面，艦艇要現代化，要注重巡邏、護航、掃雷能力。海軍陸戰隊不「均衡」，要將之維持於「目前美方核定支援限度內」；空軍方面，必須不斷現代化，建立全天候攔截能力及「其他作戰之重要能力」，但不宜對大陸偵察，尤其是深入偵察。[65]

這真是綿裡藏針。即是說國府的陸軍、海軍陸戰隊要精簡；空軍作戰目標只是為了防守臺灣，不要到大陸偵察──很明顯史慕德預告了杜勒斯來臺的要求。杜勒斯的要求明顯是對國府不利的，蔣介石總統心裡自然不歡迎他，但原來最不歡迎他的是對岸的一方。那天下午，中共以美艦近日多次為國軍護航補運為詞，廣播宣布停火無效，將會恢復砲擊。十六時開始至深夜共轟了八千餘發，造成頗大傷亡。[66]

八二三砲戰的第二階段開始了。廿一日，中共從早晨開始，即間歇性轟擊金門，國軍當然還擊。上午十時半，總統召集臨時會議，談有關杜勒斯來訪事；十一時半，俞部長赴松山機場接杜勒斯；下午四時，會談隨即在士林官邸展開，出席會談的國府官員有陳副總統、總統府祕書長張群、外交部長黃少谷、次長沈昌煥、國防部長俞大維、駐美大使葉公超，美方除杜勒斯外，還有助理國務卿勞勃森（Walter Robertson）及駐華大使莊萊德。

那天杜氏給艾森豪的電報中，提到蔣總統原則上接受減少金馬駐軍的建議，其後的聯合公報證實了此點。此外，亦提及總統同意不主動對大陸使用武力。此次會議，能於極短時間內達成協議，堪稱難得，不曉得背後俞大維是怎樣拉攏雙方、說服總統的。

美國人要裁減金門守軍一個師是要付出代價的，即增強金門國軍的火力和機動力。美國供應十二門二四〇毫米砲、十二門一五五毫米加農砲及一個戰車群。還要加強海軍運輸力，以便隨時可以增援金門。從軍事角度言，十二門超大口徑的二四〇砲（砲彈重三百六十磅，比八吋砲彈重了一百六十磅）和十二門加農砲的火力，再加上戰車群合起來的攻擊力遠超過一個步兵師，從軍事角度講這宗交易國府是划得來。

杜勒斯在二十三日的下午離臺，中共又以砲火相送。然而總的來說，金門砲火漸漸趨於沉寂。十月廿五日，彭德懷宣報，自廿六日起，逢雙日不打金門機場、碼頭及灘頭船隻。幾天後，更宣布自十一月開始，雙日對金門目標一律不砲擊，此後單打雙不打。從技術上講金門砲戰沒有停火，然而對於俞大維來說，八二三砲戰已告一段落，他也需要休息休息了。這天上午八時，他入院檢查身體，看來健康出了點問題。十一月五日，俞大維因病倦勤，請了醫官回家檢查，第二天即恢復工作，八日那天更去了金門視察——一次令他遺憾的視察。

那天，他在金防部司令劉安祺和金門砲兵指揮官鄒凱的陪同下視察了八吋砲陣地，俞大維、鄒凱和砲長還在一門八吋砲前合照。不幸的是，五天後這門砲在砲戰被擊中，大砲受損，四名砲手陣亡，砲長受傷雙目失明。那天俞大維曾指出該砲堡射口太闊，要用鋼板封起來，但劉安祺說金門沒有合用的鋼板，俞大維說稍後派人送鋼板來，誰知鋼板還未送來，砲手便告傷亡，俞大維非常難過。㊼

第六章　臺澎金馬防禦體系的建成

前瞻計畫及海空軍現代化

俞大維的病還沒完全康復，在十一日俞大維終於入三軍總醫院檢查身體，他的健康情況令人憂心，這從總統第二天早上到了醫院看望他便可想知。這時金門局面趨於平靜，部長是時候去美國檢查了。俞大維動身前，在十一月廿四日早上，列席立法院報告國防政策，說八二三之戰中，由於中美盟邦合作，我軍加速了現代化。[1]在上月廿六日，美軍援顧問組更正式告知我國「前瞻計畫」正式落實，具體安排是：先整編三個師（十九師、三十四師及八十四師）成一個精選軍，計劃次年三月完成戰備。在民國四十九年（一九六〇）又計劃完成八個師的整編及訓練。每次完成四個師的整編即成立一個軍部，整個計畫是整編十五個師、四個軍。

美國回應俞大維「前瞻計畫」非常迅速，很明顯俞大維的計畫符合國府和美國的共同需要，俞大維在整建國軍一事上走了一條很適當的道路。整編計畫完成後，國軍會有兩個裝甲師、十五個「前瞻師」（後稱為重裝師），加上兩個海軍陸戰師組成了國軍地面打擊部隊，其中一些部隊可以抽出投放至東南亞地區，形成攻勢力量。至於國軍餘下的六個師，美國人當然想裁掉，老謀深算的俞大維卻另有安排。

俞大維此一整編計畫，使國軍成為亞太地區一支不可小覷的武裝力量，提升國府在美國亞太地區盟邦中的份量，俞大維可以說是用心良苦。也許他相信整編計畫完成後，便可以功成身退。總結而言，在一九五八年，俞大維的功績表現於八二三砲戰及國軍現代化兩事上。奇怪的是，直至他從國防部長的位置退下來，並沒有因此得到最高當局的褒揚，他唯一得到的，是退休翌日國防部頒給他的一枚八二三砲戰負傷紀念章而已。從金防部司令退下來的胡璉以及接替的劉安祺都升了上將，俞大維的軍階仍然是中將，那是他在大陸時代的軍階。很明顯，俞的功績被人有意識的淡化了。

老兵不死，但是會病。為了留有用之身以報國，十一月廿八日俞大維搭機取道東京赴美檢查身體，並看望家人、探訪故舊、聯絡美國軍方人員等。

一九五九年二月八日下午俞公返抵臺北。那天是農曆元旦，然自陳誠副總統以下文武官員來接機的逾五百人，當中還包括史慕德、杜安兩位美國將軍。這次俞公回臺很特別，原居舊金山的俞夫人相隨著，相信是要回臺定居了。第二天他立即投入工作，跟部屬開會，因為一個美國軍援考察團在十一日來考察——削減軍援計畫啟動了。

二月十二日，俞大維接見了考察團。團長德瑞波說此行係對軍援進行研究，以便向艾森豪總統建議，供處理共同安全計畫作參考，看來軍援將會大大縮減。部長向他概述了國軍種種問題：空軍方面，對岸擁有米格十九，性能超過國軍現有戰機；訓練飛行員也是問題，因為訓練設備有限，資深飛行員因要負擔戰備，無暇兼顧訓練工作；至於高性能偵察機是有需要的，但供應與否要看美國人的意向了。海軍方面船艦不足，現時臺海巡邏主要倚賴美國海軍，四年前「以船易船」（淘汰日製舊艦換取美艦）計畫中，美國沒有提供足夠艦隻。此外，運輸能力亦不足——金門削減了一個師，運輸量還沒提高到可以一次運送一個師的水平。陸軍方面，國軍正進行「前瞻計畫」，送到臺灣有七至八個師的裝備，計劃於本年內完成訓練，明年計劃再訓練七至八個師。他指出美國計畫裝備十五個師是不夠的，他想將所有的步兵師（廿一個師）都整編為前瞻師。部長很擔心軍援的削減，他指出今年上半年軍援物資減少了百分之三十至四十，是一種危險現象。俞大維如一貫的沒有「要求」些什麼，但具體地指出了問題，由美國人去解決。

二月十八日上午，俞大維飛去金門視察，下午返回臺北。在本年中，他每個月至少去金門視察一次，通常是上午去、下午回；但馬祖方面去的次數明顯減少了，金馬前線的氣氛較先前是和緩了一些。

本年，部長仍然跟過去一樣的忙碌。三月廿日上午，俞大維到機場迎接何世禮——他來臺即意味有重大的涉美軍事問題要應付了。此後一段日子，俞大維頻頻與何世禮見面商談。四月八日清晨兩人一起飛赴金門視察；兩天後的深夜，兩人自基隆乘漢陽艦赴馬祖視察；此後的幾天，又一同視察了臺南三所軍校。看來俞大維

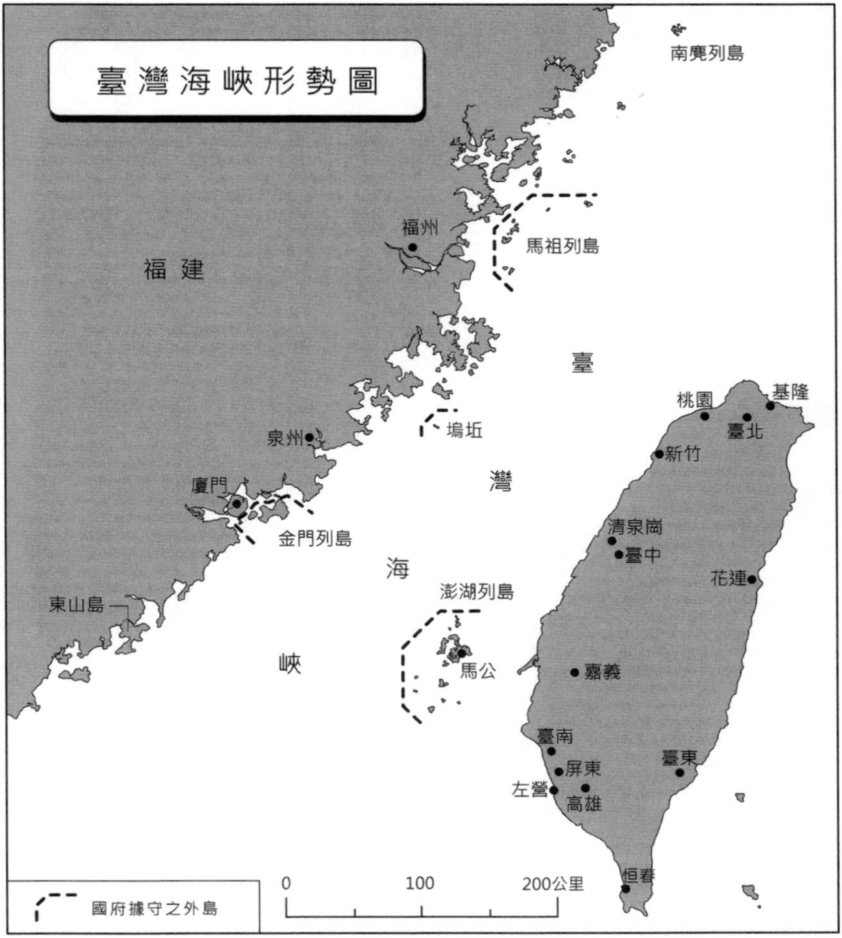
臺灣海峽形勢圖
南麂列島
福州
馬祖列島
福建
臺
桃園
基隆
烏坵
臺北
泉州
新竹
灣
廈門
金門列島
清泉崗
臺中
海
花蓮
澎湖列島
東山島
峽
馬公
嘉義
臺南
臺東
屏東
左營
高雄
0
100
200公里
恒春
國府據守之外島

大概想何世禮了解臺灣的軍事形勢，以利和美國軍方進行交涉。俞大維又和何世禮一起接見外賓，那是美國參謀聯席會議主席李尼茲（Lyman Lemnitzer）。那時兩國軍方高層頻密互動，似有重大計畫在醞釀。顯然，在應付美國軍方一事上，何世禮是俞大維的好夥伴——他在人際關係的處理上遠較俞大維圓滑。作為防長，俞大維總得跟總統站在一條線上（如反攻大陸的立場），所以難免處於美方的對立面；而何世禮可以扮演一個緩衝的角色。

何世禮要晉升了。四月十七日總統命令：何世禮擢升為「二級上將」。何世禮積功升為上將，當然合理，但在八二三砲戰中主持大局的俞大維更功不可沒，而最高當局似乎忽略了他。俞大維當然不會介懷，因為他出任國防部長，只求報效國家、報答長官的知遇之恩而已，他從來不要求些什麼。然而在一九九二年二月十四日國防部史編局顧問訪問他時，老人家卻有點牢騷。他說：

八二三砲戰，人人有獎，惟我獨無，我推薦經國先生任部長時，即發給我國光勳章一座。其實，當時若發國光勳章及須一級上將給我，蔣公的聲望可能更高，因為外國人都知道我是計畫作戰的執行者。[2]

同年八月十九日又說：

余追隨先總統蔣公四十年，由兵工署長、交通部長、國防部長，中將升了廿年，退休前連一個上將都捨不得給。③

我看到的是一個高齡（俞公時年九十六歲）智者童真的一面。俞大維哪會計較什麼中將、上將，他這麼說無非是扮演老頑童，笑傲一下世情而已。然而他一向以八二三砲戰之績效自詡則是事實。

七月十七日，俞大維赴兵工學院視察陸軍後勤演習。這個演習相當重要，它標誌著前瞻計畫階段性的成果——一個「精選軍」的編成，演習旨在檢驗對該部隊的後勤支援力量是否足夠。演習是成功的，看來前瞻計畫進展良好。

九月五日，美國主管軍援的國防部助理次長蕭夫（Shuff）率領考察團來訪，目的應在核實年初德瑞波（W.H. Droper Jr.）的報告。俞大維宣示了他的戰略目標：「穩定前線，爭取時間，避免戰爭，不使美國過早介入戰事。」他指出臺海前線得以穩定，是因為國軍控制了海峽，而控制海峽則端賴空軍。最近對北京南苑機場的偵照發現多架米格廿一，他要求美方緊急提供F-104。至於陸軍方面「前瞻計畫」下提供的裝備不足，尤其是裝甲師方面。海軍方面他知本年無望取得驅逐艦，但仍希望獲到一艘船塢登陸艦（LSD）及其他輔助艦艇以完成「以船易船」計畫。

德瑞波考察團來時，俞大維不作什麼要求，因有國會議員在，總要留些面子給美國軍方，不想他們在國會議員前難看。這次俞大維沒甚顧忌，開門見山要求F-104星式戰鬥機。八二三砲戰後，美方開始提供F-100超級軍刀機，但速度、性能對敵方新裝備的米格十九並無優勢。而星式戰機是美國最新式的戰機，達音速二倍，可以壓倒米格十九、米格廿一兩型戰機。由於F-104太新了，誰也不敢指望美國提供。誰知世事難料，次年一九六〇年五月，美國供應了一中隊的F-104A戰機，其後F-104G及RF-104G陸續而來，構成此後三十多年空軍維持臺海空優的力量。俞大維的要求真是適切！

但是海軍在驅逐艦的爭取就鮮有成功，美國以前提供的三艘驅遂艦——洛陽、漢陽及咸陽都是基於二戰時的租借法案而得，但自後美國便一直沒有再提供。即使大陳戰役中太平號（護航驅逐艦）沉沒，美國也沒按規定補充。美國人說不過去，在本年供應了「南陽」號——將補充艦提升為驅逐艦以作補償。八二三砲戰前，海軍中的日式船艦老舊，維修困難，功能不全（沒有聲納等電子裝備），艦上生活條件差，艦員操作辛苦，早該淘汰掉。俞大維與美國人商量，希望以一船換一船的方式更新。他把握了美國人的心理，知道他們不想見到國軍艦隊中的日艦身影，這對他們的自尊心有損。但那時海軍停用了五艘日艦後，美國只供應了五艘PC級的小型巡邏艦，未免失望。這次俞大維的要求終得到回應。次年，美國提供了一艘船塢登陸艦（LSD，海軍命名為東海艦）和一艘快速人員運輸艦（APD，海軍命名為天山艦）。俞公倡議的「以船易船」計畫產生一點效果了。

蕭夫給俞大維捎來了壞消息：軍援會逐漸減少。事實上撥款已在逐年減少中，只不過數年來軍援以韓戰積存之經費墊補，以滿足受援國之實際需要，現該存款將快枯竭，援臺的無償軍援會逐漸減至零，將來的「援助」有新的計算方式。直接說就是軍援將終，代之以軍售。這是俞大維會要面對的問題。

踏入了九月，大批的美國政要、將領以及參眾兩院的議員來臺，俞大維一一接見，他真是有點疲於奔命。另一個疲於奔命的是何世禮，九月廿七日他奉命回臺灣，因為九月卅日美防長麥艾樂來訪。那天上午十一時，麥艾樂晉見總統會談，當時在座的有俞大維、何世禮、顧問團長杜安及莊萊德大使，雙方「就中美兩國共同利益有關問題初步交換意見」，實質是裁減國軍部隊的問題。④軍援開始時，美國定下國軍陸軍規模是二十一個步兵師。這兩年多來推行了「前瞻計畫」，計劃將其中十五師整編為「前瞻師」及四個軍部，即有六個師沒有納入整編計畫。美國人想裁掉那六個師，總統和俞大維都大力反對。

雙十節前，俞公陪總統去龍潭校閱陸軍部隊，揭開了「光復計畫」的序幕。總統在一星期內，親自校閱了陸、海、空三軍，都由俞大維陪伴。這次校閱，陸軍有火力示範，海軍有海上操演，空軍有對地炸射，實際上是個演習。這年，因為八二三戰役的影響，美國軍援的裝備來多了，把國軍的戰力推至十年來最高，演習無疑是在驗收部長建軍成果。雙十節後，美國官員及將領絡繹不絕的來臺，當然主要為軍援計畫即將終止的事。另一個課題，則是八二三砲戰後，國軍在美國太平洋軍事體系中所擔任的角色可能有所調整。

臺海危機再現的應對

從去年（一九五八）開始，國防部的一些事情，漸漸脫離了俞大維的管轄。那年成立的三十四中隊（黑蝙蝠中隊——夜間電子偵察）早歸蔣經國負責，日後（一九六一年）成立的三十五中隊（黑貓中隊——高空偵照）亦不由俞大維領導。事實上，俞公對國軍飛U2偵察機的計畫是不贊成的。

這一年，蔣總統反攻大陸的計畫在醞釀之中。當時在國防部任職作戰次長的胡炘，是總統刻意栽培的將領（曾任裝甲兵司令，並派到美國學習兩棲作戰），他有這樣的觀察：

六月（一九五九年），蔣介石在桃園角板山度假時，召見胡炘。領袖關切去年胡炘的受訓經過及內容，問得很詳細……那次從角板山返回臺北，胡炘坐的是蔣經國的車，兩人一路上談國防部及裝甲兵，蔣經國對國軍各方面了解之深，令胡炘驚訝。⑤

他無疑說出了總統為蔣經國做的發展安排，以故一九六五年初蔣經國接任國防部長時，他一點也不驚訝。

十一月廿八日，俞大維和夫人在松山機場乘美國軍用飛機離臺赴美，陪同他的有美軍協防司令史慕德將軍夫婦，各軍種總司令以上官員均到機場送行。俞大維當然是去進行一年一度的例行檢查，但是也要去跟美國人商討在臺灣沒有完成的談判，如裁減六個步兵師的問題。在上機前一天，參謀總長彭孟緝向俞部長提交了「輕裝師」的檢討報告。俞大維計劃廿一個步兵師中的十五個改為前瞻師後，剩下的六個師改作輕裝師，擔任臺灣濱海要地的衛戍任務，這樣，十五個重裝的前瞻師便可以用於攻勢部署了。俞大維此計畫的邏輯性太強了，最終美國人無從抗拒，當然這是後話。俞部長坐的是美國軍機，在美國協防司令陪伴下到美國的海軍醫院檢查身體，美國人總是對他優禮有加。大家都知他滿腦子是中國人傳統思想：「在家盡孝，出外盡忠。」但他和美國人走得太近了，最高當局對他不免有了戒心。

這年冬天，蔣經國一雙兒女蔣孝文、蔣孝章兄妹初次來美國，卜居舊金山。兄妹遇到困難，求助於俞公長子俞揚和，三人漸漸熟絡。其後蔣孝章與俞揚和談起戀愛來，發展至談婚論嫁，據說蔣經國並不同意，派了空軍將領衣復恩來美拆散他們，但其事不果，俞揚和與蔣孝章終在一九六〇年於美國結婚。無論蔣經國願意與否，事態的發展是俞大維與蔣經國成了姻親。總之，兒女情長，作為家長的俞大維是被動的；當時也好，後來也好，蒙受人家指點誹謗，他是無奈的，這方面就不多說了。

一九六〇年三月十四日俞大維回到臺北。次日，他接見了史慕德、杜安，謁見過總統後，接近黃昏時飛往金門視察。翌日是單日，他無視敵人砲擊的危險，大清早視察了觀察所及料羅碼頭，並召見有關部隊長談話。

俞大維本年仍勤跑金馬前線（每月平均去一次金門），他仍然擔心臺海會爆發戰爭。當時中國大陸正處於「三年自然災害時期」，經濟不景氣，社會不安，中共積極加強沿海戰備，如擴展空軍基地等，以防國軍登陸反攻。事實上臺灣亦在密鑼緊鼓進行反攻準備，臺海的戰爭氣氛又逐漸加濃。

三月十七日，美國海軍部長法朗克（William Franke）來訪，俞大維又向他提出供應艦船的要求，可是這個海軍部長，只是說些讚揚海軍十年來建軍成就之類的空話，沒有回應要求。從本年起美國再沒有提供任何戰鬥艦艇給中華民國──除了少數輔助艦艇以及補充戰損的一艘中型登陸艦（LSM），這個情況一直維持到五年後，一九六四年底俞公離任部長前夕。

三月廿一日，俞大維陪同總統登上第七艦隊旗艦《聖保羅號》，參觀中美兩國聯合軍事演習（藍星演習）。這是一場大規模的兩棲作戰演習，兩國的海軍、空軍和海軍陸戰隊都參加。最終美海軍還是擺出了一副協防臺灣的姿態。在演習前後俞大維視察了桃園、公館、屏東、嘉義、臺南等處的空軍部隊，敦促部下為戰爭做好準備。

踏入四月，俞大維不斷的往金門、馬祖及澎湖三處視察，視察頻密程度不亞於八二三砲戰前夕。至於公館機場，俞大維在半個月內便視察了兩次（四月廿一和五月四日），足見他對空防的憂心。令他稍為寬心的是美國軍援了一中隊的F-104A/B，揭開了F-104系列戰機守護臺澎三十多年歷史的序幕。有空軍將領認為當年美國軍援及出售F-104系列戰機給中華民國，主要是基於俞大維的要求，因為他在美國頗具聲望。

視察，是俞大維在十年多國防部長任內領導、管理工作中的不二法門，除了現場了解問題、解決問題外，更對部隊士氣有提振作用，這是對抗幹部消極懈怠心理的好方法。

這時，金門又有大規模的砲戰。當時金防部司令劉安祺將軍，違反了規定，未經准許，擅自動用了二四〇毫米口徑的大砲反擊，這種砲威力比八吋砲更厲害，必須得到最高當局允許才可動用。結果敵人砲火是壓制了，但參謀部的砲火向劉安祺蓋過來，幸得俞大維相救。劉安祺說：

打完之後，可能是違反上邊的意思，國防部的一幫高級參謀（姑隱其名，他們後來都高升了）反應很激烈，馬上報告老總統說要撤我的職，還要坐牢。起初我還蒙在鼓裡，其實我也曉得會出紕漏，先保住自己再說。後來是俞大維先生（你別看他是文人，軍事學、戰略學的修養在臺灣還無人能出其右）出面，他一聽這個消息，馬上就向老總統說明：「軍人如果沒有這口氣，調他到戰場幹什麼？將在外君命有所不受，這是你平時教育學生常常講的啊！」強辭奪理一番，老先生笑了一笑沒說話。砲火慢慢停止之後，老先生到金門，我當面向他解釋，他笑了一笑，說：「過去就算了，不追究！不追究！」不然還要坐監呢！所以後來我每次向俞大維先生賀壽、請安，他總要提起這件事，一面豎起大姆指，一面說：「你的禍惹得不小！」⑥

六月中，艾森豪總統要來臺灣訪問。十七日這天，金門發生激烈砲戰，中共說是「歡迎禮砲」。六月十八日上午十時，艾森豪抵臺，俞大維陪總統在機場迎迓。晚上，陪出席總統歡迎艾森豪總統的晚宴，是日金門仍遭砲擊。第二天上午十時許，俞大維到機場歡送艾森豪，金門再次發生激烈砲戰，中共說是「歡送禮砲」。艾森豪總統如旋風的來，旋風的去。在迎接艾森豪一事上俞大維只是旁觀作陪，處理金門的砲戰才是俞大維分內事！歡迎、歡送兩天對岸各打了八萬多發，數字遠超八二三砲戰中單日最高的數量（三萬多發），俞公深為關注。

六月廿日上午九時，俞大維乘飛機到金門視察，立即由防衛部司令官陪同，前往落彈最多的烈嶼巡視，他深入砲兵陣地以及損失慘重的民眾村落慰問。當經過匪砲彈著點時更下車仔細觀察，研判匪砲的口徑，並當面指示地區指揮官從速輔導民眾加強防範措施，以免再受損失。然後前往烈嶼在指揮部聽取簡報後，於中午十二時四十分，匆匆趕回金門，接著又趕赴野戰醫院慰問傷患官，下午三時二十分返回臺北。⑦

六月廿三日至六月卅日，俞大維出席了一連串由總統主持的軍事會議，總共開了六天的會。這時海峽對岸，全力備戰，甚至開始計劃研制原子彈。在臺灣，總統正研擬「國光計畫」，策劃反攻。兩者同樣指向戰爭！這局面俞大維是要面對的。反攻，俞大維個人並不主張；但作為國防部長，作為總統的下屬，他有義務和責任全力配合！

十月中旬和下旬，俞大維先後視察了嘉義、桃園、公館、屏東等空軍基地，以及在臺北新莊的陸軍第一飛彈營。顯然，在他心目中臺灣防衛的重點仍在於防空。十月十八日他去了桃園空軍基地主持空照技術中心落成剪綵，中美高級將領如彭總長、空軍總司令陳嘉尚、史慕德、戴倫（Chester Dahlen）及美空軍駐臺第十三特遣航空隊司令桑鵬（Kenneth Sanborn）等都出席了典禮。

空照技術中隊原先併入第六偵照大隊，駐在桃園，那是俞大維常來視察的單位。其後，照技隊奉命改隸總部。當時國軍很多情報都是依靠空軍偵察機的偵照，偵照底片由技照隊沖洗、分析。八二三砲戰期間，作業需求量大增，俞大維向美國人爭取整建營舍及增建作業區，都獲得美國支持。

俞大維一向重視空照情報，對技照隊的發展非常關注和支持，隊員都很喜歡他。但是俞大維支持的是戰術性的偵察，那是由第六大隊第四中隊或十二中隊進行的偵察活動，當時用的是RF-101偵察機，對於黑貓中隊甚至是黑蝙蝠中隊的任務他是不贊成的，更反對使用中華民國空軍幫美國中央情報局駕駛U2偵察機，因為U2所偵察的中共情報，只對美國有用，對我方並無大用。俞大維認為，我方需要的是中共在大陸沿海的軍事動態和北京的戰略意圖，不必靠U2來偵測，更何況U2完全是中情局一手策劃，所獲得的情報也不會和台北分享。

在俞大維的強烈反對下，中情局的台北辦事處負責人克萊恩（Ray Cline）就只好直接找蔣經國，向總統核定共同執行。⑧

十一月裡國軍在屏東枋寮展開代號「襄陽」的三軍聯合作戰演習，這場規模龐大的軍演驗證俞大維六年來整建三軍的成果。然而，此時新上任未久的軍援團長戴倫卻派給俞大維一紙成績單。十二月二日他致函俞大維，就國軍三軍作了扼要分析，然而了無新意，尤其陸、空軍的部份為然；倒是對海軍的分析，卻值得國軍反思：

一如前此呈報者，本團現對中國海軍下屬各艦艇作業效率之低落至為關注，是項現象之形成初不因美援艦艇與裝備不足，或官兵訓練及經驗欠缺所致，吾人意見認為其主因係屬艦艇之保養實施不當，而不良保養更轉而導使各艦艇與單位之戰備降至不及水準之程度，邇來本人已接獲報告謂貴國海軍在黎總司令卓越之領導下已積極從事糾正前項缺點，並預期是項整頓工作之進展將極順利，因此，本人深信中國海軍接收、維護與運用各類艦艇之能力定能增進若干，惟一切需要視海軍官兵之表現而定。⑨

國軍裝備保養不良的現象確實是存在的（原因很多，此處不贅），當時美國人引為不提供艦隻的藉口。顯然，為海軍爭取裝備是較為困難的。俞公對戴倫就海軍提出的批評虛心接納，對海軍的發展更加注意，年終他到美國第一個造訪的美國軍事部門就是海軍部。信中戴倫總結了當時兩大問題：三軍中不適服役人員之退除役與安置問題，及兵力維護政策之徹底實施。語意雖有點含糊，但有一點肯定的是：美國人不再堅持裁撤六個輕裝師的主張，在這一問題上俞大維可望過關了。

十二月四日，俞大維又與夫人去美國作健康檢查，報上說他「攜有大批有關軍援運用及申請資料，以便向美國政府設法爭取下一會計年度更多的對華軍事援助」云。⑩ 十二月七日，俞大維抵達舊金山，停留了數天，相信是看望兒媳。是年八月，俞公長子俞揚和與蔣孝章結了婚，隱居於舊金山佛列蒙，據說俞公夫婦入住俞揚和的小房子時，俞揚和夫婦便要睡在客廳裡。

十二月十二日，俞大維抵達華盛頓，五天後他往訪美海軍軍令部長勃克上將、副部長羅素（James Russell）將軍及畢克萊中將，大使館海軍武官池孟彬陪他前往。⑪ 會談情況不得而知，此處未能談說。然而池孟彬對俞公的印象甚深。他的記述：

俞部長到美國海軍醫院檢查，與造訪美海軍高級將領的約會與接送等，必須由海軍武官負責，當作他在華府的助手。為俞部長開車是一件很愉快的行程，他和藹可親，經常說些智慧性的幽默話語，受惠良多。到海軍醫院體檢完後，俞部長照例都要到書店買書，一買就是三、四本，有時還叫我挑。回家後，便於其中挑選一、兩本要我先看，看後向他報告該書的大要。他所選的書多是理論或是戰略方面，看起來相當吃力。當時我很忙，

▲俞揚和與其子俞祖聲。

▲俞祖聲及母親蔣孝章。

書又好大一本，我想：怎麼看得完呢？但部長的善意教育，只好勉力為之。

頭一次報告還蠻好的，俞部長點點頭表示贊許。然後他把書拿回去自己再看。講得不對，他要糾正的。他對我就像子弟一樣。俞部長看書很快，都看要點。後來我發現他的訣竅，他先看序，再看結論，然後擇要翻閱書中的重點，後來我太忙，而他要我看的書太多了，所以我也學他這種閱讀方法。但又怕他問內容，所以還看書中的某段，配上書後的評論，先向他報告，再慢慢看，否則無法交差。但我有時間的話，還是照規矩看。在武官六年任內，每年隨侍俞部長兩、三個月，於其看病、訪友、買書等相聚時間中，親炙教誨，受益良多。晚間我與內子如無應酬，俞夫人必約我們到他家共聚，俞夫人湖南菜手藝極佳。俞部長伉儷均非常平易近人，用餐時有說有笑，氣氛極為歡洽。⑫

除池孟彬外，領教過俞公這樣讀書「訓練」的軍官可真不少。然而池孟彬所記還不夠完整，且看俞公自己說法吧：

要讀書前先選擇對自己有用的書刊，然後詳細閱讀，重要的精華部份做筆記，並在書內做記號或批註以增進記憶。了解全書內容後，將重點及精華部份實施精讀，以達到精練爛熟。看書前，先看編纂說明及序文，了解全盤概要後，再看目錄，通常一本書裡，重點只有一兩章，將重點章節看看就差不多了。⑬

俞大維在十二月底前，密集往訪美國軍界中的友人，最後於十二月廿八日，在葉公超大使的陪伴下往見美國國防部長蓋茨（Thomas Gates, Jr.）。俞大維頻密與美軍將領及國防部高層接觸，除了和國府準備反攻有關，更重要的是美國總統要換人——艾森豪總統退下，甘迺迪（John Kennedy）即將上場。

逐步淡出國防機要核心

一九六一年四月一日，俞大維自美飛抵東京。這時，反攻計畫進行得如火如荼，「國光作業室」已進駐了臺北縣三峽的大浦營區。前一天的作戰會談研究一個代名為辛丑的反攻作戰計畫，總統認為可行。⑭

四月五日上午俞大維回到臺北，下午立即視事。第二天一早晉見總統，其後會見史慕德。下午一時許，飛金門視察，黃昏回臺北。接著幾天，接見了美國駐臺將領如戴倫、桑鵬以及大使莊萊德。其後部長去了臺中公館機場、桃園基地、嘉義基地和臺南基地視察——他仍然一貫的「把握重點」，以外島戰備及空防為第一。

四月十四日，總統和夫人在侍衛長胡炘的陪伴下去了金門視察，一住就是十天，當然是在現場研究自金門反攻的計畫，而俞大維沒有前去陪伴。他的任務是守住金馬臺澎，總統的目標是反攻大陸，各行其是了。五月二日及十一日均有作戰會議，俞大維沒出席。這時，俞大維不怎麼參與國光計畫的軍事會議了，當時為國光作業室擔任作戰會談紀錄的黃世忠指出，與會者約十二到十八人，主席當然是總統，隨侍的胡侍衛長必然在場，其他人是參謀長彭孟緝、副總長、陸海空三軍總司令、國防部情報局長、國防部作戰次長及後勤次長，以及國家安全會議副祕書長蔣經國，而俞大維沒有參與。⑮

然而，作為國防部長，他對國光計畫的一些情況是知道的，因為各軍種主管要向他彙報（可參看一九六一年《年譜資料》的記載），但他知道的只是部份內容，並非全部。七月一日胡炘隨總統去日月潭：

胡炘初次隨侍蔣介石赴涵碧樓，傍晚隨先生遊潭……他在船上指示胡炘轉告彭孟緝總長，武漢及光華兩個反攻作戰計畫都要向副總統及俞部長報告。作戰會談裡所提出的反攻作戰計畫，陳誠及俞大維都沒有參與，如果不知道反攻大計，陽明山上要談怎麼支援反攻作戰，恐怕會有困難。俞大維身為國防部長，卻沒有參與國光作業室的反攻作戰規劃，主要是因蔣介石認為他與美日駐臺官員走得太近，擔心洩密。⑯

十二月初，俞大維視察了金門，陪總統校閱過陸軍、空軍和海軍，聽取過空總和海總的簡報後，在十二月五日偕夫人飛赴美國。送行的除史慕德、戴倫兩美國將軍以及國防部、三軍高層人員外，還有國家安全會議副祕書長蔣經國。本年是俞大維最後一次在美國和家人兒媳闔家團圓歡度生辰，以後他不再在冬季時赴美國檢查身體了。

一九六二年元旦，總統的文告說：「國軍對反攻作戰，已有充分準備，隨時可以開始行動。」他不是隨便說的，據胡炘說，D-day也決定了。⑰ 反攻的計畫美國人是知道的，而且一向採取模糊策略，並沒有大力壓制國軍作反攻的準備，尤其是在甘迺迪當選後。然而在去年古巴豬灣事件後，美國對反攻的態度有了轉變，這點臺北尚未清楚。三月八日，總統信賴的莊萊德大使「任滿離臺」，據胡炘分析他的去職相當突然，原因是他支持蔣介石反攻。甘迺迪為了向蔣總統傳遞不想他反攻的信息，派遣了負責遠東事務的助理國務卿哈里曼（W. Averell Harriman）赴臺。

三月十三日，俞大維回到臺北，接機照例仍是一大群人，其中包括了蔣經國。俞大維回來了，他趕得上迎接哈里曼——他在第二天到臺灣。哈里曼不是單獨來，同行還有美軍太平洋總部總司令費爾特。三月十四日上午，俞大維按慣常去謁見總統。《年譜初編》記下了費爾特來訪，但完全沒有提及哈里曼，事實上那天哈里曼確實會見了總統，俞大維應在場的。⑱ 次日，俞大維赴松山機場送費爾特上將離臺，同樣也不提哈里曼，雖然他們是同一天離臺的。

俞公沒記哈里曼見總統的事是奇怪的，我相信與俞公的個人立場有關。他是不主張反攻的，但作為國防部長他必須在會談中貫徹上層的旨意，盡力為反攻計畫向美方說項——這當然難為了他。這時俞大維應感覺到在國防部長這位置上工作愈趨困難。海峽對岸對反攻計畫是有警覺的，大陸沿岸的軍事力量正逐漸加強，亦有先發制人的可能。面對臺海軍事形勢升溫，俞大維又要提高警覺了。

他又忙於視察前線和各空軍基地，一如八二三戰前一樣。然而這月底開始，一連串美軍將領陸續訪臺，就像八二三砲戰後的情況一樣。他們來臺當然主要是打聽消息及傳遞美國不同意國軍反攻的信息，俞公又忙於接待了，幸好何世禮雖然已自軍職退下，此時也來臺襄助。俞大維是講禮節的，他抽空去拜會了何世禮，然而他卻沒空去接見另一個人——孔令侃，孔祥熙博士的大公子。他來見俞公，《年譜初編》上的記錄俞公卻「未接談」。那時美援將斷，國防部啟動了兵工發展計畫，要向德國購置大量兵工生產設備，於是有很多德國工商機構代表來見俞公。

這段日子俞大維仍舊忙碌。有一天視察回家，參謀總長彭孟緝、副長馬紀壯領著協防司令史慕德中將來到俞公寓所，真是熟不拘禮了。史慕德是以朋友身分來向俞公道別，因為他即將離任，史慕德在駐臺近四年中和俞大維建立了友誼。後來他在著作中說，俞大維對他不很熱情，然而史自己卻在他身上學習了很多東西。

在此之前，莊萊德大使已離任，現在史慕德也要走了。他走後不久，軍援顧問團長戴倫又調走，由駐臺的美第十三航空特遣隊的桑鵬接任。幾乎所有艾森豪時代駐臺的美國軍方高層及大使都換掉（是對親臺勢力的清洗？）俞大維要面對一群新的美方人員，相信在爭取軍援事上已沒先前那麼得心應手了。這時，國軍中俞公友儕調職的調職，退休的退休，他會否萌生倦勤的念頭呢？我看那時俞公還沒有退下的想法。那年他六十六歲，雖云多病，但體力還可以支撐。最重要的是他對總統作過要堅守金馬的承諾，現在兩岸在作軍事部署，戰爭或會隨時爆發，這時肯定不是掛冠求去的時候。

這時「美國海軍輔助通信中心」的克萊恩也走了，他亦來向俞部長辭行。此中心實是美國中央情報局在臺的機構，它在臺活動的協調者是蔣經國。克萊恩在臺好幾年，與蔣經國熟稔，蔣總統的反攻大計，很多是透過克萊恩與美國總統溝通。「國光計畫室」也好，蔣經國的活動也好，客觀上已分減了俞大維所管轄的國防事務，可以看到他漸漸「被淡出」軍事最高領導層的核心。

當然俞大維仍有其存在價值，上層交給他領導「巨光」計畫的任務，這是反攻計畫的一部份：

> 年底，有個中美共擬的反攻計畫出爐，這是由余伯泉主持，主要由國防部長俞大維及柯爾克大使共同研究，並向作戰會談提出報告。這個代名為「巨光」的反共作戰計畫規模很大，蔣介石幾度召見俞大維及余伯泉研商，並做了詳細的指示；美方在這個計畫的角色，是以協助後勤及防空為主。[19]

柯爾克大使是莊萊德的繼任者，他是兩棲作戰專家，他的任務當然不是來和國府研究反攻，相反他是來監視蔣中正及其政府。據國光計畫負責人朱元琮說，巨光計畫只是誘騙美國人的幌子，用以掩護國光計畫的推行。[20]以俞大維的智慧，當然知道最高當局的用意，但假戲真做，他和余伯泉依正規登陸作戰的規範，設計了一個兩棲作戰計畫，藉此要求美國提供武器及載具，如C-130運輸機、LST登陸艦等。當然美國人也不著這道

兒。㉑

臺海隨時爆發戰爭，國際傳媒十分關注，記者來臺的絡繹於途，俞部長成為採訪的焦點。俞公對於記者一向是「少見為妙」，但此時欲拒不能了。大量記者來訪問俞公，除了臺海軍情外，對部長本人感興趣也是原因之一；部長在國際傳媒間已有一定的知名度。

一九六二年下半年美國軍方要人仍陸續來臺訪問，其中較值得留意的是海軍軍令部長安德森，因為軍援的事由美國海軍負責。安德森上將來訪，估計與美國軍援F-104G型的世紀型戰鬥機有關。這批飛機的引入，開啟了F-104G在臺三十多年的服役歲月，守護著臺海的天空。還有戰術偵察型的RF-104G，為國軍提供可靠的海峽對岸情報。這就是一九六三年中阿里山二號至阿里山三號計畫。連同一九六四年的阿里山四號計畫，在俞大維部長任內美國總共提供了F-104G、TF-104G及RF-104G，數量足以充實三個攔截中隊和一個偵察中隊，這是兩年前俞大維成功爭取F-104A型機後的賡續發展。俞大維仍在爭取先進戰機，因為他要為國軍數量龐大的F-86F軍刀機尋覓後繼機種，他又成功了，那就是美國新發展出來的F5A，雖然這種飛機來臺時他已經自部長的位置退下來了。

安德森會見蔣總統時曾發生了一小插曲：

美國國務院對於蔣總統顯然不放心，尤其是臺海局勢緊張之際。蔣介石於七月二十六日以茶會款待美國海軍部長安德生，柯爾克事先告知我外交部有關官員，他奉國務院指示，以後總統接見美國軍人，都應由他陪見……不過，蔣介石要求安德生提早十分鐘來見面，由協防司令梅爾森陪見。[22]

總統非常討厭柯爾克。茶會後的第二天，俞大維便來拜訪他，相信是加強溝通，消除誤解。此事說明總統與美國人沒有互信基礎，在國防事務上，美國人只能將溝通對象鎖定為俞大維。此時，俞部長仍是不可取代的！

下半年以來，臺海局勢外弛內張，從十月至十二月國府派十次左右的小規模突擊隊空降或登陸大陸幾乎全都失敗。在這形勢下俞大維如常的工作，但冬天時他不去美國檢查身體了，改為在明年的三月下旬才出發。十二月十一日上午，何世禮來見俞公，他此次來臺是專程給俞大維賀壽。廿七日俞公澎湖視察，晚上在馬公住宿，那晚澎湖防衛司令設宴招待了他，第二天的報章說：部長偕夫人乘專機去澎湖避壽，何世禮同來。部長在澎湖度過其六六誕辰，觀賞平劇《龍鳳呈祥》等。[23]

一九六二年過去了。此後，負責國光計畫的朱元琮不再向他報告了；美國「海軍輔助通訊中心」（即中情局駐臺機構）的主管也不再與部長聯繫了。換言之，有些軍事機密俞部長是不必預聞了，背後的意義俞大維當然曉得。

亮麗的下台身影

一九六三年三月廿二日上午九時，俞公自松山機場乘美國軍機赴東京轉飛美國檢查身體，資料顯示他為公務奔波的時間遠比檢查身體和休息為多。㉔ 五月廿五日回到臺北，俞大維回來即患上感冒，病了兩天，但仍要見了正、副總統及參謀總長等才去休息。五月廿九日那天去醫院檢查，次日即飛金門視察。這時金門的地位相當重要，蔣總統正研究從金門發起反攻的計畫，稍前他特地去了金門實地研究，一住八天，不過認為目前仍未是行動時候。

然而自六月四日開始，俞部長進入三軍總醫院住院檢查，一住四天，六月八日早上才出院。這年他六十七歲了，此後就醫和入院檢查的次數漸多了。雖然如此，俞大維的身體還是可以的，反而陳誠副總統則有點不行了——是年底他因健康欠佳辭去所兼行政院長一職，由嚴家淦出任。

七月以後，美軍海軍將領，由海軍部長到第七艦隊司令陸續來臺訪問。七月廿五日第七艦隊來訪臺灣，更邀總統及夫人登上星座號航艦參觀。美國人向對岸表明重視臺海安全，相信是大陸即將試爆原子彈以及越戰熾熱等因素促成。此背景是有利俞公爭取裝備的。

俞部長先前爭取的武器開始來了。七月廿九日，一批美援M41A1戰車運抵基隆，在基隆碼頭舉行了移交儀式，美軍顧問團陸軍組組長歐謨立（Charles O'malley）准將，將運來的第三批戰車移交給陸軍總司令劉安祺上將。當時幾百輛戰車陳列碼頭，場面十分壯觀。這天，俞大維留在國防部辦公沒有前去湊熱鬧，頗有「那人卻在燈火闌珊處」的味道，這批戰車是他先前向美國力爭而得的。

十月廿六日，上午俞公赴聯勤總部聽取簡報，並且參觀了六十一兵工廠，此廠主要是生產各式彈藥。俞部長來視察六一廠有特殊意義，因為它納入了「建新專案」中。俞公老部下王奐若說：

俞大維先生最（為人）津津樂道聯勤「建新專案」的成果，俞大維於民國五十二年初已知美援即將停止，國軍之戰力必須自力更生，新型武器彈藥的生產能力至為重要，故建議　蔣總統陸續下達多道命令，指示兵工生產署積極擴建新廠，是為「建新專案」數十座大小新廠興建之始。㉕

俞公不但是「建新專案」的倡導者，也促使在臺兵工單位承繼了他在大陸任兵工署長時所建立的優良「家風」。時任六一兵工廠廠長雷穎說：

建新計劃係以「機密」案處理，採購技術資料及機器設備的經費，以機密結匯方式，撥交主辦單位或主辦人員。採購過程中不需要經過監察及審計稽察程序，一切由各兵工廠廠長負責。賴總司令以絕對信任與授權的魄力，交由各廠長自行酌情辦理，以求最高效率，最經濟，最迅速的成果。建新計畫前後數十案，歷時十餘年，每一案完成後，再經監察與審計稽察條例詳細複查，未曾發現任何弊端或違法情事。這也是兵工界自俞公大維所傳留下來的優良家風與企業文化。㉖

日後俞公雖自部長位置退下，但他建構的臺海防禦戰略，所籌獲的軍援裝備、營建的兵工生產線，共同維護了此後數十年臺海的和平局面。

十二月廿七日，嚴家淦新內閣成立，俞大維連任國防部長。政務委員賀衷寒主持典禮。他推崇俞部長為一位學者、專家，深切瞭解軍事與民政經濟及文化間之關係，並且也深切瞭解「上兵伐謀，其次伐交，其次伐兵，其下攻城」的道理，㉗賀衷寒的言辭非常客觀中肯。俞公是學者、專家的說法相信沒有人會反對，在此前後的兩年中，前來臺灣拜會他或請益的外國學者便有十餘人之多，包括哈佛大學校長普西及學者費正清教授等。的確，像俞大維這種學者型的「兵部尚書」，近代能有幾人？俞大維出任國防部長確是異數。不過有一點必須強調：大家都說他是文人部長，對此他個人不表認同，他說自古以來中國的傳統士人是文武合一的。他一生以軍人自居。

一九六四年元月十六日，農曆十二月初二，為俞公之壽辰。俞公飛金門視察，下午主持擎天廳落成剪綵儀式。此廳之建成象徵金門工事完成地下化，亦即俞公經營金門陣地之成果。選在俞公生日由其親自剪綵，很有意義。

這年俞公六十八歲了，仍然忙於建軍備戰。然而，只要細心觀察便可知部長的工作量減少了，接見人員的數字下降了；此時他接見的只是美軍人員，國防部的屬員已沒有來向他請示的。這時俞大維的工作只剩下聯繫美國人了，直接的說，他不管國防部內的事，已逐漸自國防部長的崗位上淡出。本年二月，他的服勤紀錄只有十五天，倦勤的時間比以前多了很多。

二月十五日清早，總統來國防部巡視各辦公室，此後半個月內，三次召見俞大維，他們談了些甚麼呢？三月十二日，行政院通過院長交議，國防部副部長梁序昭上將另有任用（其後任命為駐韓大使），行政院政務委員蔣經國兼任國防部副部長。事實上，梁序昭副國防部長的任期只到去年的十二月為止。三月十六日，蔣經國到職，實際在此之前他早已到部視事。

俞部長如常上班。三月廿五日，他接見了中央情報局長庫特（Kuter）將軍，由梅爾遜（Charles Melson）陪見。前面說過，中央情報局在臺機構已不向俞大維作彙報了，此次中情局長來見必然是有重大事情。第二天中午，美國戰略空軍司令鮑威爾乘專機抵臺，下午即來拜會他。他專程來訪，估計是美戰略空軍駐臺（公館機場）的問題，顯然這是為了中共即將核子試爆而採取的因應手段。美國人這時仍以俞部長作為溝通、交涉對象，也許這就是他仍然存在的價值。從客觀形勢來說，俞大維有留下的必要：國軍從戰略、編組、裝備、訓練都要重新調整，如防核生化作戰等，部長可以發揮的空間仍然很大。事實上，這兩、三年來俞大維頗留意化學作戰方面的事（《年譜初編》常有他和化學部隊軍官以及這方面專家接觸的紀錄）。顯然他早已為新的戰爭形態作好了應對準備，他絕對有能力駕馭新的軍事形勢，只是層峰的考慮不在這方面而已。

四月二日，副國防部長蔣經國來見俞部長，這是他就任副部長以來《年譜初編》記錄中僅有的一次。四月廿四日，俞大維飛去美國——最後一次以國防部長的身分訪美了。出發前去了金門視察，臨行前召集了三軍總司令研討作戰問題及交代任務。國防部內的事俞公不管了，但作戰的事仍管！見過三軍總司令後，俞公奉召往見總統。不知總統對他有何囑咐？

七月廿八日下午，俞大維回到臺北，蔣經國副部長到機場接機，次日參加軍事會議後即飛去金門視察。此次俞大維自美國回來後，美國將領來訪的亦很少了，常來的是新任美協防司令耿特納（William Gentner, Jr.）、美國軍援顧問組司令桑鵬以及他們的下屬——可見俞大維要離職一事已十分明顯。

九月廿日，俞大維乘機飛金門視察。這次視察和以往的很不同，隨行者尚有俞大綱夫婦、俞大綵及友人黃仰山（香港工商日報記者）夫婦。是日為中秋節，俞大維此行是和大膽島上的國軍弟兄共度中秋節。俞大維此次金門之行，大有退休前度假的意味。對俞氏兄妹言，那晚大膽島的月亮一定特別圓亮，因為那是他們能到達最靠近大陸的地方。

悠閒的九月過去了，這個月部長上班視事的日子共只有十四天，俞公的悠閒持續，即使是十月十六日中共成功試爆了一枚原子彈後，那時忙的只是總統——他加速進行反攻的計畫。廿二日下午四時總統在大溪賓館召見俞大維，兩人談的應是中共原子彈試爆後的國防問題，或是俞大維去留的問題。此時俞大維應已向總統提出了辭呈，當然沒有得到批准，雖然國防部的事務實際都由蔣經國一手包辦了。

十一月廿四日，俞部長上午七時半乘機赴金門視察，下午四時四十五分返回臺北。這是他部長任內最後一次巡視金門。此後，俞部長仍接見了一些美國來訪軍方人員，其中層級最高的是十二月二日來訪的美空軍參謀長李梅（Curtis LeMay）上將，相信是談軍援計畫最後階段中軍援戰機的問題。此後無償軍援便終止，軍事採購的時代即將來臨，俞大維的離任差不多與美國軍事援華時期終結同步。

俞部長在十二月的重要活動是：十二月五日，乘車赴湖口親校陸軍；十二月八日，乘飛機飛臺中公館親校空軍；十二月十四日，乘飛機飛屏東轉往黃埔陸軍官校陸戰隊視察；十二月十五日，乘飛機飛岡山轉左營親校海軍。俞部長的校閱，實際上是向三軍將士道別。十二月廿九日，俞大維最後一天上班。上午九時半，他出席了總統主持之軍事會談，一小時後去見行政院長嚴家淦，顯然是向他話別。有說當時嚴家淦不肯放人，力爭之下俞公答應做政務委員，他才同意。那時俞公辭職並未獲最高當局同意，他只是以「放假」的方式離開。

一九八三年十月二十九日《青年戰士報》刊載了一篇俞公的文章，提及他辭職的事：

民國五十三年，我出任國防部長的第十個寒暑，因自覺體能漸差，遂上書蔣公，懇請准予「短假」。我請「短」假，而不請「長」假，表面理由是：短期內一俟身體康復，必當繼續效犬馬之勞，為國服務，但真正用意則是自認以此更容易獲准所請。在上書的同時，我推薦副部長經國先生接任部長，因為他確是接任這一職務的最佳人選。蔣公看了我的信，果然很快批准。事後我並得悉，蔣公對我這封信的評語是：「情辭誠懇」。㉘

一九九一年四月廿六日，俞公又有新的說法：

我在國防部長任內時，老總統預備反攻，建造千艘小艇，每艘裝輕步兵一批，準備由金門向大陸搶灘登陸。當時我向老總統建言：「沒有海空軍掩護，是非常危險的，可能船在中途就被敵砲火攻擊而被摧毀。」後來我看情形將有違旨意，就請辭國防部長職務，保薦我的親家經國先生出任國防部長。辭呈很快就批准了，並頒發國光勳章一座以示酬庸。㉙

俞公所說離職理由先後不同，然不相悖。若將俞公退下時間對比「小艇」建造的進程，則可發現俞公退場之日正是「小艇」建造完成之時。負責建造「小艇」的是副海軍總司令劉廣凱，他在一九六四年底完成了最後一批登陸艇（LCM及LCVP）的生產。㉚他奉命建造的登陸艇數目前後共百多艘，都部署於金、馬外島，準備反攻之用。

俞公不得不退了。不論長假也好，短假也好，總之十二月卅日開始，俞公不再上班了。俞公幼習《公羊傳》，當明其中三諫遂去為賢的尊君之道。這年，俞公所爭取的軍援成果頗可觀：

是年，部長頻與美方人員晤談交涉，獲致多項成果，包括F-104G戰鬥機、新型鷹式飛彈、軍艦七艘等移交我國軍使用，美軍顧問團亦證實，將以F-5A型戰機援華。(31)

鷹式飛彈一個營是在一九六四年四月十日在臺中移交，F-104戰鬥機則在一九六四年五月一日，國軍實施了阿里山四號計畫。到了一九六五年五月十一日，又實施阿里山五號計畫，將第八中隊的F-104A/B換成全新的F-104G。同年十一月廿八日第一架軍援的F-5A亦開始服役。美艦七艘在一九六五年才移交，其中兩艘護航驅逐艦（山字級）是付款軍購，其餘五艘是俞大維循軍援方式取得，不花一元錢！五艦是：近岸掃雷艦永吉、永新，遠洋拖艦大同，巡邏艦武勝、居庸。值得一說的是巡邏艦，連同去年移交的一艘，海軍共得到三艘千噸級的巡邏艦。除裝備了較新式的雷達、聲納外，更有劃時代的反潛魚雷發射管，可以發射先進的反潛魚雷，大大提高了海軍的反潛能力。俞公在退下前終能為海軍爭取得一些裝備新穎的艦隻，不僅如此，此後五、六年，美

▲俞大維退休前攝於華府。

國接連提供了海軍多年來夢寐以求的驅逐艦（六艘）、護航驅逐艦（一艘）及若干輔助艦艇，都是軍援無償贈予！這都是先前美國人接受了俞大維換艦要求應予提供的，只是到兌現承諾時俞大維部長已退下來了。

俞公離任前取得的武器系統都使用了多年，成為穩定臺海地區的重要因素之一。一九六五年一月十三日，俞公奉令調職，國防部長由蔣經國接任。次日，國防部呈送先生負傷榮譽紀念章一座，作為先生擔任國防部長期間在八二三金門砲戰中負傷之紀念。㉜任何在八二三戰役受傷的軍事人員都會得此紀念章，無論立功與否，不論是上將或小兵。這枚紀念章是部長應得的：他確是在這戰役中流過鮮血。

俞大維退下來了，每天在家上午十一時廿分和下午五時卅分用餐，那是軍中開伙的時間；睡的依然是硬板床，終其一生他以老兵自居。麥克阿瑟曾說：「老兵不死，只是慢慢消失。」俞大維是中華民國的一個老兵——他只會慢慢消失。

第七章 永遠的國防部長

一九六五年三月三十日，行政院消息：總統日前以國光勳章一座，頒授先生。

行政院政務委員俞大維博士，自四十三年六月一日接掌國防部，迄今本年元月十三日調職為止，任職達十年半之久。平日殫精竭智策劃國防政策，有效運用美援，對加強國軍戰力，完成反攻準備，卓著貢獻，尤以不顧危險，時赴前線視察防務，訪問基層部隊，對士氣之鼓舞，民心之振奮，影響尤大。①

國光勳章是國軍級別最高的勳章。俞前部長是民國二十六年此法頒布以來得此殊榮第四人。然而，細看新聞稿內容不難發現俞公的軍人身分以及在八二三砲戰中的功績均被隱沒了。

五月二日，老部長離臺赴美。《聯合報》報導，國防部高級官員多人到機場送行。俞公此次留美時間較長，到十一月二十九日才回來。他在美國向軍方故舊話別，尋求美國軍方繼續支持國軍。② 俞公偕同夫人及公子（次子方濟）回臺後，開始了三人在臺北的相依歲月，此後他便不再赴美作檢查了。

此時俞公是寬心的，因為反攻計畫已煞車。他在美國時，反攻計畫密鑼緊鼓的進行著。七月中旬，總統開始聽取各軍種的備戰報告。美國大為緊張，大使賴特（Jerauld Wright）也因而離臺返美，一去不回。正如箭在弦之際，卻爆發了「八六海戰」：國軍進行登陸前偵察，派出特種部隊前往東山島一帶進行「蓬萊二號」計畫，由海軍「劍門號」、「漳江號」二艦執行運送任務，結果二艦在八月六日凌晨先後被擊沉。海戰失利令總統對反攻計畫產生疑慮，最終擱置了。

一九六六年五月二十六日，總統特聘先生為總統府國策顧問。此後至一九七六年底，《年譜初編》中記俞公的事絕無僅有——除了一九七〇年三月三十一日他應中央研究院歷史研究所李濟之邀，以「懷念陳寅恪先生」為題作了一次演講外。那十年多他彷彿是不存在的，原因不難理解。俞公退下後，日子是怎樣過的？

俞大維退休後起先仍居於俞大綵的臺大宿舍。俞大維一個晚輩卓以定的記述，說：他在溫州街的日本典型的小屋子，週末家總是充滿了客人，但都不是官員，除了他弟妹大綱和大綵等親人外，還有文人教授，歷史作家如高陽等。因為俞大綱是台北文化大學教授戲劇的，也常有國劇演員出現。而伯母陳新午個性尤其熱情好客。③退休後俞部長隱居在家，除了讀書外就是接待客人。

不少將領，學者和老部屬常來看俞公；毛子水、鄭為元、郝柏村、劉和謙、蔣彥士等人，都是俞公館的常客。我想俞公受部屬愛戴，除了本身有真才實學之外，待人寬厚，應居很大的分量。④

每逢週日俞府便高朋滿座，軍政界的、文化界的、戲劇界的人士都來聚會，談笑風生。用餐時，眾人圍在大圓桌同餐，為六〇年代臺灣少見的文化沙龍。學者王秋桂教授的記述：

我記得我是民國五十八年（一九六九）把碩士論文寫完，我的碩士論文是用西方的理論去探討李商隱的愛情詩。那時候俞大綱教授在台大中文系開這門課，我去聽他的課，後來他也給我很多意見，所以我碩士論文受益於他很多。寫完碩士論文後，他就帶我去看他的四哥俞大維。那時候俞大維從國防部退休了，住在傅斯年宿舍，原本是俞大綵在住的，俞大綵沒住就讓他住，我也住在溫州街。細節不用講，反正後來我幾乎每個禮拜去俞大維家吃兩、三次飯，跟他非常熟。

利用這種關係，我從香港、日本訂了很多大陸出版品，就寄到國防部給俞大維。那時候國防部的副部長叫鄭為元，是他的老部下，鄭為元就開著吉普車，把這些書送到他那邊。俞先生拿了書就蓋一個章：「知己知彼，百戰百勝」，下面蓋個「山陰俞大維藏書」，你們現在到台大的特藏室都還看得到，因為我要他把書全部捐給台大。很多書是我買的，被他蓋了章，不過他蓋了章，我也可以拿回去看，人家看了也不知道這是我的書，這是「知己知彼，百戰百勝」的書。

就是多得俞公大名，很多大陸出版的書籍，如中華本的二十四史等文史書籍，得以流入臺灣，甚至翻印流傳，對推廣中華學術文化的貢獻很大。⑤ 俞府成為了一個文人雅士聚集談論學術的地方，除了俞大維的吸引力外，還有俞大綱、俞大綵兩先生的影響力，甚至有俞夫人陳新午的助力。俞公的「女弟子」周乃菱說：

俞師幼弟大綱老師在台大教書，課餘常帶些學生順路到兄長處，陪老人家聊天，不多時我就幾乎成了俞家一員，有幸拜師成了他的女弟子，一星期總有幾天在俞家，跟隨老人家閱讀中外書籍，聆聽討論他對歷史文學哲學的見解。師母也很高興看見家中有年輕學生進進出出，有時候興致來了，會回憶幼年生活趣事，社會迷信習俗等。⑥

俞公老部下陳樹人之女陳荔荔成為女作家，俞公要她在台大文史研究所「給他的學生」演講一次。陳荔荔驚訝的問他是否去教書了。他說有一批台大研究院學生，每週到他家來一、兩次，跟他討論，天南地北，無所不談，由東周、戰國、文史哲學一直講到近代。陳荔荔認為這是「伯樂找千里馬，天下特號愜意事之一。」⑦

這是一九七七年的事。俞府成為台大分教處啦，簡直是個小學院。那年是俞公退休後十多年來比較熱鬧的一年，因為是年俞公年屆八十了。一月十九日，俞公生日前夕，親友假國軍文藝活動中心，以一齣由著名青衣徐露和老生李金棠演出的《四郎探母》為他暖壽。俞公在家中為老大，連同堂兄弟雁行次序為第四，所以被稱四哥，因而很喜歡《四郎探母》這劇目。

▲俞公夫婦。

▲俞公生活照。

生日那天，國學大師毛子水教授特別書寫了一幅賀聯：「經文緯武奇男子，特立獨行大丈夫」，為先生祝壽。國防部長高魁元、參謀總長宋長志率三軍，恭獻一塊書有「勳高望重」的匾額，反映了俞部長在三軍將士心中的地位。然而俞公在一片賀壽聲中卻來個出人意表的安排——預擬了中英文遺囑各一份，由高魁元、宋長志擔任見證人。此兩份遺囑，可作為先生一生事業之縮影及人生志趣之說明。中文遺囑：

余追隨故總統蔣公四十七年，曾任兵工署長、交通部長、國防部長。賴蔣公專純信任，得達成艱鉅任務，知遇之恩，永誌難忘。

兵工署、交通部及國防部之僚屬，不避艱苦，努力工作，余甚讚佩。余任國防部長時，因經常巡視前線，與三軍官兵同生死，共患難，情誼與日俱深。今將永別，自感無限悲痛。

余僅有之物質財產，只是書籍，惟大部分已毀於兵燹。今將現存之關於軍事學科者，贈予三軍大學；關於哲學、歷史、數學、物理、天文學等學科者，贈予臺灣大學研究圖書館。余無他物可以遺子孫，惟忘身報國之家訓而已。

余去世後，遺體火化。不得舉行任何弔祭或紀念儀式，亦不得收受親友賻贈。骨灰由長子揚和駕機飛灑於金門海面：先飛過故總統蔣公之靈寢及故副總統陳誠之墓園，以致余最後之敬禮。

英文遺囑譯文：

我為我的國家擔任過三個重要的職務：一是兵工署長，在八年對日抗戰中負責提供軍隊武器與軍火；二是交通部部長，在戰後非常迫切的情勢中，恢復並重建那些遭到戰火損害的運輸與交通設備，而且使它們現代化；三是國防部長，將三軍的裝備予以汰舊換新、重新整補、加以現代化，並獲得了金門戰役的勝利。我已對我的國家盡了應盡的責任。

我要公開而正式地向先總統蔣公對我的真摯信任表示謝意，沒有他的信任，我絕對無法完成那些交付給我的艱鉅任務。

我在國防部的僚屬們，在幕僚工作上有傑出的表現，應該得到最高的讚譽。我和三軍將士們發展出堅強的緊密關係，這是我經常探訪前線、與他們分擔所有的戰爭的危險結果。我讚揚他們在戰火下的勇氣、忠誠，以及對責任的犧牲奉獻。要向我的戰友們、我在兵工署及交通部時期的同事們、以及他們的眷屬們告別，真是我生命中最悲傷的時刻。

我已經將藏書中關於軍事方面的捐給了三軍大學，而關於哲學、歷史、物理、數學、天文學以及其他主題的則捐給了臺灣大學研究圖書館。這些藏書是我這世間僅有的財產，除了無私地貢獻於我們摯愛的國家外，我沒有任何其他的東西可以留給我的子孫。

我死後，火化我的遺體，並將骨灰灑布在臺灣海峽的上空。這架飛機應該由我的長子揚和駕駛，他負傷兩次，且在中日戰爭中，擔負了超過八十次的任務。不可以有任何形式的葬禮或紀念儀式。

根據預擬的遺囑，先生將五千卷有關政治、哲學之類的藏書，捐贈國立臺灣大學研究圖書館，再以兩千卷有關軍事的書籍，送給三軍大學。據知，他十五年來陸續捐贈了七千多冊（另一說六千冊）學術名著給臺灣大學。俞公一生不慕名利，為官以來兩袖清風，家藏的只有書本，最後都一一貢獻給國家民族，體現了一個中國傳統士人的風骨和精神。至於英文遺囑中輕筆觸及俞揚和在抗戰中的貢獻，相信俞公是在回應一些人對俞揚和的無聊攻訐。俞揚和功在國家，但很多人都不知道，俞公在遺囑中為兒子討回點公道罷了。

五月，中山科學院自力研發的雄風一型反艦導彈試射，第一次擊中目標後，俞大維資政以「兵工之光」鍍金寶劍贈送時任中科院第二所所長劉元發將軍。事實上，俞公在部長任內對有功勳的英雄將領，都贈以寶劍，稱為「金門之劍」。劍是銅鑄鍍金的，由國防部轄下兵工廠所製。贈劍長短各有不同，完全看受劍英雄的功勛戰績而定。據記錄，胡璉將軍獲得的劍最長。胡璉記述說，八二三砲戰那夜在金門，部長回臺前獎勉他：「神色鎮定，處置裕如，我給你滿分。」⑧說的並不誇張。俞公在資政任內，亦頒贈「金門之劍」給郝柏村、剛葆璞等將領；又以「兵工之光」寶劍頒贈給有功勛的兵工人員如趙國才、雷穎、呂則仁等。⑨俞公贈劍，是以個人身分對他們一種肯定，一種非文字的歷史紀錄與嘉許，體現經典上「賢賢」的精神。

六月二十二日，令人欷歔的事發生了，胡璉上將心臟病發不幸逝世，享年七十一歲。《聯合報》訪問了俞公，俞公向胡璉致哀思，對他的評價是：「一位非常傑出的將領」，「文武雙全、智勇兼備」。⑩在八二三那天，俞公在金門翠谷與胡璉一起經歷了砲擊，親睹吉星文等三位將領及其他國軍官兵犧牲的情形，這一切刻骨而銘心，以致他晚年常作惡夢：

經歷了慘烈的砲戰，俞大維有……痛苦的一面，徐茹（俞公的看護）說：「常見俞部長半夜驚醒，有時枕上還留下一大片淚水沾濕的痕跡，我就問部長：又作惡夢啦！？」他說：「是啊！夢中所見，都是砲戰死難的同袍！」⑪

事實上，令俞公難過的事發生得太多。約五十天前，俞公之弟大綱先生亦已溘然長逝了。

八月十六日，臺灣大學研究圖書館的「俞大維文庫」舉行第一次學術講座。先是俞公捐贈了七千冊圖書給臺大研究圖書館，在館內成立了「俞大維文庫」，俞公為此文庫題了「十年樹木，百年樹人」八個字作為期許。俞公為推廣學術，建議請專家學者作學術演講，乃有是次講座。講者是以英譯「董西廂諸宮調」而獲得美國「國家書卷獎」（National Book Award）翻譯類的旅美名學人陳荔荔教授，講題為「美英文學」，據報導與會的人士相當踴躍。本年較後並有第二次、第三次的講座，講者分別是顏元叔和高陽，都是俞公的朋友。

▶俞公贈劍給劉玉章。

▶俞公贈劍國安局長宋心濂。

十月裡，國防部一位負責史政工作的軍官林克承上尉（日後升任了史編局長）前往見俞公，卻受到他的冷待。林將軍的憶述：

我因為職務關係去拜訪他，由於素昧平生，他對我的態度十分保留，一見面就聲明他從來不寫日記，因為日記不保密。其實，我並沒有向他蒐集日記，連念頭都沒有，因為我根本不知道他寫不寫日記。⑫

當時林上尉往見俞公，任務是甚麼我們不得而知，但從俞公抗拒的態度，可見其時他還不想將任內經歷公開，或是寫成歷史。原因是不難理解的。

這時俞公會開始感到寂寞。兩年多前老蔣總統走了，去年對岸的周恩來、毛澤東亦相繼不在——與俞大維同一輩的人正逐漸隱入歷史中。俞公是幸運的，到了最後歲月身邊仍有一群後輩追隨相伴，其中一位是林光美女士。她說：

俞公嗜書如命，我和俞公因書而結緣——情同父女之緣。在俞公最後二十五年的生命中，我是他最親近的人，從溫州街到新生南路，從臺灣到金門，我陪他走完人生的旅程。⑬

俞公真的需要人陪伴，因為那年底俞夫人的老年失智症已相當嚴重，已發展到認不得人了。⑭這時俞揚和夫婦也很少返回臺灣，據說這是因蔣經國的公子對俞揚和很不友善的緣故。

一九七八年三月蔣經國就任中華民國第六任總統。這年新聞記者李元平開始蒐集資料，十四年後撰寫成《俞大維傳》，並於一九九二年元月出版。

一九七九年元月五日，魏德邁來信給俞公，說想跟他見面——在俞公家或魏氏自己的書房裡交換意見。信裡魏氏自嘲在許多研討會上他的提議都沒有被接納，「也許現在我已經被認為是年邁體衰而無法提出建設性意見了吧。」魏德邁此信是郵寄至臺北新生南路的地址，⑮這時俞公已遷離溫州街臺大宿舍的那棟平房。俞公覆信表示要照顧年老失智的妻子，無暇去美國。他與魏氏通信，提到年底共同防禦條約終止時，中共或許會武力犯臺：

我懇請你運用個人影響力說服你在國會的朋友們，通過法案，授權總統運用美國太平洋武力，至少維持臺灣三年至五年的和平……而今我已年過八十，我最後的願望仍在於盡全力來維護國家的安全以及人民的自由。⑯

俞公仍試圖盡一己殘餘的影響力為國民謀福祉，這時他稍稍改變了不想寫出過往經歷的態度，這期間史政官林克承再度奉命往見俞公：

有一天，忽然接到上級長官的電話，要我去俞府一趟。我遵命前往，他一看到我，沒有客套，立即從書桌的抽屜裡，拿出一本日記，要我根據內容，編印一份國軍撤離大陳島的經緯，分發三軍將領參考。原來這是他擔任國防部長第一年的日記，全部是用英文寫的，字很潦草，還用了許多縮寫，譬如：V.P.代表陳誠副總統；我花了不少工夫，才看懂他手寫的英文。他的日記文字很簡略，近似行事曆，譬如：「上午十時晉見總統。」但和總統談了什麼，卻無隻字記載。⑰

俞公要林克承編的就是《大陳撤退及砲轟黃岐》那小冊子的初稿，俞公原不願寫回憶錄，編寫小冊子目的是讓國軍後進能從政略的高度去了解他的臺海戰略部署（可參看上章朱西甯的說法）。而林克承這位年輕軍官，由於為俞公寫書之故，成為俞公「忘年之交」。

由於以他的日記為藍本編書，我每遇疑難必須親自向他請益，次數多了，就和他逐漸熟稔起來，等到全部文稿經他同意印頒，他已會主動約我到他寓所閒聊，有時，幾乎每週一次。他的談興很濃，一杯清茶，我們可以聊上一、兩個小時。話題自然以國共戰史為主。他雖已耄耋高齡，但記憶力仍十分驚人，每聊到重大戰役，譬如徐蚌會戰（淮海戰役），他對雙方的作戰序列，從各級指揮官的姓名，到師級部隊的番號，都能如數家珍，鉅細無遺，讓我這個比他年輕卅多歲的史政主管，自嘆弗如。他早年曾罹患耳疾，年邁後兩耳重聽，所以，我

▲俞拜蔣公。

必須緊挨著他，和他「平起平坐」，大聲對他講話，他才聽得清楚我講什麼。每逢談到興奮處，他還會用手掌在我腿上猛拍一下。⑱

前面說過，俞公覆函魏德邁說他不便赴美國見他。結果，渴望和俞大維晤面的魏德邁移樽就教，本年專程來到臺灣，四月八日兩人在俞公寓所晤談。這是相當矚目的一件事，身為國防部史編官的林克承當然出席這次會談：

一九八〇年四月，魏德邁將軍來訪，俞大維和魏德邁在戰時重慶結識，從此惺惺相惜，魏還尊稱俞為「Mentor」。俞大維特地邀約馬紀壯、蔣彥士、宋長志、宋楚瑜等軍政要員，在家中和魏德邁座談，要我擔任紀錄。他們談的主題是當年底雷根和卡特對決的美國總統大選及中東局勢，整整談了將近三個小時才結束。我在兩位同仁的協助下，並參酌錄音，連夜整理出長達卅頁的詳細紀錄。

隔天，俞大維把我叫去，一見面就申斥我：「你的英文這麼差！誰要你這麼長的紀錄？馬上回去縮短，不得超過兩頁！」我雖然感到滿肚子的委曲，但也不得不遵命行事，趕緊把對白式的卅頁紀錄，濃縮成條文式的兩頁摘要，俞大維才算滿意，原來他要把這份摘要文給蔣經國參考。⑲

《年譜初編》裡有一份達十二頁的對話紀錄節本，是俞公對當時臺海及世界局勢的分析，很有參考價值。

林克承為俞公捉筆的任務還沒有完：

好在經過一段時間的磨合，他終於對我有了信心。有一天，他的隨員忽然提著一只大皮箱到我辦公室，打開一看，裡面全是日記簿，是他擔任十年國防部長的全套日記，有英文，也有中文。為了不辜負他的付託，我特地闢設專室將他的日記庋藏，並敦請中研院近代史所的學者指導，編印了一巨冊的「俞前部長勤政紀要」，為他在鞏固臺澎金馬防務上所做的巨大貢獻，留下完整紀錄。⑳

後來在《俞部長勤政紀要》的基礎上，進一步擴展成為《俞大維先生年譜資料初編》，此二書為俞公的經歷留下紀錄，使當時之歷史有跡可尋。俞公本人是重視歷史的，從「國軍歷史文物館」在他任內建成，便可以看到。此館是於一九六一年十月卅一日落成，並由俞公主持剪綵儀式。

一九八一年，臥病多時的俞夫人不幸逝世，喪事辦得極為簡單低調。俞夫人病重住院多時，俞公對妻子體貼照顧，護士徐茹華也深為感動。她說：「夫人住院期間，部長無論多忙，每日必前往探望，有時夫人病情不適，情緒不佳，他總是耐著性子，充滿愛心安慰著她，臨走時，親親她的面頰。」㉑

一九八四年三月二十一日，蔣經國當選為總統，翌日，李登輝當選為副總統。這時俞公已經八十七歲了，中華民國與美國斷交已踏入了第六個年頭，臺北的政治氣氛跟以往不同。這年俞大維的活動整體來說雖然仍低調，但亦較以往活躍。四月，俞公作了為期三天兩夜的參觀活動，這個活動是由專門研究民族文化信仰的學者王秋桂教授所安排的，他們參觀了臺中港、鹿港天后宮、嘉義北港媽祖廟、臺南市政府、鹿耳門、高雄港等，偕同人員有教授學者、軍政長官等多人。這時俞公離任已久，但仍有很大號召力。七月七日總統府秘書長蔣彥士來訪俞公，對他「噓寒問暖」。㉒十日，參謀總長郝柏村又來訪，他將往美國訪問及採購軍備。這時俞公又備受當局關注起來了，不但當局沒有忘記俞公，國際上的學人亦然。九月廿日，英國皇家科學院院士李約瑟（Joseph Needham）博士來訪。廿二日李約瑟在俞公陪同下參觀了臺大研究圖書館俞大維文庫，老友重聚，暢敘舊事，相信俞公是感到快樂的。㉓十月二十九日俞公在《青年戰士報》發表〈我是怎樣受知於蔣公的？〉（翌年六月四日又在《青年週刊》發表〈知遇之感〉一文），俞公在沉潛了好一段日子後終於開腔談自身的經歷和功業，他在某一程度上開始釋放自己了。

十二月十九日，由美國退休將領組成的大福顧問團暨史編局局長、參謀一行多人至俞前部長公館拜會他和會談，俞公向他們介紹了他過去NAD（No American Doughboys）作戰計畫的構想，大福的顧問就老部長對臺海封鎖作戰及反潛作戰的提問作回應說明。俞公離任至今二十年了，從戰爭技術言，他對現代以科技為主的新戰爭形態也許生疏了，但他仍然努力去掌握新的軍事科學技術，對反潛作戰技術尤其感興趣。㉔大福顧問團和史編局官員的訪問，意味著俞公在軍界的聲望、過去建軍備戰的經歷及對臺海戰略的認識都是珍貴的資產。

一九八六年一月十日，俞大維九十大壽前夕，受到政府高度禮待：總統蔣經國特頒壽屏祝賀。除有黨政軍首長九十人連署的頌壽序之外，另由國防部長宋長志暨參謀總長郝柏村上將，代表三軍袍澤於三軍俱樂部設宴，敬贈一書有「不忮不求」的中堂祝嘏，並在國軍文藝活動中心安排演出《四郎探母》為先生暖壽。第二天，聯勤總司令溫哈熊在聯勤外事處陽明山招待所設置壽堂，為先生祝壽，同時以寶劍一把致贈先生，以對素稱「中國兵工之父」的耆宿表示敬意。㉕

四月十三日凌晨，俞公在當局安排下乘空軍專機飛行，觀賞哈雷彗星，可惜先生視力欠佳，沒看到什麼，但此事顯示了當時政府對他的禮待。此後兩月，陸續有官員來訪俞公。包括卸任副總參謀長出任駐韓大使的鄒堅、夏功權大使和聯訓部主任蔣緯國上將。俞公和他們談了一些過往在大陸時的戰事問題，老部長給蔣緯國的提示：打仗要「了解全局，把握要點」，「隨機應變，快動猛打」才能掌握戰場。這是俞公經常教育官兵的說話，在金門的砲兵碉堡中，就常見到俞公「快動猛打」的標語——它成為砲兵的座右銘了。俞公又提及當時的一個社會現象，蔣緯國給他的回應是蠻有趣的：

俞：現在罵政府的書是我們自己人寫的，中共並沒有罵。

蔣：如果是資政來寫，可能罵得更多。㉖

▲俞公九十照。

▲俞公與親友。

老部長和蔣緯國的「戲言」反映了某些現實情況，值得玩味。那段日子，臺灣民間爭取民主自由的聲音十分強烈，原來的政治體制已不能符合民間的期望；加上總統蔣經國的健康日走下坡，中華民國的政治發展面臨轉折變化了。這時小蔣總統的健康真的很不好，李元平說：

讓蔣孝章深覺痛苦的是：她的兄弟，始終沒有接受俞揚和這位蔣家的姑爺。以致她有長達六、七年的時間，不曾返台。蔣經國病情最沉重的時候，思女心切，特別囑咐總統府祕書長馬紀壯，專程到俞府，請親家俞大維拍電報到美國，要孝章趕回來。

七十五年（一九八六）十月二十八日晚上九點，蔣孝章和夫婿俞揚和，出現在中正機場入境大廳的貴賓室出口，蔣經國和俞大維，都是坐在輪椅上。俞大維極有禮貌的謙讓在一旁，請總統蔣經國上前迎接蔣孝章，然後，俞大維又繼續正坐著注視蔣孝章、俞揚和上了蔣經國的車子，很快在夜色中消失。㉗

無論如何，暮年的俞公得晤長子及媳婦，總是安慰的。

一九八七年四月中，俞公會晤了數學大師陳省身博士，進行了公開對談，老部長的思維、表達仍然十分清晰，這時他已經九十一歲了，還在學習和思考。同月下旬，又會見了旅美數理邏輯及哲學家王浩博士，和他晤談。對於學者而言俞大維總是有一份吸引力。本年六月，俞公送了一冊《齊民要術》給副總統李登輝，此事引發李氏與俞大維之間一連串的互動。七月十四日，蔣經國發布命令，宣告臺灣地區自十五日零時起解嚴。這時臺灣的社會情況是坊間不斷出現蔣經國病故的流言。

中秋節前夕（十月六日），蔣經國派人送來賀節禮物：一尾金門鮮黃魚、一紙箱梨子。李元平說蔣俞兩家的關係「似淡而濃」，俞大維常送好書給蔣經國，蔣經國則常送他金門的鮮黃魚、螃蟹。㉘但實際上兩家的往來，少之又少。據林博文（林光美兄長）說，俞公曾不只一次對他表示和蔣經國的關係很淡，兩人甚少來往。他有時會送書給蔣經國，蔣經國也會送食物給他，但俞公說：「我送他的書，他不會看，他送我的東西，我不會吃。」㉙

一九八八年一月十三日，蔣經國總統逝世，副總統李登輝宣誓繼任中華民國第七任總統。兩天後，李登輝親至俞府向先生感謝半年前贈書之情，揭開了「尊俞」行動的序幕。先生除恭賀李氏外，並致贈《老子校釋》及《墨子閒詁》二書向其祝壽。

這年五月廿五日，《年譜初編》開始記載國防部史編局人員訪問俞公的訪談紀錄，大部份內容都是圍繞國共戰史、臺海戰爭、軍事常識，旁及文化學術及當前局勢等。訪問人員主要是史編局顧問徐鳳祥，此外局長張昭然將軍和繼任的傅應川將軍都常來向先生致意請益，這個訪問工程，直至一九九三年俞公逝世前都在進行，最後一次是六月十八日，離俞公逝世剛好一個月。俞公是非常重視修史的，他在最後一次訪談中對史編局長傅應川說：「史編工作乃千秋事業，關係國家之安危、國軍戰略、戰術思想之提升。」㉚說及戰史，這年八月的訪談中當然不會遺漏八二三砲戰，因為適逢砲戰三十週年！在此之前人家問及砲戰事俞公多是避而不談，但此時他卻大談特談，真是彼一時此一時也。本月的訪談中俞公分析了八二三戰前所作的部署，從戰略層面的「樂成」、「太白」、「藍線」計畫，以至戰術層面的金門灘頭反登陸火力及預備隊的配置，他還半帶玩笑的發了少許牢騷：

後來砲戰結束，官兵都有功，獨漏我一人，直到卸任國防部長，才由經國先生頒發我國光勳章一座（蔣公派經國先生擔任副部長，我看總統有意栽培，於是打報告退休，建議經國先生擔任國防部長獲准）。㉛

很明顯，老蔣總統在位時，俞公的功勞是有意識的被隱藏了。不過，俞公在八二三砲戰中的貢獻又如何能忘？在國防部的安排下，在八二三砲戰紀念日前，給九十二歲高齡的俞公安排了一次金門視察之旅，令他老懷大慰。那天，陪同俞公出發的有參謀總長郝柏村，歷任金防部司令劉安祺、王多年等將軍，侍從參謀羅順德及醫官、護士，記者李元平、吳學貞，當年殉職三位副司令趙家驤、吉星文、章傑的家屬，及在小金門由俞公派員接生並命名的蔡國光、洪國珍兩位青年，一行共八十餘人。

那天早上，俞公十分興奮，凌晨五時便起床，六點多便準備妥當等人們來接。飛機在八時自松山機場起飛，九時抵金門尚義機場。金防部司令官程中將、副司令官、金門縣長等列隊歡迎。「部長好！」部隊向俞公行禮，時光彷彿回到二十多年前他任部長時。俞公神采奕奕舉起右手行軍禮答謝。老部長第一站是到小金門視察。往水頭碼頭途中，只見樹木田園一片翠綠，一點不像前線，俞公十分愉快。隨行記者吳學貞的記述：

九時四十五分，一行人搭乘小艇，於十時來到小金門，當俞部長的座車抵西方村時，學生們列隊鼓掌歡迎俞部長的蒞臨，老百姓們更是夾道燃放鞭炮並以舞獅，來表示他們由衷的敬意，當車門才打開，年長的老太太及村民們一擁而上，紛紛前來握住他的手道：「歡迎部長，感謝部長」，一時之間有的送雞，有的送芋頭，忙著向部長表達他們的那份誠摯的心意，俞部長也一一還贈他們一個紅包。當俞部長的座車離去時，村民們依依不捨激動的含淚頻頻向俞部長舉手揮別，俞部長亦在車上行軍禮答謝他們的這份熱忱，車內車外那份濃郁的感情交流著，那是一幅令人感動的情景與畫面。

上午十時十分，由西方村轉往西吳村蔡國光的家中，車抵西吳村，首先映入眼簾的是那醒目的紅色牌子，上面寫著「歡迎部長舊地重遊」，同樣的是百姓們的夾道歡迎，燃放鞭炮及舞獅，俞部長下車到蔡國光家中與其家人敘話家常後離去。此時，俞部長說：「我想到海邊看看旗桿及大二擔。」

……

上午十時四十分離開青岐，車經烈女廟來到么八據點，部長在車上瞭望前方不遠處的「大、二擔」時說：「從前聽過打旗子的戰爭故事，當時，內心對國旗的感受並不是那麼深刻、強烈，但是，『八二三砲戰』期間，每當我看到那面青天白日滿地紅的國旗高高地升起於北山高地時，甚少流淚的我，卻禁不住淚流滿襟。」北山高地的國旗，不僅代表著全大擔的精神，更是前線官兵希望與精神的寄託所在，不但激發了我軍高昂鬥志與士氣，更讓大擔島北山高地的官兵們體認升旗與護旗的重大意義。㉜

此處所懸國旗在砲戰中不知換了多少面，木旗桿也給炸斷多次而換成金屬的。而旗桿所在處就是八二三砲發前一個月，部長三天三夜「夜狩敵情」的地方，對此他感慨萬千。部長又重臨龍磐山當年第九師部所在處，當年郝柏村種的「九重葛」已茁壯成長矣。中午到金防部所在的擎天峯參觀，下午休息於此。晚上，俞部長與官兵聚餐，郝總長向這位「八二三砲戰」期間的國防部長表達最高敬意。這個砲戰紀念前夕晚上，俞公的興致很高，與隨行人員談笑風生。第二天早上，俞公參觀過八二三砲戰戰史館後，驅車來到「翠谷」水上餐廳。這時部長激動了，原本坐輪椅的他，執意要自行步上當年位於金防部招待所右側之舊餐廳（現已拆除），俞部長走到記憶中當年餐廳位置時，面向太武山，隨行人員均環繞著他，聽他敘述當年砲戰情景。俞部長執意強調說：「我此行目的，主要就是看舊餐廳，而不是現在的水上餐廳。」㉝

其後他來到昔日八吋砲陣地，他感慨地說：「八吋砲是我花費多年的時間向美國爭取來的，這也是

『八二三砲戰』期間，我對金門最大的貢獻。」接著他轉到前哨，聽取守軍的簡報，離去前一直交代著作戰秘訣及要領，並期望前哨官兵謹記他所說的話——情形有如三十年前八二三砲戰前夕他來金門前哨視察時一樣。最後的行程是參觀花崗石醫院，臨走時部長頻頻交代院長要開放門診，讓百姓也來就診。中午，部長乘機離開金門，原擬飛澎湖訪問，但部長感到疲勞於是改回臺北，於下午一時四十分平安降落於臺北松山機場。部長自金門回來後，還參加了國防部一些紀念八二三戰役的活動。那年八月，俞前部長備受當局尊敬和禮遇。

自六月以來，史編局顧問徐鳳祥密集地來進行訪談。八月二十四日、二十五日連續兩天的訪談中，俞大維都說金門戰役中，美國第七艦隊來支援：制海護航、提供八吋砲、彈藥、響尾蛇飛彈、力士飛彈，使中共海空軍無法活動，陸軍無用武之地，對我們幫助很大，但紀念八二三這段歷史時官員隻字未提，可能引起美國人的不快。俞公的呼籲要到二〇〇八年才得回應，這年，馬英九當選總統，國防部史政編譯室隨即邀請當年參戰的中美官兵，進行訪談，蒐集資料，次年出版了《烽火歲月——八二三戰役參戰官兵口述歷史》一書，其中美軍官兵口述歷史部分佔了近一半篇幅。那年八二三戰役五十週年紀念，政府更邀請了一些當年參與此役的美軍出席在金門舉行的紀念典禮，並建立機制頒授「中華民國八二三戰役榮譽獎章」給參戰美軍老兵——此皆回應了老部長的提示，只不過遲了二十年。

說起馬英九，一九八八年十二月十七日他偕同了律師陳長文（後出任海基會長）晉謁老部長，這是他們第二次來訪了。他們都是哈佛大學校友，而當時陳長文是在臺哈佛大學校友會的會長。他們是來向老學長請益和邀他出席聚會作演講的，只是俞公沒有應邀出席。據悉，馬英九日後亦常來訪俞公。

本年俞公因八二三戰役三十週年紀念而再度成為矚目人物，然而他仍有寂寞的一面：此時俞公愛兒方濟已臥病在院，俞公每天都親自去醫院探望。㉞

一九八九年，俞公活動的記載近乎空白，《年譜初編》上只有兩筆：一是二月六日總統李登輝來訪，那天是農曆大年初一，想是來拜年的；二是十二月二十日三軍大學校長汪多志中將來訪。此外沒有別的紀錄，連史編局的訪談亦闕如，這時俞公一定感到孤寂了，幸好孤寂中有親人來訪。十月，俞大維四姐俞大絢的外孫女鄭蓓蒂來臺北探望他。她在年逾古稀的母親（汪懿曾）要求下來臺拜見四舅俞大維。她的記述：

四舅外公退休後作為「總統府資政」住在台北新生南路一座日式平房裡。進門便是客廳，一半成了書房，到處放滿了書，寫字檯上也堆滿了書，看來主人很久不伏案寫作了。四舅外公的座椅就在書本的包圍中；坐椅後方的書架上是曾國藩的畫像，兩旁是他留下的對聯：有子有孫有田有園家風半讀半耕但以箕裘承祖澤；無官無守無言無責世事不聞不問且將艱鉅付兒曹。

大維先生的父母以及岳父陳三立（散原老人）的照片也立在書架上。客廳的牆上掛著一幅觀音像，是一九五八年南投縣懺雲法師手繪的。四舅外公那天特意穿了一件紅色短袖運動衫，九十二歲的他顯得分外精

▲八二三砲戰勝利三十週年。

神……我端詳著眼前這位矮小的老人，在他臉上，我不僅看到了我母親的影子，更看到了我從小就熟悉的六舅外公俞大紱、姨外婆俞大縝、俞大絪的影子。他們真是十分相像啊！一樣的眼睛、鼻子。聽母親說，他們的眼睛，都遺傳自曾國藩哩！㉟

汪懿曾說俞公的眼睛得自曾國藩當然不會錯，但俞大維得自曾國藩的又豈只是長相而已？

一九八九年要過去了，這年國防部為俞公出版了一些著作：《國防論》，共二九四頁，書的封面署名為俞大維口述，魏汝霖筆錄（魏氏為軍人出身的學者、教授）；《戡亂時期國軍對匪軍作戰之研究》，俞公口述，高天倫筆錄。次年，國防部又出版了俞公《外患內憂史論》一書，二〇八頁，亦由俞公口述，魏汝霖筆錄。這三書的印行，意味此時當局對俞公的看重。

一九九〇年一月，俞公過了九十四歲生辰不久，史編局張局長偕同顧問徐鳳祥連袂來訪。局長說要為部長編一部九五祝壽文冊，於今年慶祝活動分發好友（部長的農曆壽辰是在明年陽曆的一月十七日）。對此，俞公一再推辭，理由包括「各高級將領對八二三之作戰並不完全了解，所以寫出來的東西不切實際，會引起笑話」，「恐怕引起不良反應」。雖然如此，但是最終祝壽文集還是搞了出來。

本年的訪談中，俞公說了一些兵學方面的主張和看法，其中有一點俞公特別強調，就是戰史的編寫。他主張蒐集國軍將領的作戰經歷編輯成書，並且編寫《孫子兵法》，本年中俞公不斷環繞此課題發言，反覆叮囑，可見其重視程度。要編近代軍事史，首要的是蒐集曾擔任重要軍職、指揮作戰者所紀錄的資料，當中就怎能忽略了俞前部長自己？本年初俞公就已經「交下個人日記十七本」。俞公起先否認寫日記的事，此時則主動交出日記以助修史，說明了客觀大環境以至他個人心境都起了很大變化。歷史，要敘述的就是這些變化。

這年在臺灣是選舉年，候選人只得一個——國民黨主席李登輝。當時的政局頗不平靜，在選舉的風風雨雨中，俞公的自處之道是明哲保身。在二、三月中他多次叮囑史編局人員，選舉之事軍方不要涉及，以免落人口實，引起不良反應。在選舉期間，李登輝總統沒有來過，似乎是不便前來拜會。他的人沒來，但託了總統府資政蔣彥士來。三月十九日那天的訪談中俞公向徐鳳祥說：

蔣彥士來舍下問政，告以：一、總統不宜傳道；二、選前少說話；三、治安很重要。

三月二十一日，李登輝當選連任總統，第二天李元簇當選為副總統。幾天後，俞公對史編局的人說：

三月二十七日……李總統是農業專家，為人忠厚，前幾天好友蔣彥士來訪，告以不傳教，選前少說話。第一點做到了，第二點未做到。開這許多支票，其後不能兌現，麻煩隨之而來。

▲左起馬英九、俞大維、陳長文。.

▲左起羅順德、俞大維、陳履安。

俞公的話證明他先前是給李登輝下了指導棋。大選過後蔣彥士又來訪，談了當前政治形勢及兩岸關係，俞公的看法是：

二十一世紀是和平世紀，世界各國都希望和平，臺海兩岸雙方也都停止用武，達成和平統一。㊱

一週前，新任國防部長陳履安來拜訪請益。我相信俞公對故人之子（陳係陳誠的公子）也說了這番話。

八月將終，令人難過的事又發生了，先生八妹俞大綵女士在廿八日逝世。俞公的寂寞又加深了一重。

一九九一年一月十日，俞揚和夫婦自美返臺，慶祝先生九五大壽。一月十五日，史編局張局長和徐顧問來給先生暖壽。當時國防部印行了《孫子兵法》及先生壽辰的紀念文集，先生表示欣賞。當時蘇聯趁美國忙於處理伊拉克入侵科威特事件，派兵鎮壓立陶宛，為防對岸用同樣手段，總統李登輝及行政院下達緊急命令加以防範。俞公說處理手法適當，只是層級高了一些，由國防部長下令就可以了，以免驚動工、商、社會之心理與安全云云。俞公高齡九十五，頭腦清晰之程度，仍不下於當年。他認同下達緊急令的言論應該令當局高興。兩天後俞公生日，總統李登輝當然登門來祝壽。

本年史政局的談訪中，俞公提出了幾點值得留意。關於《孫子兵法》方面，他認為史編局出版的《孫子兵法》有不足之處，他對史編局徐顧問說：「《孫子兵法》除了曹操的註釋外其他的都是文人所註，不切實際，所以應該找熟諳兵法作過戰的人來註解，這樣才能發揮創意。」徐顧問隨即請魏汝霖教授（魏氏是軍人出身）至部長家中，面商《孫子兵法》新註一書事宜及綱要內容。俞公提出：「《孫子兵法》新註，重點在於精編註釋並附上戰鬥序列、作戰要圖，使讀者易於了解。」後來魏氏完成了《孫子兵法》的新註並出版了。俞公又不斷的要求史編局蒐集戰史資料，包括訪問將領。他個人著意蒐集戰史（包括對岸出版的）分發史編局人員閱讀及報告心得。

三軍大學的教材問題。國防部聯四次長林克承要赴美，俞公託他蒐購美國海軍指參學院新出版之戰役分析資料及有關新科技的書籍回來，以轉交三軍大學譯印施教，因為他認為三軍大學現用的教材都過時了。[37] 然而，此事沒有成果，原因是這些資料美國不對外出售，但俞公對三軍大學教材不滿意之事卻引起國防部注意，並設法改進。他還提到現階段臺灣的防衛問題：

現在國軍的訓練演習場地在臺中，無法以兩個師對抗，敵人從哪裡來的？由基隆登陸太遠，這種演習就變得不切實際，應將演習場地設在枋寮為宜。鄧小平說：「以七個空降師犯臺，八十個小時解決問題。我判斷其後勤支援需要先攻高雄，佔領港口。以便後續部隊登陸，否則他無法取勝。」[38]

在未來兩岸關係上他主張雙方保持和平，分階段達成統一：

統一最好分兩階段來實施，第一階段為十年，雙方放棄在臺灣使用武力，合力發展經濟，以改善人民生活；第二階段時機成熟，由新生代以和平方式來達成統一。……我應設法促使中共放棄對臺使用武力，兩岸從事建設以改善人民生活，十年後，由我們以和平方式談判，達成統一。㊴

直接的說，俞公不贊成臺灣獨立。本年八二三砲戰紀念日那天，李登輝登門拜訪，表示全力支持郝柏村院長穩定社會，然後再談經濟發展。那時俞公對李登輝總統的印象蠻好的，十月十四日他接受中央社記者訪問時說：「我對李總統印象非常好，他人很忠厚，不會出壞主意，不像政客。」㊵

一九九二年一月六日，俞公九十六歲榮壽，那天李總統沒有來賀壽，這時他跟郝柏村的矛盾已相當表面化了。那天來訪賓客約百餘人，包括郝柏村行政院長、蔣緯國上將等黨政軍首長多人。來祝壽的貴賓，俞公均回贈《俞大維傳》、《孫子兵法》（中英對照）各一本以及《鄭板橋全集》一套。㊶先生對《俞大維傳》一書應是欣賞的，常以此書贈人（他曾間接地把此書寄給在大陸的陳寅恪侄兒陳封雄）。此書出版於本年的一月五日——俞公九六榮壽前一天，作為祝壽獻禮。十五天後即有增訂二版推出，銷售散發何其速也。俞公談及報上他的傳記資料說：

史編局徐顧問來訪，先生談及《臺灣日報》登載之先生傳記資料，部分過於誇大，先生自認為總統的參謀而已，而參謀是沒有姓名的。一切榮耀應歸於總統的正確領導才是。㊷

俞公尊崇老蔣總統的話乃「感性上之真」，但談及歷史，他又回到「事實上之真」。此年的訪談中他先後對徐顧問說：「大陸上的失敗是因為總統身邊的人不行，也有用人不當之處。」「大陸勘亂作戰之失利，係因總統身邊沒有現代參謀人才，也無作戰計畫，未能把握良機。」㊸「總統身邊沒有現代參謀人才」這句話是俞公檢討國軍在大陸作戰失敗時常說的，他非常推崇德國參謀的作業水平，認為值得國軍學習，所以在本年二月十二日交下《戰術與技術》十六冊，內容為他昔日留學德國時，請德國軍事顧問講授戰略、戰術及參謀作業之筆記資料，交由文物館典藏陳展。㊹

三月十二日史編局徐鳳祥顧問來訪，檢呈史編局訪問國軍宿將的成果——《國軍宿將》（第一輯）一冊，這是應俞公先前吩咐而進行的。俞公看後，認為內容確實，甚具參考價值，交代繼續進行訪問，並將八二三砲戰參戰砲兵指揮官列為訪問對象，以充實資料，俞公更交下若干書供史編局，囑參讀研究。正如《俞大維傳》中說，俞公這個讀書人要「收攤」了；在收攤前他把一些有參考價值的軍事書都交給史編局人員研讀，或供三

軍大學作教學參考，或供作修史之用。但俞公交下的書太多，史編局人員有看不完之嘆。㊺

一九九二年，《俞大維傳》作者李元平曾發表一篇非常令人傷感的文章：〈中國近代史的漏網之俞——俞大維傳作者的一封公開信〉。文中說部長近來常發脾氣，和以往幾乎判若兩人，他和幾位長久與部長相處的人，想到部長性情突變，情形一如他的夫人陳新午、妹妹俞大綵人生將終時一樣，眼淚就不禁奪眶而出。兩、三個月前部長發過脾氣後，還會握著侍從參謀羅順德，或是護士褚少虹的手道歉，說：「我老了，和從前老總統一樣；自己做錯了事，總是錯怪底下的人。」然而，現在部長發過脾氣後，頂多是安靜的坐在椅子上，什麼話也不說。李元平說：

您兩年前就告訴過我：「我近來視力漸差，看書格外吃力；我這個讀書人要收攤了。」這幾天，您不只是「收攤」，而是進一步交代：把書架上近萬冊的書，分門別類，綑紮打包。二十年前你就預立了遺囑：「軍事方面的書，送給三軍大學，非軍事方面的書，送給臺灣大學。」您一邊監督綑紮打包，還一邊自言自語：「我答應過的事，我必須照辦！」㊻

李元平說部長讀了一輩子書，如今雙目近乎失明不能看書，生命對他便失去意義——他發脾氣，不是對別人，而是對他自己。幸好，俞公的眼疾是可以治療的。三月十八日他住進三總醫院，那天郝柏村即來探望他。

次日，接受了眼部手術，手術應是成功的，俞公在月底出院。

四月二日，俞公在訪談中對史編局徐顧問表示，李元平來過，說李總統對他備加讚許，稱為國士，使他內心欣慰云。㊼這時李登輝已開始標榜他走的是「中道之路」、「執中治國」，並說這是俞大維向他提點的：

六月三日李總統在接見執政黨國大黨團職幹部時，再次明確指出：「政治的路不是黑即白，而要照顧全民，走中道的路……。」這項理念的宣示，國內各報曾予顯著刊登。九十七歲的俞大維，也在護從人員告知下，從報上看到這則消息，十分欣慰，稱道李總統不但人很聰明，也很會講話；同時再次強調走中道之路，正是他多次主張及建言的「執中治國」理念，不但全臺灣的人能接受，相信全大陸的人也同樣會接受，這是全民之福！㊽

幾個月後，「八二三砲戰」紀念日前夕，李登輝來訪。他以國民黨主席身分，敬送一面銀盤，說：「上面刻著您崇高的歷史地位，以及一生的勳榮。」藉此表示對他鼎力支持國民黨，令其生存發展的感念與敬意。俞公興致來了，侃侃而談：

我認為：國家是否強盛？國際地位是否很高？這一切，取決於人才；請問總統，你現在所用的人，是否都很好？……老總統在大陸的失敗，主要的，就是他不會用人；馬歇爾當年來華調停國共內戰，他便常告訴我：在世界各國的領袖當中，以蔣介石元帥身邊的人最屬庸碌無能。國民黨在大陸上的失敗，你一點責任都沒有，但是今後臺灣的生存發展和成敗得失，卻完全肩負在你身上。我當國防部長時，應邀到美國三軍大學發表演講，聽講的人，座無虛席；金門砲戰後，我到美國訪問，美方要頒一枚最高勳章給我，但我沒接受。一位中華民國的國防部長竟享有這麼崇高的地位，以前沒有，現在及以後也不會有。金門砲戰的勝利，是臺灣轉危為安、轉敗為勝的關鍵，從此以後，臺灣的老百姓才能過著太平日子。也許太平日子過慣了，大多數人幾乎已經慢慢把金門砲戰重要性淡忘了。今天你來看我，表示你重視這件事，有歷史的眼光，尤其你是三軍最高統帥，你這樣做，極聰明，我們三軍官兵因此更擁護你、服從你。(49)

面對著總統李登輝，俞公說話口吻有點像是「國師」哩。在此之前，部長是不大談八二三砲戰的，更諱言自己在八二三的功績，認為「過分宣揚有損蔣公功業」，這天面對李登輝，俞公的興致太高了，忘記要保持低調。這是因為他得到了肯定和尊重——來自國家領導人的，雖然遲了三十四年。

十月一日，俞公向史編局蒐集保定軍校、陸軍大學、日本士官學校的訓練、教育的史料等三項指示外，提出了第四項：他屋內存書，準備檢送臺大；部分回憶錄及戰史圖書，將送史編局參考。俞公在檢點了他庫藏的《四部備要》後，託史編局向中華書局購足欠缺之書冊三〇五本，然後將該套《四庫備要》整理妥當，檢送臺大圖書館大維圖書研究室典藏，供學者參考研究。十月三十日，俞公指示將明清兩代史書，精裝本逐一檢閱，並詢問典藏數量。他說，書籍不留子孫，捐給臺大圖書館典藏供學生及學者參考，以廣流傳。顯然，俞公在做好離世的準備。

俞公除了國防問題，更關注學術文教發展，這樣的國防部長現今也許不多見，但在中國歷史上卻非空前。中國歷代的兵部尚書、宋代的樞密使之職由文人學者出任的比比皆是。俞公常舉范仲淹為例：中國古代讀書人很多是文武合一。

這年終立法院進行改選，國民黨在外遭到民進黨的挑戰；在內李登輝又極力排斥行政院長郝柏村，於是國民黨又有主流派與非主流派之爭，政局相當紛亂。十二月四日在俞公交下《李登輝兵法》一書給徐鳳祥顧問，囑他看完後提出心得報告。兩天後徐顧問即向俞公報告，這時他是支持走李登輝路線，並主張郝柏村支持李登輝：[50]

郝院長是軍人出身，很能幹，如果視野再廣一點就好了，他只要說一句話，什麼問題都沒有了。支持李總統說的中庸之道，也就是中間路線，不偏右、偏左，上下認同，贊成李總統的說法，則可獲得廣大民眾的支持。

這時，國民黨系的報章如《台灣日報》、《中國時報》、《中央日報》都大力報導李登輝如何採納俞公走中道的治國意見，造成一種俞公在挺李的氛圍。十二月二十二日為李登輝生日，先生寫了一封信給他祝壽。內

▲李登輝拜會俞公。

▲一九九〇年郝柏村拜會俞公。

容大概是：世界最聰明的領袖，不見得忠誠；最忠誠的領袖，不見得聰明，而總統兩者皆有，既聰明又忠誠。對他真是推崇備至！[51]十二月二十五日，先生九七榮壽。幾天前，李元平新編成《俞大維傳續集》作為今年祝壽書刊，並先呈李總統一冊，然而奇怪的是，此書日後未見發行。那天，李登輝登門親來向先生祝壽，這時他與郝柏村的鬥爭發展至白熱化。

一九九三年一月十一日宋楚瑜來拜訪俞公，談及內閣改組問題。俞公建議如沒有比郝柏村更好的人才，最好不要調動，以求社會安定。[52]宋楚瑜時任國民黨秘書長，父親宋達中將，曾任陸軍供應司令、聯勤副總司令。宋氏父子跟俞公是相熟的。此次，肯定是銜命解釋李登輝要撤換行政院長郝柏村的理由，故先生有此回應——他當然不願見到國民黨團結受到破壞。但俞公的期望落空，一月廿九日，郝柏村在巨大的壓力下宣佈下台，二月四日內閣總辭，國民黨實質上已分裂，這時李登輝的所謂中間路線已開始受到質疑。

俞公對李登輝的看法有沒有改變呢？我不知道，但是有一點是清楚的，就是此時直到俞公逝世的半年內，《年譜初編》中再沒有俞公提及總統李登輝的記錄，也沒有李總統本人或總統府的人來看俞公的記錄。網路上且有一則記載：

一位記者問俞大維：「李登輝就任總統以來，是否遵循你的走中間路線，以人為師，到處請益的建言？」

「李登輝，是復旦大學的校長嗎？他已死掉了」，他回答。「李登輝死掉了，死掉了！」他繼續說，並用右拳連連打記者的左胸。「不是那個李登輝，是現在我們的總統，臺灣人李登輝」，記者說。「噢！噢！」他不作回答。[53]

三月七日上午，新任國防部長孫震來拜會俞公。孫震被人視為繼俞公、陳履安之後又一「文人部長」，他們談了這個問題，彼此都同意人才都應是文武合一的。俞公贈了三份資料給孫部長參考：鄧小平〈要以七個空降師八十小時內解決臺灣問題〉、《大陳轉進與砲轟黃岐》、《國軍建軍備戰工作紀要》。敵人發動空降作戰俞公是感到憂慮的，故他屢屢提及。三月中旬之後，史編局人員才展開本年度的訪談工作，但來訪的次數明顯少了，談的主要是國軍在大陸時期的問題，不再涉及時局，更沒有提及李登輝。

六月，俞公病了。據林光美說，俞公病容漸顯，體重減輕，不肯進食。林光美每天買來他愛吃的牛肉麵，他也吃不下。六月三十日俞公給送進了三軍總醫院，送院時還有說有笑，對林光美說：「若你出差，『要快馬加鞭一夜還』。」據說這是《四郎探母》劇中唱句。[54]經檢查得知先生患了胰臟癌，癌細胞已轉移至肺部，並向全身擴散，病情嚴重。七月五日，總統府資政俞國華來探病，先生表示國民黨要團結，並以「以和為貴」與「中庸之道」期勉黨人，這些話當然是針對當時國民黨的分裂情態來說的。七月六日，先生病情經診斷，生命可能只剩三週，但是次日（七日）下午三時，先生呼吸心跳均停止了，遺體在晚上十一時送太平間（此據高山杉先生之文，《年譜初編》則謂先生在七月八日逝世）。《台灣日報》一篇文章說：

俞大維去世了。他的一生就宛若一部中國近代史，他的行事性情，更在許多人心中留下難以抹滅的印象。九十七歲高齡的他，在臨去之前，猶對紛擾的國事懸念不已，至死都不能安心。但願他的離去，可以令所有人在回味他的一生之際，重新找到立身處世的平衡點，為多災多難的中國人，找回自尊與自信。[55]

七月十日，遺體在臺北市立第二殯儀館火化。火化後見到有數十顆舍利花和一顆舍利子，據說這是修行的人才有的。是的，俞公一直在修行，雖然沒有出家。

俞先生淡泊名利自處之道，可以從他離開政壇後的生活完全見出。他自己最希望的生活是「憑欄不盡風雲，來做神州袖手人」，這是何等的灑脫！但是他生活在國家多難之秋，豈能容他作袖手人？所以他又常形容自己是「破廟裡的孤僧」，「睡硬板床的老兵」。[56]

七月十五日俞公及夫人骨灰由長子揚和伴護搭乘「九〇七」號艦前往金門海面海葬。郝柏村、宋長志、馬紀壯、陳桑齡、崔之道等舊部屬隨同伴護出海。孤僧也好，老兵也好，先生真的走了。

▲俞大維、名伶顧正秋、黃少谷。

▲俞公夫婦與越劇女伶。

▲小說家瓊瑤探訪俞公。

▲英國學者李約瑟探訪俞公。

▲費宗清女士拜訪俞公（費驊之女）。

▲聯勤副司令梁天价探訪俞公。

▲宋長志探望俞公。

▲李煥探訪俞公。

懷念國防部長俞大維先生

羅順德

二〇一三年八月份《傳記文學》以俞大維先生為封面人物，並接連數月刊出陳漢廷先生撰寫的〈國防部長俞大維〉一文，閱後喚起我這個曾經追隨俞大維部長二十四年之久的人無限思憶和懷念。原本已經封筆的我，終再提起筆來寫了點關於先生的軼事和個人對他的認識；緬懷舊事，寄景仰之情思。

認識部長之緣起

六〇年代後期，筆者當時在國防部部長辦公室主任室（主任為袁行廉將軍）任職。民國五十八年（一九六九）俞先生原任隨從參謀許先信上校因高升調職，蔣經國先生指示必須在部裡選派一位年輕軍官接替。條件是：一則留美或留德之軍官，二則須居住在台北地區者。在部裡正好筆者與陳廷寵中校（留學德國，家居桃園，二十年後升到陸軍上將）符合條件。我則曾經留學美國步兵學校，現階為少校，家居台北。經過副部長馬紀壯上將考量，以我最為適合。我接受指派時一片茫然：俞大維是何方神聖？我只知道他曾經是國防部長，其他一片空白，一無所知。

記得袁行廉主任經奉示後，把我叫去：「羅參謀！副部長指派您任務，擔任俞前部長的隨從參謀，平時在部裡工作照常，星期天到部長家當值，負責書信及協調連絡等工作，反正叫您做什麼就做！懂嗎？」「沒有星期日休息，部裡每月給您四佰元車資費，明天上午，我帶您過去見部長。」「是！主任。」軍人以服從為天職，但我卻做夢也不曾想像：素昧平生，卻要去做部長隨從參謀！下班回家跟內人報告：「以後星期天我不能陪您去教堂望彌撒了，因為我要到俞大維家裡上班！」內人以懷疑的眼神望著我說：「是真的嗎？」當天晚上我一夜未眠，在想：如何做好這份額外的工作？

第二天，民國五十八年四月初旬的一個上午，我隨著袁主任來到溫州街二十二巷四號台大宿舍（台大配給他妹妹俞大綵教授的房舍），那是獨門獨院的日式平房建築，院落不大，房子也很老舊，光線也有點暗淡。裡面的陳設更是十分寒酸，但是到處堆滿洋文書、中文書及線裝古書，上自天文下自地理全有，一時間讓我覺得他是個讀書人，家裡擺設是非常老舊的藤椅沙發，怎樣看也不像曾經做過十年國防部長的家。

當時俞大維部長已經退休五年，年紀七十三歲了，患有糖尿病。但他很慈祥親切的坐在藤椅上接見我們。他首先問我，是何時到美國受訓的？家住何處？家中還有哪些人？突然他說：「我跟羅列——您的叔公很熟悉！他是一位很能幹的軍人，無論學識、戰術修養、品格都是很優秀。好吧！星期日就來我家幫忙。」當我們退出俞府之後，一路沉思無法釋懷：他為何知道我是羅列的姪孫？後來才知道，我的身家已經被調查過。

上班的第一個星期天，我很早起來，因為我住內湖區，當年交通不是很方便，要經由大直到台北火車站，再轉乘到師大路，再走進溫州街俞府，全程約二小時。一進門有位老太太（龍嫂）應門：羅參謀來了！進入玄關後，看到許多人在裡面，客廳坐滿了人，當然我一位也不認識，只認得部長和夫人，還有部長駕駛吳質先生——他幫我一一介紹認識。那天見到的是俞大綱夫婦（八爺、八奶奶）、俞大綵教授（八小姐）、曾紹六先生（部長老秘書）、朱偉先生（部長老隨從）、金琛先生（當年是學兵隊的學生，少將）、宋履謙先生（當年追隨部長當參謀）、王開杰先生（交通部時秘書）。這些老部下多將近六、七十歲。

用餐方式完全以中餐西吃，隨意而坐，邊用餐邊聊天，突然有人叫我：「羅參謀！」我回頭一望，原來是夫人叫我！我立即回答夫人有何指示？「請幫忙我，把牌桌放好！等一下有朋友來打牌！」我一時懵著，我從來不會打牌，也不知道如何架設牌桌，還好駕駛吳質先生幫忙，還幫我架設牌尺、教我麻將如何擺設，這是我生平第一次碰麻將。

不久牌搭子到齊，記得有八奶奶、楊繼增太太、江杓太太、衣復恩太太等，不同時間，不同人物，大家非常快樂一起打麻將，談天說地，純粹聯誼，輸贏不多，大家愉快非常。打牌期間，龍嫂（八十一歲）跑上跑下伺候著茶水。打牌的人專心打牌，其餘人跟部長聊天、說話。有時部長看看書，東翻西翻，找東西，我當然隨侍在身旁幫忙著。部長問，平常你看什麼書？我一時也答不出。「那麼好！你就把Reader's digest（英文版《讀者文摘》）拿回去看，仔細看！因為這裡頭文章，用字很講究！下星期我問你。」這天我就這樣過了，但是從此我就得接受部長的英文指導和訓練。

此後每星期天會遇見不同的長官和人物。如海軍有：梁序昭、黎玉璽、宋長志、柳鶴圖、池孟彬、梁天价、鄒堅、葛敦華、鄭天杰少將武官家人等。空軍有：王叔銘、羅英德、夏功權、衣復恩、剛葆璞、戚榮春、汪正中、陳鴻銓、姚兆元、劉德敏等。陸軍有：何世禮、余伯泉、郝柏村、彭孟緝、王多年、劉安祺、胡璉、蔣緯國、馬安瀾、黃杰、劉玉章、鄭為元等。兵工界有：雷穎夫婦、趙國材、胡裕同夫婦、呂則仁夫婦等。文人有：毛子水、吳大猷院長、孔德成、費驊、王昭育、羅光主教、吳嵩慶（財務署長）、張家驤（《青年日報》社長）、石永貴（《中央日報》社長）等人。

整整磨合了一年，我才漸漸瞭解俞大維部長的偉大人格、家世背景和個性。追隨俞大維的事，我曾經向我叔公（羅列）報告。他很滿意並告訴我，必須謹慎小心，好好做，多學習，他老人家是很有學問的，第二天就要我安排他去見部長。有一回，劉安祺將軍來看部長，見後要走時，特別到我面前說：「順德老弟！你要好好把部長腦子裡的東西挖出來，他是我們的寶藏，他以前的侍從參謀，都是海軍或者是空軍，你這黃埔小老弟，不可掉以輕心，好好幹！」這些話，有許多長官們都如此對我說過！心理壓力很大。

逸聞記事

在這二十四年當中，有很多逸聞軼事值得回憶的，現將一些值得記述的寫下，以饗讀者。

第一件事：俞大維讀書很快，厚厚的一本書，兩、三天即讀完，過目不忘，且能擷取了其中精要，記在腦

▲鄭為元伉儷給俞公賀壽。

▲俞公與羅順德攝於溫州街寓所。

海，歷久彌新。他告訴我讀書要有方法：抓住重點，學以致用。記得有一回，部長從梯子上去拿書（那時我不在身邊）摔倒在地上，駕駛吳質開車送他到三軍總醫院（汀洲街）。院方立刻打電話給我。我趕到三總，他老人家正作了X光檢查完畢，我趨前問部長：我是誰？他回答：「你是羅參謀！」我即刻告訴醫生：「沒有問題，放心，因為他認得我。」第二天回到溫州街公館，他說：「羅參謀！把微積分找出來，出一道題目給我作答。」我當時就懵著，我想了半天，出了一題微積分方程式的例題，因為例題有答案，如果出習題，我沒有答案，便不知道正確與否！沒有一會兒，俞公說：「羅參謀！好了。」我接過來一看，與答案完全相符，對他說：「部長您太厲害了。」部長說：「我的腦子沒有摔壞吧！」

第二件事：我常思索俞大維並非國民黨員，亦非黃埔出身，卻有那麼多黃埔將領來看望聆聽教誨，並贏得上至將帥下至士兵的由衷敬愛！這是何故？真是百思不得其解。這個答案終於在民國六十三年左右揭曉。該年某日，前國防部長黃杰（達雲）來訪，是上午八時左右，俞大維正用早餐，筆者隨侍身旁，黃杰部長進來，俞部長手示請座，兩位親切寒喧、交談，突然俞大維向黃杰問道：「達雲兄！我不是黃埔出身，亦非軍人及黨員，而你們黃埔師生，卻又對我如此尊敬並聽從我的指揮，何故？」黃杰毫不考慮、沒有猶豫地嚴正的回答：「報告部長，因為您所說的、所做的一切，都是為了國家，所以我們都聽從您的話與指揮！」達雲公的話是純粹發自內心的肺腑之言。這一位令人敬愛的黃埔一期老大哥，道出我們黃埔師生的心聲，確實讓我茅塞頓開。因為俞大維從政四十多年，他忠於最高統帥，一心一意，報效國家，不忮不求，一身清廉，為當代的中華民國軍人樹立楷模，這是黃埔軍人的共識，更是我們後輩軍人的精神堡壘。

第三件事：民國六十四年老總統蔣公逝世，嚴家淦繼任總統。第二年，民國六十五年（一九七七）某日上午，我在辦公室接到駕駛吳質先生電話：「羅參謀！部長說明天到家裡來一趟。」當時我在中山科學研究院上班，在桃園縣龍潭鄉。當天下班後乘車趕回台北。第二天，大清早趕到部長公館。一進門見到部長並請安，部長就指著桌上的一個大信封說：「把它送回去！」我趨前一看，是總統府信封，打開一看是聘請俞大維先生為總統府資政的聘書，落款為總統嚴家淦。當時我內心感到無比興奮：「報告部長！這太好了，為什麼要退回去？」部長說：「我的長官只有一位。」

的確，俞大維先生自從政以來四十多年長官都是蔣中正，從沒有別的人。但如果當時我盲從部長之命，將此聘書退回，那可滋事體大！第二天媒體大事報導此事一定鬧得滿城風雨。「報告部長！不妥，不能夠退回總統府。」部長問為什麼？我即刻向部長分析說：「第一，嚴總統親自來看您，聘請為總統府資政，至少要給人家一點面子。第二，資政一職是最高榮譽，要當過院長的才有，總統在優禮賢者。第三，以後我幫您辦事就有名份，做事就好辦多了。何況我相信，經國先生一定知道此事！萬不可以退回此聘書。」部長說：「那你意思是要接受他的聘請了？」我即刻回答：「是！部長。」俞大維部長雖然當時已經是八十一高齡，但他頭腦非常清楚，經過我的分析之後，沉默許久，然後說：「那好！你到總統府回應他們，看要辦理何種手續！」我立即去介壽館，到總統府人事處辦理手續。一進門，錢處長看到我來，非常驚慌：「羅參謀，部長接受了嗎？」沒有錯，總統府深怕俞大維退回聘書。我向錢處長報告來龍去脈，他心存感激，心裡石頭終於落下，說：「事情很簡單，資政是配有一位隨從秘書、一位駕駛，有薪資的，用的車就由現在單位支援（當時是國防部支援）。」但是隨從秘書得由資政親自下條子，將名字送到處裡即可，手續就完成。」

我辦理報到手續之後，立即返回俞府向部長覆命。我向部長報告：「您要找一位隨從秘書，但曾紹六（原來部長秘書）已經去世好多年了，朱偉先生也不在了，部長我建議此缺用俞方濟（俞大維二公子）名義如何？我是現役公職，不可兼任；部長認為可否？」俞大維聽後，非常生氣：「我們俞家不做這種事情！」這是部長第一次向我發脾氣！但是我回應他這是規定，總要有人來擔任。俞大維部長當然知道這是規定，過一會兒說：「這件事容我想一想，下星期再告訴你是誰來做，你回去上班星期日再來。」

第二個星期天，我到達公館，部長就要我到書房，告訴我：「我想好人選了，就由你太太擔任我的隨從秘書！因為我想了想，她也夠犧牲了，這份薪資算是補償她的辛苦。但是事情還是由你做，薪水她拿，你不能動用，記住！」從此我內人就成了名副其實的「總統府資政秘書」。逢年過節，我太太也常去看部長，部長一看到她就會叫：「我的秘而不書來了！」還會故意問我太太，「你薪水都拿到了吧！」我太太說，「拿到拿到！謝謝部長！」部長然後哈哈大笑！部長真是一位可愛的長者，體恤部下的辛苦，真是讓我終身難忘。這份額外的薪水直到部長往生才結束。

第四件事：約在民國六十五年（一九七六）左右我為俞公整理書房時，發現英文摘要資料乙份「俞大維部長與美軍協防司令談話紀錄」，紀錄人是當時的連絡局長胡旭光少將，涵蓋時間為一九五八年八月二日至十月二十五日，我想這不就是「八二三金門砲戰」的關鍵時刻嗎？我立刻向部長報告；部長一看，說：「這是八二三金門砲戰期間我跟史慕德將軍的談話紀錄。你拿去看，有空將它翻譯成中文，送給胡璉將軍看；聽說他要寫回憶錄，以免他寫錯！」

我當時在中山科學研究院工作，找了同學黃肇南先生，他也是留學美國的，我們一起翻譯成中文。並且，工整的錄寫在十行紙上。過了二個星期天，到部長公館，面呈請部長修正，然後再謄寫過。第二年民國六十六年二月二十七日，我代表部長去見胡璉將軍。上午十時正我抵達新店安康路寓所，胡璉將軍見到我非常客氣，精神煥發，穿著西服，在客廳召見我，我向胡將軍報告由來，並將此份談話紀要，呈胡將軍過目。胡將軍看完之後，深深嘆口氣說：「部長真是了不起，金門要不是部長在戰略上高瞻遠矚，箝制美軍盟友協助我們的話，結局很難定。」同時也談到大陸最後情勢及復國之道。我在離去前將文件的複印本乙份送給胡將軍以便他慢慢看，胡將軍非常高興。我起來拜別時，將軍要相送，我請他留步，沒有想到，胡將軍硬是送我到大門口。後來我一直在車上想，我何德何能竟蒙胡將軍相送到大門口？後來想通：因為我是代表俞部長前來面報事情。

返回俞府向部長報告經過，部長問我胡璉看完之後有何意見。「報告部長！胡璉看完之後，他非常佩服您，說要不是您金門就完了。」前年八二三紀念日，俞大維部長特別請兵工廠打造一把「金門之劍」送給胡璉將軍，酬謝他在金門八二三砲戰期間，沉著應戰之功勳。當胡璉將軍接受寶劍之後，發出內心感觸的說：「金門砲戰之後，沒有人記得我了！只有部長記得呀！報告部長，千軍易得，乙劍難求。」

民國六十六年四月二十二日晚上，胡璉將軍因心臟病突發，不幸去世，一代名將殞落，享年七十一歲。當時部長非常難過，於六月廿四日在《聯合報》，發表他個人感想之言，他說：「慧眼識英雄，自古至今都是一樣，當年同生死，共患難之戰友，如今去世，何人不難過？所謂三軍易得，一將難求。」當年，部長如果沒有名將相助，哪有戰爭的勝利，真的一將難求，正是當年的寫照。

第五件事：民國八十年（一九九一）部長為《孫子兵法》中英對照本催生。那年元月十六日，恭逢國防部長九秩晉五嵩壽，適值波斯灣戰爭開火前夕。美國《華爾街日報》就在這時候報導指出：駐沙烏地阿拉伯美軍陸戰隊官兵，人手一冊《孫子兵法》；而當時國內專家以《孫子兵法》來分析中東波斯灣戰局演變的人，亦大有人在。

有「中國當代孫子」尊稱的俞大維部長為此問我：「市面上有否《孫子兵法》英譯本？」幾經連絡，終於取得楊家駱教授所持有民國三十四年（一九四五）大陸時期由鄭麑博士譯之《孫子兵法》英譯本，影印做了拷貝乙份。又有國防部情報次長室飭駐美代表購買之（一九六三年版）Samuel B Griffith 英文版，及小本美軍沙漠使用 *The Art of War Sun Tzu*（Thomas Cleary所譯之《孫子兵法》）。我將之一併送呈維公親閱，認為譯本各有千秋，長短互見。同時即看出，聯軍可能在短時間獲勝，並可將傷亡人數減到最低；事後證明果然如其所料，聯軍四十天就結束了戰爭，而且傷亡人數不到五百人，而我國民每月因車禍交通事故所傷亡的即近四百人。這可謂戰爭史上之奇蹟。

總之，《孫子兵法》在此次中東波斯灣戰爭中大行其道，可謂「順其者昌，逆其者亡」。目前不僅中外軍事指揮官們均以《孫子兵法》為用兵之道，即一般國際政治家與企業家們，亦以《孫子兵法》為追逐名利權位之典範，世人對其中道理不可不察。是年三月一日為波斯灣戰爭停火之日，維公囑我：將上述版本加以整理，採取各家譯本之精華，並以宋版十一家註《孫子兵法》作為中文原文，以中英對照方式，另加附白話譯文方式編印，提供我國軍官兵參閱。一則可重溫《孫子兵法》之精義，二則可供學習外文者之參考。

我奉命之後，即著手研讀中英文各書，經過三個月時間編輯成書付梓，七月交由黎明文化公司正式出版並深獲國內外各界好評。俞大維部長在該書序文中說：「我一生無書不讀；我重視《孫子兵法》，在於它的實用價值，歷久彌新。人生有兩大戰場：平時，是經濟戰場；戰時，是軍事戰場。以經濟為重的日本人，直到今日，依然奉《孫子兵法》為經濟戰場必勝的寶典。美軍海軍陸戰隊官兵，人手一冊英譯《孫子兵法》於四十天內打贏了最現代化的中東戰爭。證明這本書是活學活用的好書。」他並且說：依照我的理想，這本「中英對照孫子兵法」誕生了。看不懂文言文的，可以看白話；至於以鑽研經典為目的之學者，這本書同樣是極具參考價值的工具書。（大意）

民國八十年（一九九一）七月出書之後，我就將該書，分別寄給聯軍統帥史瓦茲柯夫（Norman Schwarzkopf）上將，及美國國防大學校長鮑德溫（J. A. Baldwin）將軍。美聯軍統帥，於民國八十年

（一九九一）九月二十一日回函致謝筆者，並強調他對《孫子兵法》的仰慕，如今蒙我餽贈精心編纂之巨著，尤使他本人感到驕傲與榮幸。而美國國防大學校長則於八十年八月廿日回函表示，《孫子兵法》業已成為美國三軍官兵之制式教材，未來亦將繼續採用。由此可以看出，俞大維部長見解非常正確。

二十年之後，史瓦茲柯夫上將，於民國一〇一年（二〇一二）十二月二十七日逝世，享年七十八歲。筆者立刻在民國一〇二年元月十二日撰寫一篇〈悼念波斯灣戰爭名將史瓦茲柯夫將軍〉刊登於《世界日報》，向他家人致上無限的哀思和悼念。

後記

誠如俞部長生前常對我說：「人生劇本早就寫好的，由不得你去改變，只有照劇本去演，盡心盡力，做好每件事，一切順其自然，一切隨緣。」這二十四年來我就是秉承其所言，盡力去完成俞先生所交付之任務。

這裡同時要感謝照顧部長的團隊成員，如三位特別護士，諸燕南、高翔燕等三位小姐，她們是全天候照顧著部長。部長晚年稱我們是「四人幫」——因為管制部長的飲食很嚴格。另外要多謝的是台大圖書館林光美小姐，她經常幫忙部長整理藏書，漸漸變成名副其實的書僮（Page Boy），以後更稱義女。部長往生之後，她繼續照顧俞方濟先生直到他往生。

屆此還要特別感謝二位長官，如果沒有他們的信任和愛護，我的任務決不能圓滿達成：一位是鄭為元將軍

（黃埔八期）。民國四十六年（一九五七）當時任國防部第三廳少將處長，就是他陪同部長到金門、馬祖等處巡視，完成部長工事地下化的指示。他後來逐步晉升：警備總司令、聯勤總司令、退除役輔導會主任委員，最後升任國防部長。鄭將軍一路非常照顧部長，有求必應。後於民國八十二年八月三日往生。第二位是郝院長柏村將軍，八二三砲戰時任小金門師長，部長常跟人講：「我與郝柏村是生死之交的戰友。」郝先生任參謀總長長期對老部長照顧無微不至，一直到最後他住院、病逝、火化、海葬全程陪同，真是讓我等後生晚輩感動景仰。尤其對我的提攜，讓我終身難忘，每次回台灣我總是拜訪他，以示感恩之情。

最後謹用蔣經國總統生前勉勵我們國人「犧牲享受，享受犧牲」的話來作結：而我就是遵守他的訓示，如此的追隨、犧牲享受著與俞公度過二十四年的歲月時光。

▲俞公與護士徐茹華。

▲護士高翔燕、俞大維、羅順德。

註釋

第一章

①國防部史政編譯局，〈俞大維先生自述——「超以象外，得其環中」〉，《俞資政維公九秩晉五華誕紀念文集》（台北：國防部史政編譯局，一九九〇年），頁七九。

②曾國蓀，〈我的家世與早年所受的教育〉，《傳記文學》，一九七二年五月，頁十三—二一。轉引自國防部史政編譯局，《俞大維先生年譜資料初編》（台北：國防部史政編譯局，一九九六年），頁七。

③國防部史政編譯局，〈俞大維先生自述〉，頁八〇。

④毛子水，〈記陳寅恪先生〉，《傳記文學》，一九七〇年八月，頁十。轉引自國防部史政編譯局，《俞大維先生年譜資料初編》，頁二七。

⑤雷穎，《造化遊戲四十年：雷穎回憶錄》（台北：中央研究院近代史研究所，一九九九年），頁二七四。

⑥卞僧慧纂，《陳寅恪先生年譜長編（初稿）》（北京：中華書局，二〇一〇年），頁九一。俞公在留學德

國期間與一德籍鋼琴女教師相戀，生下兒子取名揚和（學名啟德）。由於女方父母反對，婚事不諧，此子只得交由表兄陳寅恪攜回中國，由當時尚是雲英未嫁的陳寅恪之妹陳新午小姐（俞大維的表姐）悉心照顧。後來，俞公終於娶了表姐陳新午為妻。

⑦雷穎，〈俞大維買軍火不拿回扣：創立兵工團隊清白家風〉，俞大維先生逝世十週年紀念專輯編輯委員會，《俞大維先生紀念專輯：國士風範智者行誼》（台北：俞大維先生逝世十週年紀念專輯編輯委員會，二〇〇三年），頁二八。

⑧國防部史政編譯局，〈俞大維先生傳略〉，《俞資政維公九秩晉五華誕紀念文集》，頁六二。

⑨李元平，《俞大維傳》，增訂二版（台北：臺灣日報社，一九九二年），頁四八。

⑩呂則仁，〈俞前部長兵工署事蹟〉，國防部史政編譯局，《俞資政維公九秩晉五華誕紀念文集》，頁一四七—一四八。

⑪⑫國防部史政編譯局，《俞大維先生年譜資料初編》，頁七七—七八；六八。

⑬⑭⑮⑯⑰莊崚，《紅錐葉：父輩的西南運輸總處抗戰歲月》，（北京：生活・讀書・新知三聯書店，二〇一四年），頁十四；十六；五八；二六；二六—二七。

⑱呂則仁，〈俞前部長兵工署事蹟〉，頁一四九—一五一。

⑲ 莊崚，前引書，頁十四。

⑳㉑㉒㉓ 國防部史政編譯局，《俞大維先生年譜資料初編》，頁二八八；二九三；二九九；三〇七。

㉔ 丘智賢編，〈中華民國國防部史政編譯室藏檔・徐蚌會戰空投補給〉，http://tw.myblog.yahoo.com/military-history/article?mid=-2&prev=57&l=f&fid=7。

㉕ 李元平，《俞大維傳》，頁一一四。

㉖ 國防部史政編譯局，《俞大維先生年譜資料初編》，頁三一〇。

第二章

① 陳流求，〈親切的懷念〉，《人民日報》海外版，一九九三年十二月六日。

② 蔣經國，《風雨中的寧靜》（台北：正中書局，一九七八年），頁一六八。

③ 陳錦昌，《蔣中正遷台記》（台北：向陽文化，二〇〇五年），頁一四八—一四九。

④ 曹聖芬，〈從溪口到成都〉，《中外雜誌》，民國五十六年十一月，頁九—十四。

⑤ 石叟手稿影存（第八冊）（〇〇八—〇一〇一〇八—〇〇〇一三—〇一七），數位典藏與數位學習聯合目

錄，http://catalog.digitalarchives.tw/Catalog/List.jsp?ShowPage=27&CID=55791&CShowPage=2。

⑥顧維鈞，《顧維鈞回憶錄》第七冊（北京：中華書局，一九八八年），頁六一五—六一六。

⑦石叟手稿影存（第八冊）（〇〇八—〇一〇一〇八—〇〇〇一三—〇二七），數位典藏與數位學習聯合目錄，http://catalog.digitalarchives.tw/Organization/List.jsp?ShowPage=28&CID=55791&CShowPage=1。

⑧林泉整編，《郭寄嶠先生訪問錄》初版（中國近代出版社，一九九三年），頁一五二—一五三。

⑨⑩⑪顧維鈞，《顧維鈞回憶錄》第八冊，頁三一九；三一九；三三二。

⑫鄭會欣編，《董浩雲日記，一九四八—一九八二》（香港：中文大學出版社，二〇〇四年），頁五九。

⑬⑭⑮⑯顧維鈞，《顧維鈞回憶錄》第八冊，頁三四六；四三〇；四三〇；四八一。

⑰賀偉，〈俞大維與廬山「片葉廬」〉，上海政協網，http://www.shszx.gov.cn/node2/node22/lhsb/node2739/node2752/u1a12518.html。

⑱顧維鈞，《顧維鈞回憶錄》第八冊，頁八四五。

⑲⑳㉑㉒㉓㉔㉕㉖㉗㉘㉙㉚㉛顧維鈞，《顧維鈞回憶錄》第九冊，頁四六二；四六七；四八六；四八八；四七八；四九七；四八五；五〇三；五一三；五五〇；五六〇；五九九；六〇〇；六四六。

㉜㉝㉞㉟㊱㊲㊳㊴㊵㊶㊷㊸㊹㊺㊻㊼㊽㊾顧維鈞，《顧維鈞回憶錄》第十冊，頁六九；四七；四八；

七四、二二五；二二五；一〇二；二三二─二三四；二三六；二七六；四四二─四四七；四五一；四四〇；四五一─四五二；四五二；四六四；四六九；四七一；四七二。

㊿ 國防部史政編譯局，《俞大維先生年譜資料初編》，頁三二九。

51 52 顧維鈞，《顧維鈞回憶錄》第十冊，頁四七八─四七九；四八七。

53 《蔣中正總統文物》，卷名：籌筆─抗戰時期（三十二）（〇〇二〇一〇四〇〇〇三〇四八 一七〇一三／三一五九〇一），數位典藏與數位學習聯合目錄。

54 國防部史政編譯局，《俞大維先生年譜資料初編》，頁一七八〇。

55 《蔣中正總統文物》，卷名：籌筆─抗戰時期（三十二）（〇〇二〇一〇四〇〇〇三〇四九 一七〇一四／三一五九〇一），數位典藏與數位學習聯合目錄。

56 《蔣中正總統文物》，卷名：籌筆─抗戰時期（三十二）（〇〇二〇一〇四〇〇〇三〇五二 一七〇一七／三一五九〇一，數位典藏與數位學習聯合目錄。

57 國防部史政編譯局，《俞大維先生年譜資料初編》，頁一九〇九。

58 59 顧維鈞，《顧維鈞回憶錄》第十一冊，頁一八〇；二八八。

第三章

①汪士淳，《漂移歲月：將軍大使胡炘的戰爭紀事》（台北：聯合文學出版社，二〇〇六年），頁五二。

②國防部史政編譯局，《俞大維先生年譜資料初編》，頁一七八一。

③金門縣政府編製，《金門縣誌》第一冊，電子書光碟，民國九十八年十二月，頁二三七；「民國重要史事檢索」，國史館，民國四十三年九月十二日及十四日，http://210.241.75.208/scripts/newsnote/tornado/searcher.exe?s=1&z=1&k=&m=0&p=&v=root&b=73696。

④國防部史政編譯局，《俞大維先生年譜資料初編》，頁一七九四。

⑤「民國重要史事檢索」，國史館，民國四十三年九月二十日，http://210.241.75.208/scripts/newsnote/tornado/searcher.exe?s=1&z=1&k=&m=0&p=&b=73726&v=root。

⑥〈增援九三砲戰〉，榮民文化網，http://lov.vac.gov.tw/Memory/Content.aspx?i=51&c=3&p=1。

⑦⑧⑨李元平，《俞大維傳》，頁一四四；一四三；一七八一。

⑩國防部史政編譯局，《俞大維先生年譜資料初編》，頁三六八。

⑪應紹舜著，《陽泰永安》上卷（台北：台灣植物研究服務中心，二〇一〇年），頁十八。

⑫國防部史政編譯局，《俞大維先生年譜資料初編》，頁三四四。

⑬剛葆璞，〈我所認識履險如夷的俞部長〉，《俞大維先生紀念專輯：國士風範智者行誼》，頁二一三。

⑭李元平，《俞大維傳》，頁一四五；國防部史政編譯局，《俞大維先生年譜資料初編》，頁三四八—三五一。

⑮劉統，《跨海之戰：金門・海南・一江山》（北京：生活・讀書・新知三聯書店，二〇〇九年），頁四六〇。

⑯鍾漢波，《海峽動盪的年代：一個海軍軍官服勤筆記》（台北：麥田出版社，二〇〇〇年），頁七六—七七。

⑰汪士淳，前引書，頁六四。

⑱國防部史政編譯局，《俞大維先生年譜資料初編》，頁三五五。

⑲鍾漢波，前引書，頁七七—七九。

⑳張力、曾金蘭，《池孟彬先生訪問紀錄》，（台北：中央研究院近代史研究所，一九九八年），頁一〇二。

㉑李元平，《俞大維傳》，頁一四六。

㉒鍾漢波，前引書，頁八一—八二。

㉓ 胡炘，《大陳回憶》（台北：國防部軍務局，一九九八年），頁十八。

㉔ 張力、曾金蘭，前引書，頁一〇三。

㉕ ㉖ 國防部史政編譯局，《俞大維先生年譜資料初編》，頁三五六；三六〇。

㉗ 鍾堅，《驚濤駭浪中戰備航行：海軍艦艇誌》（台北：麥田出版社，二〇〇三年），頁一五六—一五七。

㉘ 應紹舜，前引書，頁十八。

㉙ 國防部史政編譯局，《俞大維先生年譜資料初編》，頁三六七。

㉚ 剛葆璞，前引文，頁二三。

㉛ 朱西甯，〈八二三注第八版序〉，唐淑芬主編，《八二三戰役文獻專輯》（南投：台灣省文獻會、國防部史政局編印，一九九四年），頁一四四五。

㉜ ㉝ 國防部史政編譯局，《俞大維先生年譜資料初編》，頁二〇三〇；四一一。

㉞ 劉統，前引書，頁四九〇。

㉟ ㊱ ㊲ ㊳ 國防部史政編譯局，《俞大維先生年譜資料初編》，頁四二八；一九六二；四二八；四二八。

㊴ 汪士淳，前引書，頁七八—七九。

㊵ ㊶ 國防部史政編譯局，《俞大維先生年譜資料初編》，頁二〇八五；四二八。

㊷汪士淳，前引書，頁八四。

㊸國防部史政編譯局，《俞大維先生年譜資料初編》，頁一八七四。

㊹〈訪談黃世忠將軍〉，鄧克雄編著，《美軍顧問團在臺工作口述歷史》（台北：國防部史政編譯室史政處，二〇〇八年），頁五七—五八。

㊺劉廣凱，《劉廣凱將軍報國往憶》（台北：中央研究院近代史研究所，一九九四年），頁一〇九。

第四章

①②③國防部史政編譯局，《俞大維先生年譜資料初編》，頁四二七；四七三—四七五；五二一—五二三。

④應紹舜，前引書，頁九八；國防部史政編譯局，《俞大維先生年譜資料初編》，頁五一八、五二二；李元平，《俞大維傳》，頁一四八—一四九。

⑤⑥國防部史政編譯局，《俞大維先生年譜資料初編》，頁五四三—五五一；七五一—七五二。

⑦胡璉，《金門憶舊》（台北：黎明文化，一九九三年），頁一一〇。

⑧蔡榮邦，《悶葫蘆裡的春秋：六〇年代U2專案偵照情報作業生涯札記》（台北：高手專業出版社，二

〇〇六年），頁十八。

⑨⑩⑪⑫國防部史政編譯局，《俞大維先生年譜資料初編》，頁五〇二；五一五、六四三；八五六—八五七；一五三五。

⑬祕鯤鵬譯，〈俞前部長特寫〉，國防部史政編譯局，《俞大維先生年譜資料初編》，頁二一四六。

⑭⑮⑯國防部史政編譯局，《俞大維先生年譜資料初編》，頁六〇五；一八三七—一八三八；四九三。

⑰喬無遏，〈懷恩褡記〉，俞大維先生逝世十週年紀念專輯編輯委員會，《俞大維先生紀念專輯：國士風範智者行誼》，頁五五。

⑱顧維鈞，《顧維鈞回憶錄》第十二冊，頁五六。

⑲國防部史政編譯局，《俞大維先生年譜資料初編》，頁四二二一。

⑳顧維鈞，《顧維鈞回憶錄》第十二冊，頁七〇七。

㉑《臺灣新生報》，一九五五年十一月廿七日，第一版；國防部史政編譯局，《俞大維先生年譜資料初編》，頁七〇〇。

㉒㉓㉔㉕㉖㉗顧維鈞，《顧維鈞回憶錄》第十二冊，頁五九八—六〇〇；六〇〇—六〇一；六〇三—六〇四；七〇五—七〇八；七〇八；六〇三—六〇四。

㉘《臺灣新生報》，一九五六年一月廿四日，第一版；國防部史政編譯局，《俞大維先生年譜資料初編》，

頁七〇五。

㉙鄭會欣編，《董浩雲日記》（北京：生活．讀書．新知三聯書店，二〇〇七年），頁一九七。

㉚㉛國防部史政編譯局，《俞大維先生年譜資料初編》，頁七〇八；七一九—七二〇。

㉜顧維鈞，《顧維鈞回憶錄》第十二冊，頁七二七。

㉝國防部史政編譯局，《俞大維先生年譜資料初編》，頁七二四。

㉞戚榮春，〈身先士卒的俞部長〉，俞大維先生逝世十週年紀念專輯編輯委員會，《俞大維先生紀念專輯：國士風範智者行誼》，頁二一一—二一二。

㉟國防部史政編譯局，《俞大維先生年譜資料初編》，頁七二四。

㊱李元平，《俞大維傳》，頁二〇〇。

㊲㊳㊴國防部史政編譯局，《俞大維先生年譜資料初編》，頁八二一；八三八；八五七—八五八。

㊵〈俞大維將軍勤政史料輯要〉，《國軍檔案》，轉引自國防部史政編譯局，《俞大維先生年譜資料初編》，頁八五九。

㊶〈總統府四十五年第三十三次軍事會談紀錄〉，《國軍檔案》，轉引自國防部史政編譯局，《俞大維先生年譜資料初編》，頁八八〇。

㊷鄭宏泰、黃紹倫，《香港將軍何世禮》（香港：三聯出版社，二〇〇八年），頁二七三。

㊸㊹㊺㊻國防部史政編譯局，《俞大維先生年譜資料初編》，頁九〇五—九〇六；九八九；九八九；一〇七。

㊼〈俞大維將軍勤政史料輯要〉，《國軍檔案》，轉引自國防部史政編譯局，《俞大維先生年譜資料初編》，頁一〇二三—一〇二四。

㊽「一九五七年十二月十九日—大事記」，互動百科，www.hudong.com/wiki/1957年12月19日。

㊾國防部史政編譯局，《俞大維先生年譜資料初編》，頁一〇三〇。

第五章

①②③④⑤⑥國防部史政編譯局，《俞大維先生年譜資料初編》，頁九三五；一〇四一；一〇五〇；一〇五〇；一〇五九；一〇六三。

⑦唐淑芬主編，前引書，頁六五七—六五八。

⑧徐芳櫨，《從戎沒投筆——軍旅二十二年記》（台北：讀冊文化，二〇一二年），頁一一一。

⑨唐淑芬主編，前引書，頁九—十。

⑩ 李元平，《八二三金門砲戰祕錄》（臺中：臺灣日報出版，一九八八年），頁四六—四七。

⑪ 王立楨，《飛行員的故事》第一輯（臺北：旗林文化，二〇〇五年），頁八一。

⑫⑬ 郝晶瑾，〈美國在八二三炮戰中扮演的角色〉，中國網http://www.china.com.cn/chinese/archive/341162.htm。

⑭⑮ 國防部史政編譯局，《俞大維先生年譜資料初編》，頁二〇八七—二〇八八；一〇八三—一〇八四。

⑯ 郝晶瑾，前引文。

⑰⑱⑲⑳㉑㉒㉓㉔㉕ 國防部史政編譯局，《俞大維先生年譜資料初編》，頁一〇八四；一〇八五；一〇九〇；一〇九一；一〇九三；一〇九五；二〇八八；一一〇〇—一一〇一、一八二八；二〇八八；二一四三；二〇九〇。

㉖ 唐淑芬主編，前引書，頁一七八。

㉗ 國防部史政編譯局，《俞大維先生年譜資料初編》，頁二〇九〇。

㉘㉙ 唐淑芬主編，前引書，頁一七九。

㉚ 國防部史政編譯局，前引書，頁二〇九〇、二〇九一。

㉛ 胡璉，前引書，頁一四三。

㉜㉝國防部史政編譯局，《俞大維先生年譜資料初編》，頁一九二六—一九二七；一九四二。

㉞朱西甯，〈八二三注第八版序〉，唐淑芬主編，前引書，頁一四四六—一四四七。

㉟國防部史政編譯局，《俞大維先生年譜資料初編》，頁一一〇三—一一〇四。

㊱李元平，《八二三金門砲戰祕錄》，頁九四。

㊲華中興，〈八二三戰役大事記〉，唐淑芬主編，前引書，頁二一。

㊳㊴郝晶瑾，前引文。

㊵國防部史政編譯局，《俞大維先生年譜資料初編》，頁一一〇八；華中興，前引文，頁二三。

㊶俞大維，《大陳轉進與砲轟黃岐》（未出版），頁六九，轉引自國防部史政編譯局，《俞大維先生年譜資料初編》，頁一一一〇。

㊷華中興，前引文，頁二三。

㊸㊹㊺國防部史政編譯局，《俞大維先生年譜資料初編》，頁八五九；一一一二；一一一三。

㊻華中興，前引文，頁二九。

㊼孫弘鑫，《烽火歲月——八二三戰役參戰官兵口述歷史》（臺北：國防部，二〇〇九年），頁三四八。

㊽華中興，前引文，頁三六。

㊾㊿國防部史政編譯局，《俞大維先生年譜資料初編》，頁一一三五；一一三五。
(51)胡璉，前引書，頁十三。
(52)郭林初口述，〈郭林初口述〉，唐淑芬主編，前引書，頁二九三。
(53)華中興，前引文，頁四一。
(54)(55)(56)國防部史政編譯局，《俞大維先生年譜資料初編》，頁一一四一；一一四一；一一四四。
(57)(58)朱西甯，前引文，頁一四四一；一四四五—一四四六。
(59)國防部史政編譯局，《俞大維先生年譜資料初編》，頁一一四六。
(60)華中興，前引文，頁四四。
(61)國防部史政編譯局，《俞大維先生年譜資料初編》，頁一一五〇—一一五一。
(62)《聯合報》，民國四十七年十月十一日。
(63)李元平，《八二三金門砲戰祕錄》，頁二二四。
(64)華中興，前引文，頁四六。
(65)國防部史政編譯局，《俞大維先生年譜資料初編》，頁一一六一—一一六四。
(66)華中興，前引文，頁四七。

67 林光輝口述資料，唐淑芬主編，前引書，頁三三九—三四一；李元平，《八二三金門砲戰祕錄》，頁二三五；鄒凱，〈八二三金門砲兵運用之追憶〉，金門戰地史蹟論壇，http://ttt0920.pixnet.net/blog/post/99711151-%E5%85%AB%E4%BA%8C%E4%B8%89%E9%87%91%E9%96%80%E7%A0%B2%E6%88%B0%E7%A0%B2%E5%85%B5%E9%81%8B%E7%94%A8%E4%B9%8B%E8%BF%BD%E6%86%B6--%E9%84%92%E5%87%B1。

第六章

①②③ 國防部史政編譯局，《俞大維先生年譜資料初編》，頁一一八六；一九三四；一九五八。

④《臺灣新生報》，民國四十八年十月二日，第一版；國防部史政編譯局，《俞大維先生年譜資料初編》，頁一二七三。

⑤ 汪士淳，前引書，頁一一一九。

⑥ 張玉法、陳存恭、黃銘明，《劉安祺先生訪問錄》（臺北：中央研究院近代史研究所，一九九一年），頁一七五—一七七。

⑦《臺灣新生報》，民國四十九年六月廿一日，第一版；國防部史政編譯局，《俞大維先生年譜資料初

編》，頁一三四一—一三四二。

⑧〈俞大維追懷往事〉，《中國時報》人間副刊，民國七十九年四月一日；翁台生、包柯克，《黑貓中隊：U2高空偵察機的故事》（臺北：聯經出版社，一九九〇年），頁一九〇。

⑨⑩⑪國防部史政編譯局，《俞大維先生年譜資料初編》，頁一三八七—一三八八；一三九〇；一三九一。

⑫張力、曾金蘭，前引書，頁一二二八—一二二九。

⑬國防部史政編譯局，《俞大維先生年譜資料初編》，頁一九一三。

⑭⑮⑯⑰汪士淳，前引書，頁一七五；一六九—一七〇；一五三；一九四。

⑱汪士淳，前引書，頁一九四；劉子奎，〈肯尼迪政府與蔣介石「反攻大陸」〉，《當代中國史研究》，二〇〇九第一期。

⑲汪士淳，前引書，頁二一二。

⑳王丰，〈蔣介石放棄「反攻大陸」始末〉，中國黃埔軍校網，http://www.hoplite.cn/Templates/jgrj0082.html。

㉑劉子奎，〈肯尼迪政府與蔣介石「反攻大陸」〉，http://doc.qkzz.net/article/05fee530-99d9-49a9-ad59-36eaaac95b1a.htm。

㉒汪士淳，前引書，頁二〇四—二〇五。

㉓《青年戰士報》，民國五十一年十二月廿日，第一版；國防部史政編譯局，《俞大維先生年譜資料初編》，頁一五三〇。

㉔國防部史政編譯局，《俞大維先生年譜資料初編》，頁一五六一—一五六八。

㉕王奐若，〈俞大維功業、典範永存〉，《傳記文學》，二〇〇三年七月，頁一〇二—一一五。

㉖雷穎，《造化遊戲四十年：雷穎回憶錄》，頁八九—九〇。

㉗《青年戰士報》，民國五十二年十二月廿八日，第一版；國防部史政編譯局，《俞大維先生年譜資料初編》，頁一六三〇—一六三二。

㉘俞大維，〈我是怎樣受知於蔣公的？〉，國防部史政編譯局，《俞大維先生年譜資料初編》，頁一七七六—一七七七。

㉙國防部史政編譯局，《俞大維先生年譜資料初編》，頁一七七六—一七七七。

㉚劉廣凱，前引書，頁二〇九。

㉛㉜國防部史政編譯局，《俞大維先生年譜資料初編》，頁一六三五；一六八九。

第七章

① 《聯合報》，民國五十四年三月三十一日，轉引自國防部史政編譯局，《俞大維先生年譜資料初編》，頁一六九〇。

② 國防部史政編譯局，《俞大維先生年譜資料初編》，頁一六九〇—一六九一。

③ 卓以定，〈由聶家花園，談我的祖母卓聶其純和其他長輩〉，文心網，http://quzefang.cn/2009/zhuoyiding.htm。

④ 林光美，〈陪俞公走過四分之一世紀〉，《俞大維先生紀念專輯：國士風範智者行誼》，頁五五。

⑤ 〈王秋桂教授訪談稿〉，清大數位校史館，http://archives.lib.nthu.edu.tw/history/doc/4/4-03-06-05.pdf。

⑥ 周乃蔆，〈追憶恩師俞大維陳新午伉儷〉，《亞洲週刊》網上版，http://www.yzzk.com/cfm/content_archive.cfm?id=1364445971397&docissue=2011-03。

⑦ 陳荔荔，〈我最敬愛的俞伯伯〉，《俞大維先生紀念專輯：國士風範智者行誼》，頁三六。

⑧ 胡璉，前引書，頁一四八。

⑨ 王奐若，前引文，頁一〇二—一一五。

⑩ 國防部史政編譯局，《俞大維先生年譜資料初編》，頁一七三一。

⑪李元平，《俞大維傳》，頁三〇六。

⑫司徒林，〈懷念俞大維（上）〉，世界新聞網「北美華文新聞」，http://www.worldjournal.com/view/full_lit/18185802/article-%E6%87%B7%E5%BF%B5%E4%BF%9E%E5%A4%A7%E7%B6%AD%EF%BC%88%E4%B8%8A%EF%BC%89?instance=lit，司徒林為林克承將軍筆名。

⑬⑭林光美，前引文，頁五四；五五。

⑮⑯⑰國防部史政編譯局，《俞大維先生年譜資料初編》，頁一七三八；一七四七—一七四八；一七四七—一七四八。

⑱司徒林，〈懷念俞大維（上）〉。

⑲⑳司徒林，〈懷念俞大維（下）〉，世界新聞網「北美華文新聞」，http://www.worldjournal.com/view/full_lit/18185884/article-%E6%87%B7%E5%BF%B5%E4%BF%9E%E5%A4%A7%E7%B6%AD%EF%BC%88%E4%B8%8B%EF%BC%89?instance=lit。

㉑李元平，《俞大維傳》，頁三三〇。

㉒國防部史政編譯局，《俞大維先生年譜資料初編》，頁二〇三〇。

㉓鄭天杰，〈大老風儀瑣記〉，《俞大維先生紀念專輯：國士風範智者行誼》，頁三九。

㉔㉕㉖ 國防部史政編譯局，《俞大維先生年譜資料初編》，頁一八二四；一七九七；二〇四一。

㉗㉘ 李元平，《俞大維傳》，頁三二二；三二一—三二二。

㉙ 林博文，〈蔣俞兩家關係微妙，再掀波瀾〉，《中國時報》，http://forums.chinatimes.com/special/king/90060404.htm。

㉚㉛㉜㉝㉞ 國防部史政編譯局，《俞大維先生年譜資料初編》，頁二一〇七；一八四一；二一三五—二一三七；二一四三；一八六〇。

㉟ 鄭蓓蒂，〈曾國藩後人〉，天涯論壇，http://bbs.tianya.cn/post-books-60889-1.shtml。

㊱㊲㊳㊴㊵㊶㊷㊸㊹㊺ 國防部史政編譯局，《俞大維先生年譜資料初編》，頁一八九一；一九一七；一九一七—一九一八；一九〇六；一九一四；一九二二—一九二三；一九三二；一九三三；一九三三；一九三七；一九三四；一九三九；一九四六。

㊻ 沉靜，〈俞大維：博古通今的戰場老將〉，《遠見雜誌》，一九九二年三月，http://www.gvm.com.tw/Boardcontent_2392.html。

㊼ 國防部史政編譯局，《俞大維先生年譜資料初編》，頁一九四五。

㊽ 〈中道之路——俞大維談李總統施政理念〉，《香港時報》，一九九二年六月八日，轉引自國防部史政編

譯局，《俞大維先生年譜資料初編》，頁二一四九。

㊾㊿51 52 國防部史政編譯局，《俞大維先生年譜資料初編》，頁一九六一—一九六二；一九八四—一九八五；二一五三—二一六四、一九八七；一九九一。

53 〈俞大維〉，百度百科，http://baike.baidu.com/view/971955.htm。

54 高山杉，〈談俞大維的佛緣始末〉，《文匯報》，二〇〇七年十二月十六日。

55 戚宜君，〈戎馬書生，時代奇人——悼念俞大維資政〉，《台灣日報》，一九九三年七月九日，轉引自國防部史政編譯局，《俞大維先生年譜資料初編》，頁二一六八—二一六九。

56 劉孚坤，〈經文緯武奇男子，特立獨行大丈夫〉，《台灣日報》，一九九三年七月十三日，轉引自國防部史政編譯局，《俞大維先生年譜資料初編》，頁二一八六。

國家圖書館出版品預行編目(CIP)資料

國防部長俞大維 / 陳漢廷, 羅順德著. -- 新北市
: 傳記文學, 2015.12

面 ;　公分

ISBN 978-957-8506-78-7（平裝）

1.俞大維　2.臺灣傳記

783.3886　　104028241

國防部長 俞大維

著者：陳漢廷、羅順德
出版者：傳記文學出版社股份有限公司
傳記文學出版社社長：成嘉玲
責任編輯：林承慧
特約美編：張文馨
封面設計：張文馨

地址：新北市新店區民權路115號8樓
電話：(02) 8667-5461
傳真：(02) 8667-5476
E-mail：nice.book@msa.hinet.net；biogra-phies@umail.hinet.net
郵政劃撥：00036910 • 傳記文學出版社股份有限公司
登記證：局版臺業字第〇七一九號

總經銷：聯合發行股份有限公司
地址：231-45 新北市新店區寶橋路235巷6弄6號4樓
電話：(02) 2917-8022
印刷：祥新印刷股份有限公司

定價：360元
出版日期：2015年12月

ISBN